MarTech 营销技术

原理、策略与实践

于勇毅 / 著

人 民 邮 电 出 版 社
北 京

图书在版编目（CIP）数据

MarTech 营销技术 : 原理、策略与实践 / 于勇毅著
. -- 北京 : 人民邮电出版社, 2020.2
ISBN 978-7-115-52913-8

Ⅰ. ①M… Ⅱ. ①于… Ⅲ. ①网络营销 Ⅳ.
①F713.365.2

中国版本图书馆CIP数据核字(2019)第290265号

◆ 著　　　　于勇毅
责任编辑　赵　轩
责任印制　王　郁　马振武

◆ 人民邮电出版社出版发行　　北京市丰台区成寿寺路 11 号
邮编　100164　　电子邮件　315@ptpress.com.cn
网址　http://www.ptpress.com.cn
固安县铭成印刷有限公司印刷

◆ 开本：787×1092　1/16
印张：11.75　　　　2020 年 2 月第 1 版
字数：248 千字　　　　2024 年 7 月河北第 4 次印刷

定价：79.00 元

读者服务热线：(010) 81055410　印装质量热线：(010) 81055316
反盗版热线：(010) 81055315
广告经营许可证：京东市监广登字 20170147 号

作者介绍

于勇毅，秒针系统营销科学家、美国营销国际协会 SMEI 认证数字营销专家、中国广告协会线上公开课讲师，北京航空航天大学、对外经贸大学、北京外国语大学、上海师范大学等多所大学研究生 /MBA 课程讲师。

十六年的数字营销经验中，前十年作为甲方任职于 IBM，担任数据策略师，负责 CRM 业务。最近六年作为乙方服务于宝洁、戴尔、中国电信、利洁时、宝马、美赞臣、长城汽车等数十家世界五百强企业。

除了编写本书，还是《大数据营销》《中国数字营销图谱》和《营销数据中台白皮书》的作者。

前言

营销的左脑革命

对大多数人来说，营销（Marketing）是右脑型创意人才的领域：一句深入人心的Slogan（如Nike的Just Do it）或一段触动感情的视频（如南方黑芝麻糊的广告），能让消费者迅速记住品牌，并优先购买这个品牌的产品。过去数十年，创意天才们一直在用自己的思想火花改变着世界。

但今天，消费者被淹没在各种信息中，营销短信、户外广告、公号软文、网剧植入……营销正以各种形式争取着消费者生活中的每一秒。在高强度轰炸之下，消费者逐渐对营销广告形成"免疫"。根据某咨询公司的调研，现在消费者对于广告的记忆时间只有九秒，仅相当于鱼的记忆时间。

消费者对营销的兴趣降低，导致真正的优质内容无法触达。在少数几个打动消费者的营销背后，可能是成千上万份精心制作的内容被消费者忽视。于是，广告主偏向制作碎片化和低俗化的内容。对于右脑创意人来说，这是可怕的劣币逐良币的过程。

营销效率低，广告主增加营销预算，消费者更不耐烦，营销效率更低，这已是正在发生的恶性循环。笔者看到在某些行业里，营销费用已经占了企业总收入的15%至25%，这意味着一支售价200元的口红，消费者为营销成本就付出了30～50元。

幸运的是，在过去十年，左脑型技术人才开始涉足营销领域，并提出了营销技术（MarTech，Marketing + Technology的组合词）的概念，希望通过技术手段在"术"的层面帮助右脑创意人更好地定位目标消费者、了解消费者的诉求、将合适的营销内容给合适的消费者，最终在"道"的层面提升营销投资回报。

在美国，营销技术已经相当成熟，根据Gartner和IDC等咨询公司的调研，2018年营销技术占据了大型广告主营销预算的30%，预计到2025年全美营销技术的投入将达到1200亿美元。Adobe、Salesforce、IBM和Oracle在营销技术领域的年收入已经在10亿美元级别，它们被称为营销技术领域的"四大"。

在我国，最近五年已经有数百家供应商入场营销技术，"成为中国的Adobe、Salesforce"是它们共同的梦想。而大型广告主在营销技术领域投资超千万，中型广告主投资超百万，已经是今天国内生态圈的常态。

笔者所在的秒针系统（Miaozhen Systems）成立了 13 年，为国内外数千家企业提供了营销测量、数据中台、社交洞察等营销技术服务，覆盖了国内超过 80% 的大型广告主。笔者本人在过去十年也分别以甲乙方身份服务过数十家大型广告主，同时也是 Adobe 营销云的认证顾问，因此能以更好的视角观察国内营销技术的发展。

由于笔者自认是“有右脑思维的左脑营销人”，在本书中，笔者会通过普通人看得懂的业务语言，去勾勒对于营销技术“是什么”“怎么用”“会怎么发展”的理解。

无论您是来自营销生态圈的哪种角色，是右脑创意人还是左脑技术人，本书都会帮助您构建对营销技术的基本认识。如果书中的某些内容对您的工作或者就业有少许帮助，就是对本书的最大褒奖。

作为介于营销和 IT 之间的蓝海，营销技术对于今天国内营销生态圈的大部分从业者来说都是新鲜事物，笔者希望通过本书帮您解答：

- ✧ 营销技术是什么？怎么用？国内外有哪些营销技术的案例？
- ✧ 广告主如何投资营销技术？
- ✧ 营销技术的未来演进方向？
- ✧ 作为个人，如何向营销技术转型？

序

营销技术（MarTech）的系统观：见自我，见天地，见众生

大约是在五年前，我注意到营销学之父菲利普·科特勒在全球各地给五百强的高管授课时，开头和结尾总是引用同样的两张幻灯片。第一张叫“市场变得比市场营销更快”，第二张叫“如果五年内，你还用同样的方式做生意，你将要关门大吉”。

的确，我与本书作者于勇毅，都试图去做中国市场上这两场变革——企业市场变革与市场营销方法论变革——的见证者、参与者和推动者。

数字化之变是一个背景，但是它没有改变营销的本质。本质不变，但是营销涉及的范围更广、深度更深，它变成企业的大脑、中台、渗透进神经末梢。正如菲利普·科特勒所说，Marketing can be everything，can make change everything（营销就是一切，也可以改变一切）。当今，营销既是一种思维，也是企业职能，它所面临的变化的特点，我称其为“往左走和往右走”。

“往右走”是什么？我定义它为营销的市场战略化。在不确定交织的时代，传统的战略规划方式已经失效，过去营销的微观性以及战略的宏观性，让企业身处一线战场时，中观视角出现空洞。比如如何设计客户价值，如何形成有效的增长模式，如何建立互动竞争优势，这些要素的重要性在今天爆炸式地凸显出来。

所以，营销开始谈增长、谈以市场为中心的战略，这种市场战略的核心有两点：客户与竞争，因此它更动态，更关注公司价值形成的基础，更把靶心指向增长。这亦是我在中国一直所推动的事——把营销作为公司价值创造的中枢，上升成为一种 CEO 层面的市场战略，故我一直以“市场战略派”的代表自诩。

而勇毅兄开出一条“向左走”的新路，把营销与数据、创新科技、运营进行有效融合，让营销可以走向实时量化、动态管理和正向反馈。我所感受到勇毅兄的热情与使命，是要把营销科学化，让科技赋营销管理者以最革新的武器，期待数据让管理者以“上帝视角”看市场战场，让营销平台具备新一代数据平台支撑的能力。

营销与数据融合，与科技共生，是新一代可以开出营销新花的土壤，所以我佩服勇毅兄倾尽热情来写这样一本书，这更是新一代人的责任与使命。

水激漂流者，势也。MarTech 就是一股营销领域的爆炸性势能，这种变革所带来的影响，正如 AdTech 之于广告行业，FinTech 之于金融行业，它要改变的远不是一种测量单位。

前段时间，美国 MarTech 峰会主席 Scott 来中国，他说 2011 年研究 MarTech 产业的时候，中国只有 150 家营销技术公司，2012 年变成了 350 家公司，而 2015 年就到了 2000 家，2016 年达到了 3500 家以上，如今保持估计已过 10000 家。

乘势方可有为，但是我也注意到两个误区：一是认为“科技是器”，而整个思维模式并没有改变，还是对旧的营销思想抱残守缺，殊不知生产工具本质上也在变革“生产关系”，所以这些公司即使采购了一堆 MarTech 和数据化工具，还是完成不了营销的数字化转型；二是认为“科技可以改变一切”，认为MarTech可以颠覆营销基础。的确，营销技术可以强化营销管理的“左脑”，但并不等于“右脑”不重要。关键是辨别什么样的情境下“左脑重要”，什么样的情境下“右脑重要”。

我记得四年前在东京 WSM（世界营销峰会），给科特勒介绍中国在数字化营销上的实践，科特勒听后非常高兴，但是反复语重心长地提及——数字化的“阿喀琉斯之踵”在于数字化是一门技术，而“人”才是市场的主体，所以他特别担心营销界出现一个倾向，即技术主导，人文倒退。实践证明，真正运用数字化取得持续性成功的公司，背后必然有“人的哲学”，这正如康德所问：孰为目的，孰为手段？所以，我把 MarTech 给营销人员带来的革命，以及给技术所打的“补丁”，叫：从“技术予人”到“技术与人”！

特别值得高兴的是，勇毅兄作为营销“往左走”的新一代先锋，在这本书中并非就技术而谈技术，而是从一个黑格尔的基于逻辑与历史的视角来切入，探讨 MarTech 的系统观。

我看到他这本书的英文翻译名为 MarTech Foundation，我理解到这是一切话题展开的基础：MarTech 的基石在哪，原理性何在。此书开篇即为“营销技术的出现与演进”，提出来营销技术的理论基础是客户体验 (Customer Experience)，这就回到上面提到的对于 MarTech 误区的修正——如何基于价值理性，而非工具理性来看问题，让“技术与人”而非“技术予人”。

在本书中，我更欣喜看到的是，勇毅兄把他在 2018 年“营销科学大会”发布的“中国数字营销地铁图”呈现并解读给读者。当天会议我亦作为演讲嘉宾在场，看到这幅图时我充分感觉到这幅图可以作为中国企业“营销技术的顶层架构”。它是一张藏宝图，一套武功心法，更是数字时代“琅琊阁”中对各种新型武器的评价榜！在这两个基石之上，此书中关于 MarTech 各种方法与工具的讲述和评判，如画卷一样徐徐展开，见自我，见天地、见众生。

感慨勇毅兄跨界而融合、积厚而薄发，故成此书。这本书看系统、看洞察、看前沿、看变化，再对照自己的企业营销看自身，营销技术的大咖之作，不容错过，特别推荐给各位读者。

CEO 市场增长顾问，《增长五线》作者，科特勒咨询管理合伙人

王赛

推荐

随着企业数字化转型全面、深入地发展，数字技术已经成为营销的必要条件，而非差异化竞争优势。企业要想深入细致地了解市场与消费者，获取更好的营销投资回报比，通过更为及时、精准的数据对流量进行精细化管理将是关键所在。同时在可见的未来，随着 5G、边缘计算、物联网和人工智能等配套技术的成熟，营销的方式将发生剧烈改变。广告可以在更多地方展现，传递的信息量也更加庞大，营销所用到的数据量级也会成倍上升，这将对营销技术提出更高的要求。

在未来，每一个营销者都可能是跨界的“达·芬奇”，兼具感性的营销思维和理性的营销技能，不仅需要洞察消费者的人性，也需要懂得技术对营销进行数字化运营。

——赵洁，秒针系统总裁

营销技术的概念在国内兴起已经超过五年，业内已经形成了成熟的生态体系，出现了大批从业人员。本书是我见过关于营销技术的极为难得的一本，它好在以下几个方面：第一，系统地介绍了营销技术的整体框架，而不是简单的单点软件信息；第二，提及的案例来自真实落地的实践，在展开技术优势的同时，也分析了技术的局限性；第三，易读易懂，不是单纯地进行技术词汇的堆积，而是深入浅出地分析技术背后的商业逻辑和客户诉求。

——宋星，纷析数据创始人，互联网营销技术与数据专家

营销已经全面进入数据与技术驱动时代。很高兴见到中国第一部系统性介绍营销技术的著作问世，也热烈祝贺勇毅继畅销书《大数据营销》后的又一力作。本书有两点非常值得推荐：一是作者在 IBM、秒针十多年的从业经历，做过甲方也当过乙方，使得他对营销技术的发展和应用有着深刻的洞察，笔下流淌着真知灼见，内容质感很强；二是叙述采用了大众视角和业务视角，通篇见不到晦涩的技术语言，而是浅显易懂，是一部值得所有营销人阅读的佳作。

——凌览，美国营销国际协会（SMEI）中国区副总裁

技术和数据越来越多地渗透到营销中，这本书带来了最真实的业务洞察以及最佳实践解读。不论是企业主还是广告商，为获得更好的业务回报，明智地借助营销技术在今天是个必需的选择。作者将晦涩、枯燥的技术语言，撰写成专业可操作的工作手册，让读者高效、愉悦地掌握关键知识并应用到实际工作中。每一位市场营销的从业者，都不该错过这本书。

——张艳，中广协学会委员会委员，SAP 前市场总监

“科学”与“艺术”之争，始终是广告营销行业无法定论的话题。很长一段时间，人们习惯于“广告”等同“营销”，同时受制于大数据等“配套设施”的缺乏，默认感性思维的右脑胜过左脑，以至于乔治·路易斯这样的“广告狂人”宣称“假如广告是一门科学，我就是个女人”。

但是近十年来，媒体的碎片化、受众的细分……让营销工作的繁杂程度远超出人力所能完成的极限；另一方面，人工智能、算法为代表的技术的进步，又让营销人很放心地把一些工作交给机器来完成，初步的创意工作甚至可以用“程序化创意”去解决。技术对广告营销行业的渗透已经让最保守的人也无法忽视它的力量，那么，乔治，你打算什么时候动手术呢?

——冯琪，Marteker 技术营销官创始人

2006 年我在 IBM 负责洞察及数据分析的领导工作，当时在 Database Marketing 团队的于勇毅，能把很复杂的环境描述得简明，遇到什么问题都能提出清晰的解决方案，把专业的事情翻译成外行人能听懂的语言。他离开 IBM 之后，我们一直保持联系。他从市场部专家，到创业，到跨国公司部门领导，继续发展到今天的中国市场营销领先企业的行业专家。这样的发展一点都不让我吃惊。

——Nathan Midler，前 IBM 营销云负责人，Prophetbull 创始人与 CEO

目录

第 1 章

营销技术（MarTech）概述

某天，某企业一把手张总找到手下小王布置任务……

张总："小王啊，你给客户马总打个电话，问下哪天出差来北京，我想请他吃个饭。"

小王："好嘞。"

小王花了 10 分钟找到客户马总的名片，打完电话，发出邀请，完成任务。

第二天。

张总："小王，下个月我们在上海有个研讨会，你给所有华东的客户发个邀请函邮件，请他们来参加。"

小王："好嘞。"

小王花了半天，找到华东所有客户的名片，并发了邀请函，完成任务。

第三天。

张总："小王，我们新产品手册印好了，你看看那些过去两年没升级过产品，或者去年购买金额超过 100 万的客户，给他们快递过去。"

小王："我们有 300 多个客户，我不知道哪些是符合您要求的。"

张总："你去找北上广三地的财务和销售，让他们给数据，你自己算下。"

小王"……知道了……"

小王花了一周时间收集、计算各种数据，最后把产品手册寄了出去，完成任务。

客户接到宣传册后，给小王打来电话询问新产品的价格，小王找到张总……

小王："张总，有客户打来电话问价格了，我怎么回答？"

张总："A 类客户按照标准报价打八折，B 类客户九折，其他原价，不要报错价啊！"

小王："我不知道谁是 A 类客户谁是 B 类啊，而且客户电话打过来，都是希望我电话上直接报价。"

张总：“你去问下销售钱总，他手上有最新的客户分级名单，还有你把所有客户的名字和价格都做一张表，按照字母排序，打印出来贴在桌头，这样就可以直接在电话上回复客户了呀！”

小王：“哦……”

小王按照这么操作，但是没几天，张总怒气冲冲地找到小王……

张总：“你怎么搞的！马总已经跳槽去了 X 公司，按照规矩你应该只报九折的，你为什么报了八折？”

小王：“我不知道马总跳槽的事情啊。”

张总：“上次和马总吃饭的时候你不是在现场吗？不是给你介绍过吗？”

小王：“……老板，我要辞职！”

相信以上这个场景是很多企业的日常，当营销需要实现的场景越来越精准（给不同客户提供不同内容），越来越实时（电话上实时给客户报价），内部协同越来越复杂（市场、销售、财务和管理层的多方合作），业务要求更高（不光是精准营销，还涉及价格管控）的时候，光靠人工执行就会力不从心了，这时就需要技术来实现自动化，解决效率问题。

如果小王所在公司使用了营销技术的一个分支——营销自动化，小王只需要在系统里花十分钟配置，就可以实现之前需要花费数天甚至数周才能完成的任务，而且出错几率更低。而更进一步，如果张总自己会操作这套系统，甚至可以考虑营销自动化系统的技术成本和雇佣小王，哪个更合算。

在今天的营销生态圈中，大家对于营销技术的态度大致是两个极端。

技术万能。大多来自乙方，笔者见过一个国外营销技术公司的极致理论，当技术推动营销实现“数字化”和“自动化”后，广告主（花费营销经费的机构，也被称为甲方）的市场部只需要雇佣两个人：一个是点 Approve（同意）和 Reject（否决）按键的 CMO；一个是每天监控预算数字和写结果报告的运营人员。

犹豫不前。大多来自甲方，对于营销技术这个新兴事物，很多传统营销人会抱着好奇态度去学习，但是并不愿意改变自己长时间养成的对于营销的理解，也不愿意投入核心资源来改变现有的营销运营模式。

在展开全文前，笔者希望通过张总和小王的案例表述自己的观点：营销技术是“术”，左脑（技术）可以提升右脑（创意）的效率，推动着营销“道”层面的运营模式发生着改变，但是不会改变营销的本质。借用 Apple 高级副总裁，Burberry 前 CEO Angela Ahrendts 的一段话作为全书的开篇：科技驱动现代文明向前发展，我们更需要回归到人与人交流的本质。

1.1 营销技术的出现和演进

虽然营销技术（MarTech）的概念是由 Scott Brinker（图 1-1）在 2010 年左右提出，但是“在营销中使用技术”其实已经有数十年的历史。

图 1-1 Scott Brinker 是营销技术（MarTech）概念提出者（图片由 Scott Brinker 授权使用）

不同于关注自上而下、依靠操盘手个人智慧和经验的“东方式”营销方式（例如在国内看到的大量成功案例，都是企业老总凭借个人能力发现某个蓝海后，集中营销资源产生良好效果），“西方式”营销当遇到问题的时候，首先想到的是如何通过技术来构建解决问题的体系，这种自下而上建立的运营和管理模式，更容易在广告主内部沉淀和持续生效。

“在营销中使用技术”也并非一夜之间产生，在有迹可循的历史中，笔者找到一些碎片，可以观察到早期营销技术的演进。

- ✧ 在 100 年前，国外零售业已经开始尝试“直复营销”（Direct Marketing），也就是通过记录消费者（接受营销的个人，在营销圈中也被称为受众、TA、Target Audience、潜客等，在本书中统一被称为“消费者”，而接受营销的企业统一被称为“客户”）联系方式与直邮，召回消费者进行二次购买，采用这种模式的代表企业是美国的西尔斯百货（Sears）。
- ✧ 在 30 年前，国外零售业已经建立了以 CRM 软件为核心的客户关系管理体系：会员价 + 积分 + 直邮，促进了消费者的重复购买，代表企业有宜家（IKEA）。
- ✧ 在 25 年前，呼叫中心技术的成熟，使等待消费者上门的“坐商营销”变为主动出击询问消费者需求的“行商营销”（Outbound Marketing），代表企业有戴尔（Dell）。
- ✧ 1992 年，几个营销分析师创造了划时代的第一个营销技术软件 UNICA，改变了营销中对于客户数据分析和使用的方式，创立了“营销自动化”（Marketing Automation）这个营销技术的核心分支。

- ✧ 1994 年，美国的 Hotwired 在自己的官网上推出了 Banner 广告，是第一个真正意义上的互联网广告，创立了“广告技术”（AdTech）这个今天广告主投入预算最大的营销技术分支领域。
- ✧ 1998 年 Google 成立，2004 年 Facebook 成立，两者通过提供一站式的互联网广告服务，获取了全美 60% 以上的数字营销预算。

在以上历史碎片中，我们可以看到营销技术的早期驱动力来自广告主，他们知道自己的业务模式中需要什么技术，再对技术提出要求，因此技术的发展相对缓慢；近 20 年的驱动力变为技术方和媒体，它们为了更好地卖广告，不断推动着技术的快速发展，让广告主来适应这些变化。

而营销技术真正被重点关注是在过去 10 年，以 IBM 在 2010 年收购 Unica 为标志。在 Scott Brinker 每年公布的营销技术生态图（图 1-2）中，全美从事营销技术的供应商从 150 家发展到 6000 多家，只用了 7 年时间，并且产生了 Adobe、Salesforce、IBM 和 Oracle 四大营销技术巨头。

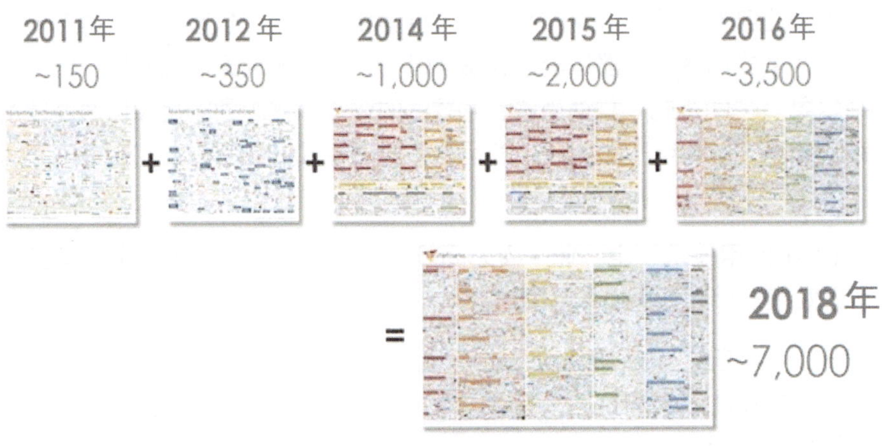

图 1-2 MarTech Landscape 2011—2018 年的变迁

营销技术在过去 10 年的突飞猛进，是多重原因的共同作用。

1.1.1 营销内容过剩，造成消费者对于营销的免疫

这是最重要的“蝴蝶翅膀”，今天消费者已经淹没在无处不在的图片、视频和软文等各种形式的营销中。根据秒针系统的广告监测数据，我国的消费者每天接触到的广告数量平均在数百次，而消费者对绝大部分并没有感知和记忆。在高强度轰炸下，消费者对于营销开始免疫。图 1-3 是国外调研公司发现的几个数字。

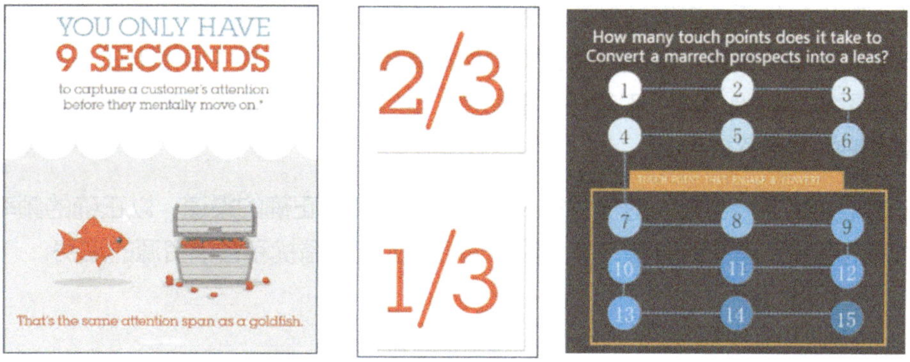

图 1-3　消费者对于营销的免疫

✧ 9 秒：一条鱼的记忆时间，也是一则制作精良的广告在消费者脑中留下印象的时间。

✧ 1/3：能改变消费者采购决策的营销方式，只有 1/3 是广告主可控的。

✧ 7 ~ 15 次：消费者在愿意去了解产品信息前，需要接受的营销次数。

消费者对营销免疫的直接结果，就是优质的营销内容无法触达。当消费者面对漫天的营销内容时，不会花时间去一个个认真查看哪些是自己所需要的产品。在少数几个打动消费者的营销背后，可能是成千上万个广告主花了大成本精心制作，但是被消费者忽视的营销内容。图 1-4 是笔者随意打开的某门户网站，我们可以看下在这方寸之地，堆积了多少直接的和软性的广告。

图 1-4　某门户网站的首页

精心制作的优质内容无法触达，倒逼广告主更加倾向于制作碎片化的营销内容，甚至走向审美降级的极端：洗脑式营销（例如写字楼的电梯广告中经常出现一堆群众演员不停大声重复某品牌口号，不带任何美感的广告），这种蝴蝶效应对于营销创意人来说是非常可怕的劣币逐良币。

在这个变化下，营销人对于营销技术的诉求是能在正确的渠道，以正确的频率，传递正确的内容给正确的消费者，减少对于消费者的过度骚扰和营销资源的浪费。

1.1.2 营销效率不断降低，造成广告预算的失控

由于过度营销，消费者对于营销的免疫，造成了营销效率的不断下降。以国内的搜索引擎为例，十年前只需要几毛钱就可以完成一次获客，而今天可能是几块到几十块钱。营销效率低，导致广告主不得不增加营销预算，但这会让消费者更不耐烦，进而营销效率更低，这是正在发生的恶性循环。

以美国为例，2017 至 2018 年 GDP 增长率为 2.9%，而作为营销大头的广告预算，增长率为 8%，超过 2000 亿美元，占全美 GDP 总量的 1%。在我国，某些行业的营销费用已经占了企业总收入的 15% ~ 25%，这意味着您在电商上购买一支售价 200 元的口红，其中有将近 50 元是在为营销成本埋单。

营销人对于营销技术的第二个诉求，是提升营销效率，对内通过更好的协同，来降低运营成本，对外通过对营销的精细化操作，来提升产出。通过控制成本，得到更好的投资回报比。

1.1.3 营销资源的快速膨胀，需要更好地整合

在 10 年前，营销生态圈中的角色是远少于今天的。如图 1-5 所示，过去广告主在传递内容给消费者的路径中，只有整合专业供应商资源（创意、物料和会务等）的广告公司（也被称为代理商，Agency）和媒体这两个核心节点。

而数字技术的发展，营销也进入了数字时代（营销技术是数字营销的分支，在第 2 章中会详细解释数字营销的运营体系）。除了传统营销生态圈中的角色和资源构成，IT 供应商（IBM、Oracle、Salesforce 和 SAP 等）、咨询公司（埃森哲、德勤等）、数据供应商、互联网公司（Google、Facebook 等）、IP 及自媒体等各种角色都在贡献自己的独特资源，希望从数字营销这个千亿美金市场中分一杯羹。

数字营销的飞速发展依靠着各种跨行业资源的进入，而营销技术作为数字营销的技术资源，起到了整合数字营销中的数据、内容和触点 3 种核心资源，并且连接广告主和消费者的作用，如图 1-6 中所示。

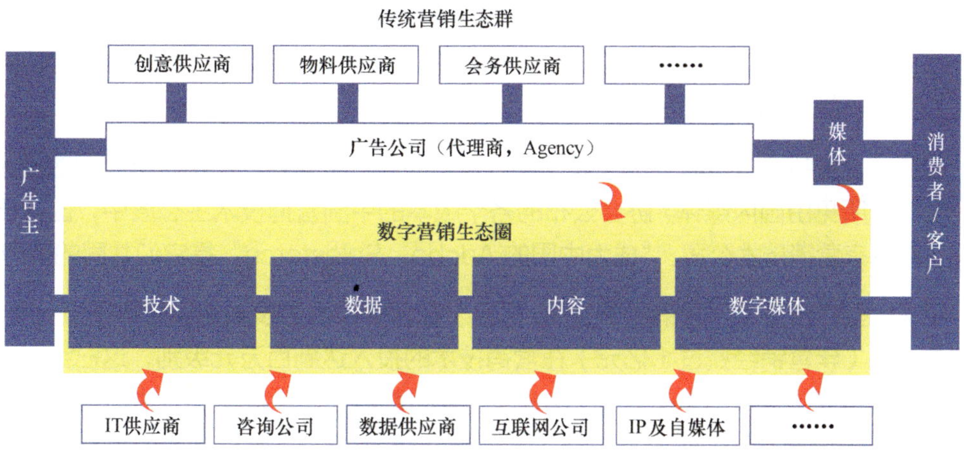

图 1-5　传统营销和数字营销生态圈对比

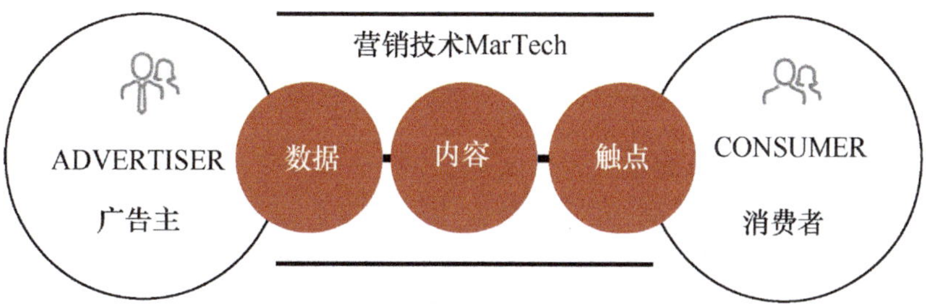

图 1-6　营销技术对于数字营销资源的整合

1.1.4　互联网巨头的强势，逼迫广告主构建自己的数字化能力

今天大部分通过营销产生的流量都掌握在互联网巨头手中，例如 Google 和 Facebook。互联网巨头掌握着市场上的绝大部分流量，也掌握了整个行业的流量议价权，例如笔者经常听到广告主的抱怨是，电商平台通过各种活动收取天文数字的费用，然而却不给商家承诺销量。

寄希望于营销技术，广告主尝试构建基于自己数据的数字营销体系，而把这些互联网巨头的定位仅仅放在“触点”（理解为广告主和消费者互动的流量入口），终极目标把流量的话语权拿在自己手中。

在以上 4 种因素的影响下，营销技术进入了发展的快车道，以下是国外市场研究公司给出的数字。

- 营销技术的市场规模，在 2015 年至 2025 年的 10 年间将翻 10 倍，达到 1200 亿美元，占据全球营销预算的 10%。
- 2018 年大型广告主的营销预算的 30% 投入了营销技术，超过了人力（24%）、媒体（23%）和广告公司（23%），成为广告主预算的最大支出项。

- ✧ 过去 10 年，受益于云计算、大数据等技术的发展，营销技术的成本降低了 99.9%，这意味着同样的技术，10 年前广告主需要 100 万美元才能实现的场景，今天只需要 1000 美元。

在我国，营销技术在近 5 年引起了国内技术公司、互联网公司和投资公司的极大兴趣。在笔者所见由国内媒体 / 协会公布的各个版本的中国营销技术生态图中，国内已经出现了数百家营销技术公司，“成为中国的 Adobe、Salesforce”是它们共同的梦想。

我国大型广告主（年营销经费过 10 亿元）在营销技术的投入达到每年千万元级别，中型广告主（年营销经费过 1 亿元）在营销技术的投入达到百万元级别，这已经是今天国内甲方投资营销技术的常态。在 2018 年，营销数据中台（第 4 章中进行描述）已经成为数字广告年投入过亿的大型广告主的标配，而 SCRM（基于社交的客户关系管理体系，第 9 章中进行描述）也成为了中型广告主的投资必选项。

1.2 营销技术的理论基础：客户体验（Customer Experience）

不知道您是否经历过图 1-7 的时代，并且对图中描绘的 IP 留有印象？

图 1-7　30 年前的营销 IP

1989，位于上海外滩的东风饭店（今天的华尔道夫酒店），上海第一家肯德基开业了。那时要吃上一顿炸鸡需要排队数小时，人均消费在十几元人民币（相当于今天的千元人民币），对大多数人来说，这是只有在生日或者特殊纪念日才会体验的奢侈消费，今天您还会花上米其林的价格，去吃一顿肯德基吗？而那时能被如此追捧，也只是因为背着“美国肯德基家乡鸡”这个标榜自己是舶来品的口号。

可惜，时代变了。

不知道您上一次被一支广告打动，直接打开电商网站购买是什么时候？不久前笔者被问到这个问题的时候，认真思考的结果是周润发和吴倩莲主演的某手表广告，广告语是很多人耳熟能详但不知道出处的“不在乎天长地久，只在乎曾经拥有”。这支广告于 1993 年制作，2015 年在社交媒体上再次传播起来。而在过去 4 年中，笔者并没有对任何其他广告有着同样深刻的记忆。

在上一节也提到，消费者今天处于信息过剩时代，对于营销也开始免疫，那今天要打动消费者，让消费者愿意了解和认可品牌，最终促成销售的方法是什么？

客户体验（Customer Experience，简写 CX）是数字营销界共同认可的方法论，在笔者看过的资料中，无论是咨询公司（埃森哲、德勤）、营销技术公司（Adobe、Oracle），还是广告公司（奥美、电通）、互联网公司（Facebook、Google），它们的数字营销方法论中都会出现这个词汇。

大部分人脑中的“客户体验”可能是某火锅的优质服务，也可能是广告主在消费者生日送上的祝福等，但作为营销技术基石的“客户体验”并不是指这些。“客户体验”可以简单归纳如下。

消费者的采购决策链可以分为不同阶段：从不知道品牌，到愿意了解品牌，进而对品牌产生信任、激发需求，再到进入销售渠道查询和最终购买，继续到售后服务带来的二次销售。在这些不同阶段中，有很多营销渠道可以给消费者传递信息。通过技术手段，广告主可以让消费者在跨渠道中看到一致的、切合当前阶段需求的“千人千面”的营销内容。

图 1-8 就是“客户体验”的简单示意图。

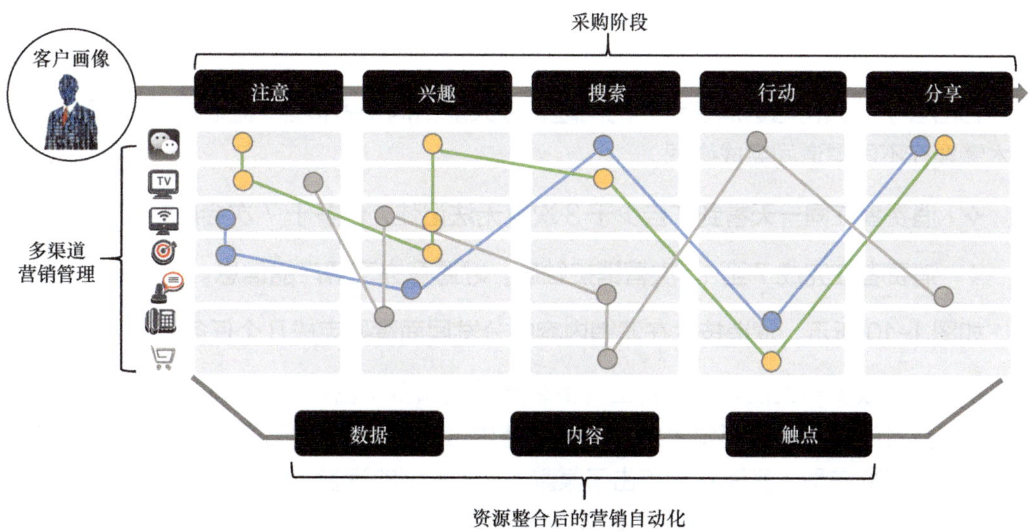

图 1-8 “客户体验”示意图

理论看似很简单，但执行层面涉及以下大量工作。

1.2.1 消费者画像

消费者画像，回答“如何了解目标消费者”的问题，这是“客户体验”的出发点。传统营销中对于消费者的理解和洞察是通过调研和统计学来完成的，得到的消费者画像基于人口属性（年龄、性别和地域等），是宏观统计级的（无法落实到不同个体消费者之间的差异）。

而营销技术支撑的消费者画像，则是基于数字技术收集的消费者行为大数据，是微观个体级的。为了构建消费者画像，营销技术需要完成数据收集、治理、管理、分析、应用和测量的完整数据闭环，产出的是消费者个体级别的标签，既可以用于洞察，也可以直接用于营销接触。图 1-9 是两种客户画像对比的案例。

传统消费者画像

- 30～39岁的中产阶级
- 企业中层管理人员
- 一二线城市
- 家庭年收入30万元以上
- 已婚有家庭，或计划建立三口之家
- 有第一辆车，准备为新生儿的到来换更大的车型
- 习惯制定高效可行的计划，认可科技和环保带来更好的生活，对未来抱有开放的心态和合理的期待

营销技术支撑的消费者画像

- 访问汽车类垂直媒体，访问了SUV相关内容
- 已经点击了SUV车型的“询价”页面
- 点击查询了“二手车”页面
- 经常访问雪球、手机银行等理财相关App和网页
- 经常访问宝宝树、春雨育儿、有钱兔等育儿类App
- 安装知乎、豆瓣、今日头条、凤凰新闻、非常准、航班管家、Agoda、Airbnb等中产相关App
- 居住在一二线城市中端小区
- 上班地点在市中心写字楼和市郊科技园区
- 居住地周边5公里有充电桩

图 1-9　某款汽车消费者画像的对比

1.2.2 多渠道营销管理

它回答了“如何触达消费者”的问题。今天能给消费者传递信息的渠道过多，营销技术需要在不同渠道间完成协同。

- ✧ 消费者在同一天看到广告少于 3 次就无法记住，但多于 7 次会感到厌烦。
- ✧ 消费者在完成 7 至 15 次营销接触后，才愿意去了解产品信息。

如图 1-10 所示，营销技术在营销内容的分发层面需要完成几个任务。

- ✧ 营销故事一致性。当广告主有多条产品线和多个营销故事的时候，需要根据消费者的行为判断消费者的痛点，保持内容的针对性和一致性。例如车企广告主有多款车型，某消费者点击了某款 SUV 车型的询价页面，那之后很长时间内，这个消费者只应该看到这款 SUV 相关的广告内容。

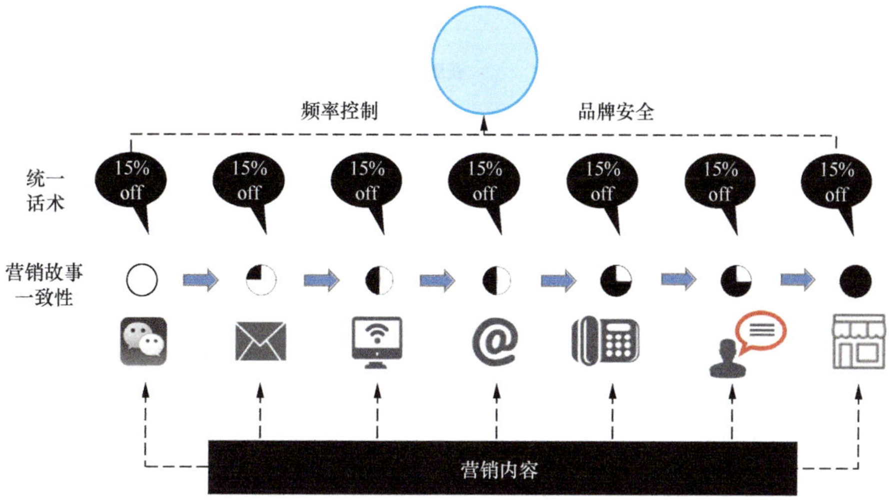

图 1-10　多渠道营销管理

- 统一话术。消费者在多个营销活动中接受的所有营销信息点都需要保持一致，例如当广告主甄别某消费者并非价格敏感型时，通过营销技术可以实现消费者在所有营销渠道看到的价格和折扣都是一致的。
- 频率控制。广告主通过媒体对消费者的触达是有成本的，当同一个消费者每天看到 10 次和 20 次广告的效果相同的时候，通过营销技术实现频度控制，可以帮助广告主节省不必要的投入，同时可以把最好和最贵的媒体留给最有价值的消费者。
- 品牌安全。在数字广告领域，通过营销技术避免广告主的营销内容和页面所呈现内容的冲突，例如奢侈品广告不能出现在明星八卦页面上。

1.2.3　营销自动化

营销自动化回答了“如何进行触点控制”的问题。通过营销技术，可以实现营销执行的自动化和实时化，例如第 6 章中介绍的“实时竞价”广告模式（Real Time Bidding）。当一个消费者出现在某个媒体，媒体给出这个消费者的画像，同时询问多个广告主是否需要给这个消费者投放广告；多个广告主根据预定的策略进行竞价后，出价高者得到广告投放的机会，并把预存的投放内容（图片和小视频等）给到媒体；最终消费者在媒体上看到对应的广告，以上所有过程技术实现的行业标准是毫秒级别的。

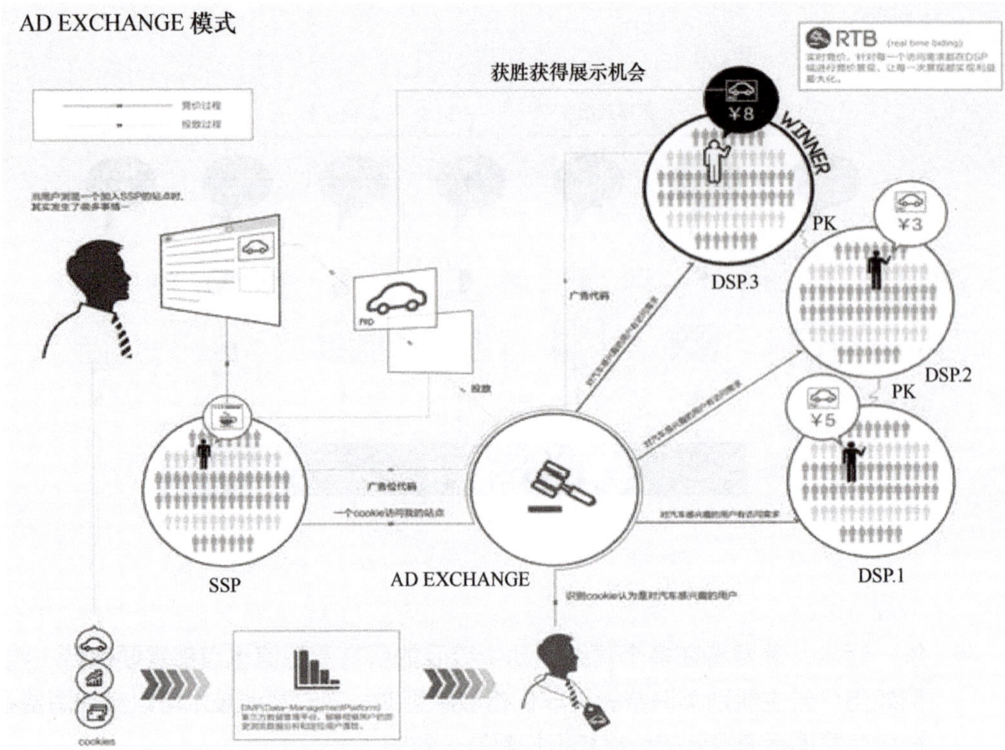

图 1-11　实时竞价广告的技术模式

1.3　营销技术的分类

根据 Scott Brinker 的 Martech 5000 图谱，营销技术目前可以分为分为 6 大领域和 49 个小类。由于每个小类的复杂程度都可以单独成书（例如作为小类的 CRM，市场上就有数百本相关书籍），笔者对每个小类也没有深刻的理解，因此在本节中只用最简单的语言进行描述，之后的章节将重点介绍其中笔者接触过的几个核心技术。

1.3.1　数字广告和促销

通过数字广告、社交广告和原生广告等向消费者传递营销内容的技术。

- ✧ 程序化广告：通过实时竞价（RTB）和私有竞价（PDB）实现的广告自动采买，在第 6 章中进行具体介绍。
- ✧ 移动营销：基于移动端（手机和平板电脑等）的广告投放以及相关技术开发。
- ✧ 原生 / 内容广告：内容植入形式的广告手段。
- ✧ 数字公关：基于数字媒体的公关。
- ✧ 数字出版：以电子杂志和电子书形式传播的广告。

✧ 搜索和社交广告：搜索引擎营销和社交媒体中的广告投放。

✧ 视频广告：视频广告的制作和投放。

1.3.2 商务和销售

消费者接受营销，最终进入销售渠道（线上、线下和代理商渠道等）进行采购中涉及的营销技术。

✧ 联盟营销及管理：对接异业合作伙伴以及第三方独立资源的营销工具，例如某银行广告主利用自有数据和渠道，为某零售业广告主进行引流。

✧ 渠道及合作伙伴管理：复杂销售模式的大型广告主会把部分预算分配给销售渠道下游的代理商和经销商等合作伙伴进行联合营销，对接广告主和合作伙伴的联合营销工具。

✧ 电商营销：在第三方电商平台（例如 Amazon、淘宝等）上进行引流的电商营销工具。

✧ 电商平台：构建广告主自有电商平台。

✧ 零售及近场营销：线下收集和使用位置数据进行精准营销，可以被视作“新零售”的一部分。

✧ 销售自动化：大企业内部有着复杂的销售和营销体系时，建立精准营销、商机管理、销售追踪等连接市场部和销售部的自动化流程。

1.3.3 内容和客户体验

在营销内容制作、管理和客户体验管理中涉及的技术。

✧ 数字内容和网站体验管理：广告主自有渠道上，营销内容的管理、寻找、适配的工具，例如在自有网站上针对不同消费者的不同页面设计和内容展示。

✧ 内容营销：在目标消费者聚集的媒体，投放相关内容（例如软文和视频等）进行营销使用的工具。

✧ 数据及营销资源管理：对内外部数字营销资产（视频、文字、图片和音频等）进行统一管理。

✧ 电子邮件营销：古老但是在国外仍大行其道的电子邮件营销技术。

✧ 互动内容：H5、小程序、小视频等互动型内容的快速生成工具。

✧ 营销自动化：连接数据、触点和内容，针对不同消费者进行客户旅程设计，实现“千人千面”的营销协同工具，在第 3 章中进行具体介绍。

- ✧ 手机 App 技术：通过 SDK 等技术，对消费者在 App 中的行为进行监测、优化和流失分析。
- ✧ 内容优化、定制、测试：通过 A/B testing 等工具，在企业官网、App 等广告主自有渠道上，针对个体级消费者进行个性化内容的定制。
- ✧ 搜索引擎优化：按照搜索引擎的规则，对自有平台进行优化，获得更高的搜索排名。
- ✧ 视频营销：在视频播放中插入广告贴片的广告技术。

1.3.4 数据

数据采集、治理和管理相关的技术，以及第三方数据服务。

- ✧ 第三方数据服务：外部数据方，为广告主提供的数据采购、补充和清洗等服务，在第 7 章中进行具体介绍。
- ✧ 数据科学及商业智能：利用算法，对复杂数据进行简化，提供统计级的商业结论或者清单级的数据标签，第 8 章将介绍这个领域的人工智能分支。
- ✧ 客户数据平台：营销数据中台的一种，对广告主第一方数据的管理，在第 4 章中进行具体介绍。
- ✧ 数据可视化：通过 BI 工具，对数据进行可视化展示和报表定制。
- ✧ 数据管理平台：和 CDP 一样是营销数据中台的一种，管理消费者数字行为数据，主要用于数字广告投放，在第 4 章中进行具体介绍。
- ✧ 数据合规：营销中数据使用的合规性、安全性的审核、追踪以及优化，在第 7 章中进行介绍。
- ✧ 云服务、数据整合及标签管理：数据管理中涉及的 IT 技术，包括云、数据治理和整合、标签管理等。
- ✧ 营销效果分析及归因：数据分析的一种，针对营销预算和效果的分析，归因和优化建议。
- ✧ 移动及网站分析：企业自有网站和 App 的数据分析、优化建议，在第 5 章中进行介绍。

1.3.5 营销资源管理

广告主内部资源的人、财、项目、流程的管理，以及外部资源的评估。

- ✧ 预算及财务管理：营销预算管理，包括预算上下游分配、使用情况和费用使用合规等。
- ✧ 精益与敏捷管理：在营销中利用“敏捷开发”的理念进行系统管理。
- ✧ 跨部门协同：营销活动跨部门的沟通、日志和追踪工具。
- ✧ 产品管理：针对营销人，按照产品开发思维，多个营销活动的统一管理。
- ✧ 项目及工作流管理：营销中的项目管理，跨组织协同的工作流管理。
- ✧ 人才管理：营销人才的数据收集、管理与评估。
- ✧ 供应商评估：营销供应商的评估和评级。

1.3.6 社交媒体和用户关系

在社交媒体和 CRM 等广告主和消费者之间进行双向互动的营销技术。

- ✧ 目标客户营销：在 B2B 营销中，针对目标企业的精准营销，包括企业级的行为收集、客户画像和需求预测等。
- ✧ 用户忠诚度：通过会员、积分等手段，与现有消费者建立长期的互动体系。
- ✧ 呼叫中心分析及管理：和消费者电话沟通的呼叫中心的管理，以及通话数据的分析。
- ✧ 用户社区管理：统一管理广告主自有社区和大量第三方社区和消费者互动的工具。
- ✧ 客户关系管理：通过实施和运营 CRM 软件，对消费者进行关系管理。
- ✧ 客户体验：通过数据、经验、调研等手段，建立和优化广告主的客户体验流程。
- ✧ 线下及在线会议：线下会议所设计的技术管理（邀请、签到、预定、流程管理等）和在线会议平台。
- ✧ 意见领袖：自动连接广告主需求和意见领袖，发起调研、软文、粉丝互动等场景。
- ✧ 聊天机器人：广告主和消费者在线实时聊天的自动化互动工具，用于客户服务、售前咨询等场景。
- ✧ 社交聆听及社交营销：舆情监测、意见领袖选择、情感分析社交营销运营涉及的工具。

1.4 广告技术和营销技术

今天在市场上谈到营销相关的技术，除了营销技术这个词外，另外一个词也会经常被提及：广告技术（AdTech）。过去这两个技术领域是割裂的，图 1-12 展示两者的差别。

- ✧ 狭义的营销技术是基于广告主的第一方 PII 数据展开，可以认为是 CRM 的高阶应用。
- ✧ 广告技术是基于数字技术收集的数字数据（Digital Data）展开的，可以认为是传统广告的数字化，在第 6 章中将单独对于广告技术进行解释。

	广告技术（AdTech）	营销技术（MarTech）
数据	数字数据（Digital data）	实名数据（PII data）
数据收集成本	极低	高，有合格风险
触点	各种数字广告	电子邮件，短信，外呼，直邮，微信，在线会议等
触点时效	实时	非实时
单客户接触成本	极低（分级别）	高（毛到块级别）
营销物料	图片，几秒小视频	各种复杂模式
触点背书	媒体背书	广告主背书
消费者采购决策链影响阶段	前中期	中后期

图 1-12　广告技术和狭义营销技术的对比

广告技术和狭义营销技术有着不同的应用场景，以及各自的优劣。

广告技术长于低成本，实时地在丰富的媒体渠道上覆盖大量消费者，弱于传递的信息量小，无法产生复杂的双向互动，而且基于媒体信任背书（消费者从媒体得到信息），容易有复杂的品牌安全等问题，多用于消费者采购决策链的早期。

营销技术长于有品牌的信任背书（消费者从广告主直接得到信息），容易获得消费者信任，同时触点形式可以进行复杂的双向互动，但弱于触点形式有限，而且单消费者接触成本昂贵（例如每个正规电话外呼 10 至 20 元的成本）

但是随着技术的演进，两者的基本理念和资源正在融合和取长补短，例如人本营销，就是打通了 PII 数据和数字数据，以及广告主自有营销渠道和外部媒体后的营销套路。在本书的讨论中，笔者会弱化营销技术和广告技术的狭义概念，用宏观的“营销技术”来同时描述两者。

第 2 章

营销技术顶层架构完全解析

在上一章，笔者分享了营销技术的基本概念、演进历史、理论和现状。在本章中，笔者将基于现在的技术，展示营销技术体系的全貌，以及不同技术之间是如何连接和发挥作用的。

目前，我们通常还处于“为了解决单点问题，使用单点营销技术”的早期阶段。本章之所以系统性地介绍营销技术的完整顶层架构，出发点有以下几个。

- ✧ 营销技术是一个复杂的体系，为了实现同一个商业目标，通常有几个不同的技术路线，例如某广告主想增加电商的流量，这个需求可以通过数条技术路线来实现，每条路线在不同行业又有不同的适用度。通过笔者对于营销技术全貌的表述和对不同行业理解，读者可以自行判断实现商业目标的最佳路径，避免重复的投入和徒劳的尝试。
- ✧ 广告主的需求往往横跨多个营销技术领域：“微信是我们营销的主战场，我希望微信公众号具有会员功能，以便对粉丝进行分级管理，还需要打通实体店历史上的积分体系，顺便管理公众号历史上发送的内容。对了，还需要有个能和客户自动沟通的聊天机器人，能每周通过花花绿绿的图表给我老板自动发送运营情况的邮件就更好了”。如果按照营销技术的分类，这个需求涉及多个软件，把这些软件全部买齐可能需要高达百万投入。而国内的营销技术工具则比较灵活，往往会根据广告主的需求进行个性化延展，形成多个分类的综合体，广告主只需要购买一套系统就可以实现以上所有功能，但坏处是不同供应商遇到的广告主需求都不一样，造成在同一个称谓的营销技术分类下，每个供应商的产品布局和功能之间存在差异。通过本章的描述，笔者希望广告主能使用行业通用语言来描述自己的需求，例如“带营销自动化和 BI 功能的 SCRM”。
- ✧ 数字营销的迭代很快，昨天最佳获客渠道是微信，今天可能就是今日头条和抖音，明天是哪个平台又是未知数。但是对于广告主来说，底层的数据运营是恒久不变的。数据是石油，也是精准营销的驱动器，通过营销技术构建完整的数据运营闭环，对于广告主来说有着长久的战略意义。

2.1 数字营销图谱

在 2018 年，笔者执笔以秒针营销科学院的名义发布了《中国数字营销行业图谱》，包括了 3 张图谱。

- ✧ 中国数字营销地铁图：简称地铁图，如图 2-1 所示，定位国内数字营销的知识图谱，覆盖了国内数字营销的 13 个领域、77 个节点，从业务视角描述了数字营销每个节点的运营情况和互相之间的关联。

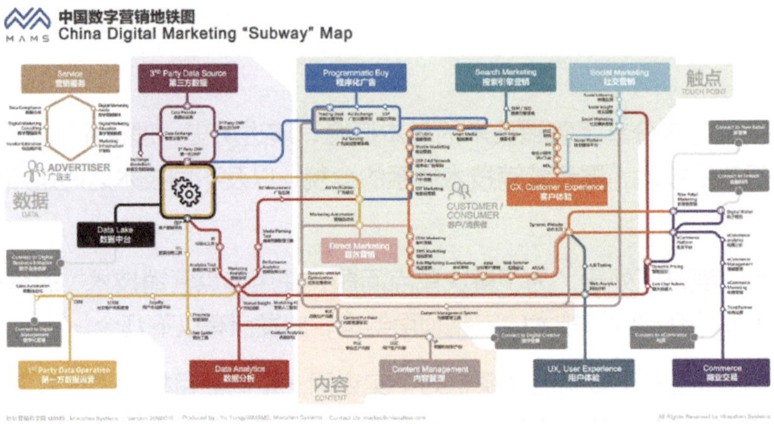

图 2-1　数字营销地铁图

- ✧ 中国数字营销拓扑图：简称拓扑图，如图 2-2 所示，将地铁图的 77 个节点按照营销技术重新组合，描述了支撑数字营销整体运作的营销技术架构。

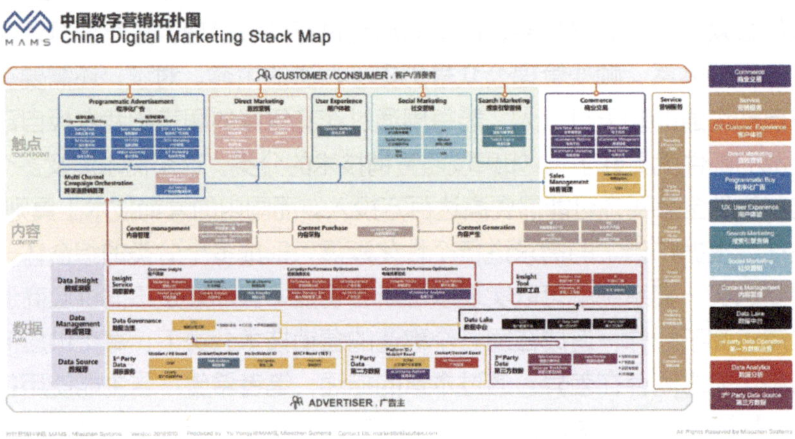

图 2-2　数字营销拓扑图

- ✧ 中国数字营销生态图：简称生态图，如图 2-3 所示，描述了国内按照地铁图，拓扑图的 77 个分类下的供应商名单。

图 2-3　数字营销生态图

因为本书着重分析营销技术，因此在本章节会拆解拓扑图，完全解析营销技术架构。

图 2-4 是基于拓扑图简化后的完整营销技术架构，包括 3 类：数据、内容和触点。

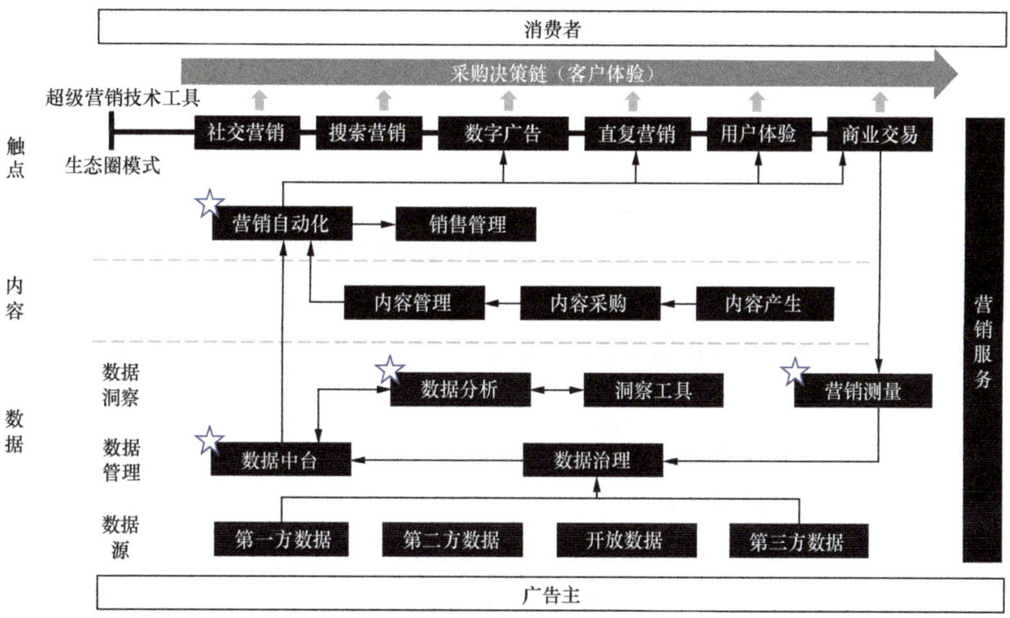

图 2-4　营销技术架构简图

简图自下而上是广告主视角，代表的是广告主累积的营销资源，如何驱动消费者“客户体验”（上一章介绍的营销技术方法论）；而自上而下看，是消费者视角，在消费者采购决策链中接受的不同营销信息、背后的内容和数据资源的整合。在这个庞大体系中，笔者把整套体系的核心中轴线用五角星标出：数据中台、数据分析、营销自动化、营销测量，其他节点在不同行业都可能不同或者有替代物。在这条中轴线中，这 4 个节点是体系的基石，笔者将在后续章节对这些节点进行重点展开。

✧ 数据中台：存储和管理广告主的数据，所有数字营销的发起点。

✧ 数据分析：基于业务需求，对于庞大数据的“简化”，决定了数据的利用程度。

✧ 营销自动化：数据、内容和触点的资源整合和管理器。

✧ 营销测量：帮助广告主进行营销成本的精算，通过数据驱动营销闭环的核心环节。

在接下来的几个小节中，笔者将对拓扑图中提及的营销技术进行解释，建议您在阅读前将拓扑图下载并打印，将笔者的描述和图中的节点进行一一对应。

2.2 数据相关的营销技术

这是营销技术运营闭环的出发点，并且绝大部分能力需要在广告主内部构建，在下一节会单独讨论如何构建数据运营的闭环（收集、治理、管理、分析、应用、测量）。本节将着重讨论数据相关的营销技术节点。

2.2.1 数据源

广告主获取数据的来源，分为 4 类。

首先是第一方数据，也就是在广告主自有平台上产生和收集，所有权是广告主的数据，涉及到的营销技术如下。

✧ CRM：线上电商和线下实体店销售时留存的消费者数据，通过手机号进行识别。

✧ 用户忠诚度：在酒店、航空、零售等行业，通过会员系统收集的注册会员数据，通过手机号进行识别。

✧ 网站分析：虽然网站分析是一种“数据分析”，但也在为广告主提供消费者访问广告主的主页或 App 时的行为数据，通过 Cookie ID、Device ID 进行识别。

✧ 智能探针：在线下通过智能探针技术，获取途径周边的消费者数据，通过 Mac# 识别，知名技术提供方大多是电信运营商的设备提供商。

然后是第二方数据，即在外部平台上产生和收集的所有权是广告主的数据。

✧ 广告监测数据：在广告主进行程序化广告投放后，从广告验证供应商处拿到点击广告行为的消费者数据，通过 Cookie ID、手机 Device ID 进行识别。

✧ 社交数据：微信公众号或者微博的关注者数据，通过微信 Open ID 等平台 ID 进行识别，数据由腾讯、微博等社交平台通过 API 接口提供。

✧ 电商数据：消费者在电商上购物，或者通过微信、支付宝进行支付的时候，微信和支付宝提供的数据。微信支付会提供 Open ID 进行识别，数据由电商平台直接提供。

接下来是网络爬虫，也就是利用爬虫技术获取互联网上的公开数据，也是广告主最廉价、最实用的数据收集技术。但是通过爬虫技术存在数据合规风险，它仍是行业内正在讨论的敏感问题。

最后是第三方数据，即在外部平台上产生和收集的所有权归第三方供应商的数据。广告主通过预算获得数据的使用权。需要说明的是，外部数据的使用并非“一手交钱一手交数据”。数据使用的方式是在合法合规、不侵犯消费者个人隐私的情况下发生的，具体方式在第 7 章会进行具体讲解。

2.2.2 数据管理

广告主获得数据后以及数据使用前，需要对数据进行清洗和管理。

数据治理： 虽然今天广告主可以通过更多的技术手段获取海量数据，但是由于作弊流量（在第 5 章介绍）、技术精度（例如线下收集数据的精度只有数十米）、多数据源基于不同 ID 体系需要打通等原因，数据的可信度远低于过往。在使用数据前，需要数据治理工具对原数据进行“清洗”把数据变干净。

数据中台： 这是在数据领域，投入最大的营销技术节点，又分为 DMP、CDP、Data Lake 等不同技术路线，是 2018 到 2019 年国内大型广告主投资最热的营销技术领域。在第 4 章中，笔者将用大量笔墨来描述这个最复杂的节点。

2.2.3 数据洞察

使用数据前的最后一步，也是广告主最难构建的能力，现在国内大部分大型广告主仍处于数据收集和搭建数据中台的阶段，只有非常前沿的顶级广告主在 2018 年才刚开始构建自己的分析能力。

大型广告主可以在短期内投入大量成本收集到海量数据，但是业务侧要读懂这些数据，需要数据科学家对数据进行“翻译”，简化成少数几个业务侧能读懂的标签体系，例如广告主收集到某消费者几万条行为数据，知道这个消费者看过什么广告、在自己官网上的行为、历史购买的商品。但是对于营销人来说，只想知道这个消费者的 5W1H 标签来指导营销落地。

✧ Who：消费者是谁。

- ✧ What：消费者会买什么商品。
- ✧ When：消费者什么时候会买。
- ✧ Where：消费者会在哪个渠道买。
- ✧ Why：消费者的购买诉求。
- ✧ How：消费者将如何进行购买。

2.2.4 分析工具

对广告主标准化的分析需求进行工具化，使分析过程更加高效。

- ✧ 数据挖掘工具：过去统计学算法是非常专业的领域，但在今天，SAS、R、Python、SPSS、MATLAB 等统计学工具对算法和数据挖掘过程进行了模块化，大大降低了大数据分析的难度。
- ✧ 可视化工具：将数据分析结果简化成易读易懂的图表展示给业务侧人员。
- ✧ 营销人工智能：通过机器学习等算法，将数据分析中数据科学家的人工干预比例降低，达到数据分析和执行的高度自动化，第 8 章中有单独介绍。
- ✧ A/B 测试工具：配合广告监测和网站分析技术，在预先配置的情况下，在不同客户细分尝试不同的营销策略（不同内容或者触点形式），根据结果来调整。例如某广告主官网有红色和蓝色背景两套方案，在 A/B 测试工具中配置后，针对同一客户画像的消费者分别同比例展示两种方案，在经过 1000 次测试后，系统自动判定红色方案有更好的效果（更低跳出率和更高转换率），那么以后这种客户画像的消费者登录这个企业的官网，看到的都是红色背景。

2.2.5 营销测量

通过广告监测和网站分析等手段，判定营销的效果和广告投放的结算，此外通过效果来对广告主的预算配置进行优化，第 5 章中将具体介绍。虽然营销测量也是数据分析的一种，但是和其他类型的“纯分析”不同，营销测量的过程中也给广告主提供了广告监测日志等底层数据。

- ✧ 广告监测：作为第三方，帮助广告主和媒体进行结算，以及目标受众的效果评估。例如某广告主期望在某网站上给 10 万个 20 到 25 岁的女性投放广告。一周后，网站说任务完成请支付广告费用，但广告主无法知道网站是否真的执行了任务，因此需要第三方独立的工具进行评测，包括是否投放给 10 万人（考虑到可能一个消费者看到多次广告的情况），以及这 10 万人是否是预想中 20 至 25 岁的女性。“广告测量”实际解决的是广告主和媒体间的信任问题。

✧ 广告验证：作为第三方，对于广告展示，流量真实性进行定量评估，以及保证广告投放中广告主的品牌安全，往往会和广告监测工具配合使用，主要在反作弊（虚假流量判断）和品牌安全。

✧ 营销效果分析：对于营销活动进行统计级的定量评估，例如归因分析，目标客户触达等。

✧ 媒体预算管理工具：针对广告投放预算，在媒体、时间点、点位和受众等多维度进行规划，达到效果最优化的系统。

2.2.6 数据分析

这个领域很难直接称为营销“技术”，大部分场景都是数据科学家利用分析工具与统计学算法，根据些许需求进行数据挖掘，只有当需求可固化的时候，才会制作成工具（例如舆情监测工具）。

✧ 市场洞察：市场研究人员利用各种数据，对于某些营销课题的研究和解读。

✧ 内容评估：对营销中涉及的内容进行定量评估，例如语义分析和情感分析等，大部分是对社交媒体营销的展开。

✧ 社交洞察：基于社交数据的洞察，包括客户画像、竞品分析等场景，工具化的包括舆情监测工具。

✧ 营销分析：利用算法对数据的标签化，例如客户细分、交叉销售分析、客户生命周期和价值分析等。

✧ 聊天机器人：以往广告主和消费者的在线聊天与电话沟通，都是人工实现的，而今天通过人工智能技术，可以由系统自动实现。

✧ 智能定价：在电商领域，结合客户画像和人工智能，达到针对不同消费者的个性化定价。

2.3 内容营销技术简介

相对于数据层面营销技术的纷繁复杂，由于国内版权保护尚无法支撑内容的程序化交易，国内内容层面的技术并没有太多亮点，笔者所见可圈可点的营销技术工具有几个。

2.3.1 自动海报生成工具

淘宝人工智能机器人“鲁班”，可以根据简单指令或者程序化制作海报，在 2017 年的“双十一”制作了超过 4 亿张海报。如图 2-5 所示，当我们打开淘宝 App 的时候，顶部的广告海报，会根据消费者过往对于商品的搜索记录，自动抠图、配底色，实现了不同消费者看到淘宝 App 的“千人千面”。过往制作一张图片，需要一个设计师数小时的时间，而今天“鲁班”在数秒内就能自动化实现。

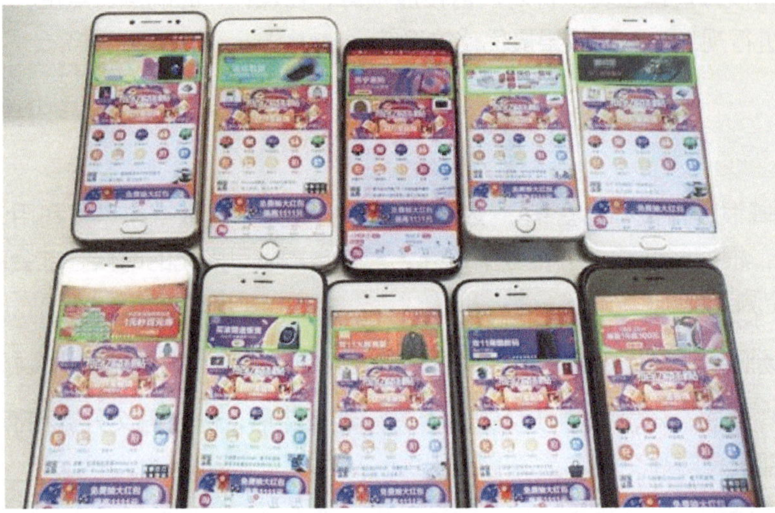

图 2-5 “鲁班”工具制作的“千人千面”的淘宝 App 首页广告海报

2.3.2 内容管理

内容管理主要针对有大量营销物料（图片、视频和文字等）、需要系统化管理的大型广告主，使用者主要来自汽车和快消等行业。内容管理的场景有很多，例如企业官网上放着某段 4K 高清版本的广告视频，当某消费者拿手机来观看的时候，内容管理工具自动判断手机的分辨率后，把高清视频压缩到 800x600 的普通清晰度，视频大小可能只有不到原来的 10%，这样就可以在不影响消费者感知的情况下，减少对于企业服务器带宽的压力，最终减少了企业在宽带和硬件的投入。

2.3.3 动态创意优化

在实时的数字广告展示中，根据消费者的客户画像制作个性化的投放物料（图片、小视频等）。如图 2-6 所示，来自某旅行预订网站的首页图片，每张图片都是由几个要素组成：目的地图片、目的地名字、价格、月销量，以及当鼠标放上去后出现的介绍文字。这些图片都是这个网站根据消费者过往的浏览记录和消费者画像实时生成的。

图 2-6　某旅行预订网站的动态创意

2.4　触点营销技术简介

对比数据和内容，触点层面的营销技术是最复杂的体系，但同时也拿走了广告主营销技术的绝大部分预算。我国年收入过亿元人民币的纯营销技术工具公司很少，但却存在着大批拥有营销技术能力，收入远超亿元的媒体，例如 2018 年快速崛起的头条系（头条 + 抖音），收入超过 500 亿元。

在消费者的整个采购决策链中，会从不同的触点接收信息，这些触点大致可以分为 6 种：社交媒体、搜索引擎、数字广告、直复营销（电子邮件、短信和电话等）、用户体验、广告主自己的平台（包括官网、App 和微信公众号等）和商业交易平台（电商、线下店铺和直销人员等）。在不同的行业，不同营销渠道的权重是不一样的，例如对于快消品，消费者在社交媒体上看到自己喜欢的明星在用某款洗发水，可能马上点开电商 App 下单了；而到了汽车行业，消费者会从各个渠道获取信息，特别是汽车之家、爱卡汽车等垂直媒体以及线下 4S 店的面对面沟通。

从营销技术角度，可以把以上 6 种渠道分为两条技术路线。

- ✧ 超级营销技术工具：顶级互联网公司如 Facebook、Google、腾讯、阿里巴巴和百度等都构建了完整的闭环，为广告主提供一站式服务。即使广告主没有任何自己的资源，也可以直接调用这些工具进行精准营销，或者把自己积累的数据资源和这些超级工具对接，去驱动这些互联网企业掌握的触点资源。这些"超级营销技术工具"（也被称为"围墙花园"）为数不多，如阿里妈妈（如图 2-7 所示，阿里巴巴公司打磨了超过 10 年的营销工具）、百度凤巢、腾讯广告等。广告主对这些工具又爱（方便易用，不需要自身资源的复杂积累）又恨（对工具的价格议价能力弱，并且广告主自己积累不到资源）。

图 2-7　电商营销技术工具“阿里妈妈”

✧ 生态圈模式：除了“超级营销技术工具”，另外一条路线是通过行业标准和数据流，串接各种资源方，包括数据供应商、触点供应商、广告交易平台等各种在生态圈中担任不同职能的角色。数字广告领域的“程序化广告”模式就是最典型的案例（在第 6 章会详细讲解）。图 2-8 是由 RTBChina 公布的国内“程序化广告”生态圈，有超过 10 种角色拼合资源，才能将广告主的信息传递给消费者。

图 2-8　程序化广告生态圈

接下来介绍的是 6 种触点分类中的具体营销技术，以及作为触点资源整合器的营销自动化和销售管理。

2.4.1 营销自动化

这是过去几年在市场上被讨论最多的营销技术领域，甚至很多人直接把营销技术等同于营销自动化。这个节点在国外有许多名字，包括营销自动化工具（Marketing Automation Tool）、多渠道营销管理工具（Multi Channel Campaign Management）、数字营销资源池（Digital Marketing Hub）、跨渠道协同（Omni Channel Orchestrastion）等，这个节点起的作用，是整合广告主的数据、内容和触点资源。基于消费者的客户画像，根据预先配置的客户旅程图（Customer Journey），实时选取最优内容和最优触点，进行信息的传递，实现营销的自动化。第 3 章将会对这个营销技术的核心领域进行详细讲解。

2.4.2 销售管理

B2B、汽车、房地产和金融等行业的消费者（客户）采购决策链比较长，消费者看完广告后不会立刻采取行动，因此营销的过程需要销售渠道（实体店、呼叫中心、面对面销售等）进行配合，对消费者已经产生的购买需求（被称为商机）进行有效管理。这个领域也被称为销售自动化。

例如笔者之前接触过的案例，某广告主有着庞大的产品线以及复杂的促销和价格规则，主要销售模式是呼叫中心的电话销售。依靠销售自动化系统，在接到消费者的电话时，会根据消费者的手机号，预先判断消费者是否为老客户、是否为骚扰电话，以及可能需求的产品、对于价格的容忍度、可能使用的语言和口音等综合因素，最终目标是自动连接对于相关产品最熟悉且没有占线的电话销售。图 2-9 所示为匹配模型的简图。通过消费者与电话销售的最优匹配，销售转换率相较部署这套系统之前，提升了 30%。

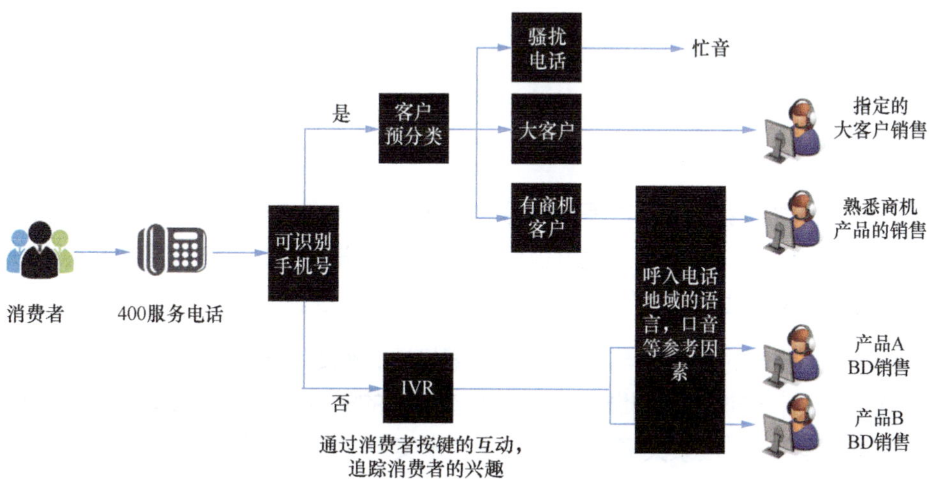

图 2-9　呼叫中心的呼入电话和电话销售的自动匹配

2.4.3 社交媒体

一提到社交媒体，大家基本指的就是“双微”（微博和微信），也会想到陌陌、Linkedin 等相对小众的平台，这些社交媒体平台的用户 ID 体系（微信的 Open ID 和微博 ID 等）天然构建屏蔽外部对于社交平台资源的直接调用。在没有获得平台许可的情况下，广告主无法通过 Cookie ID、设备 ID、手机号等数字营销生态圈通用的 ID 体系来识别社交媒体中的用户，因此社交平台的营销技术都是基于“围墙花园”的模式而建设。

对于社交媒体营销资源的调用形式有两种。

- ✧ 社交平台开放的数据 API 接口：平台通过 API 接口方式对外提供大量社交用户的标准化数据，例如微信的 API 数据相对丰富，广告主可以基于这些数据构建 SCRM（社交 CRM）体系，在第 9 章中会详细介绍。
- ✧ 社交平台的超级营销技术工具：腾讯社交广告（前微信广点通）、微博的粉丝通、Linkedin 的营销工具都是这样的类型。图 2-10 是 2015 年年初腾讯广点通（现腾讯社交广告）在微信朋友圈中投放的第一轮广告，广告主分别是宝马、可乐和 Vivo，投放费用为数千万元，有人戏言看到什么广告，代表了消费者在腾讯眼中的消费水平和年龄层次。

图 2-10　腾讯“广点通”工具在微信朋友圈第一轮投放的 3 个广告

2.4.4 搜索营销

在国内说到搜索引擎，基本等同于百度。通过百度关键词等工具，当目标消费者在搜索关键词的时候，广告主可以通过百度提供的工具进行竞价，出价高者就可以获得更好的结果展示位置，让消费者看到自己的主页和推广内容。

搜索营销工具暂时还无法与广告主的数据打通，例如广告主通过 DMP 给到搜索引擎一些消费者 ID，告诉搜索引擎当这些消费者出现的时候，我们才参与竞价，这种“圈定的目标消费者”+“搜索关键词”的场景尚未实现，所有竞价过程还只能通过消费者搜索的关键词来触发。

2.4.5 数字广告

数字广告现在触点领域中最复杂的营销技术，它对接多方资源，通过广告手段，实时地进行内容传播。整个体系的运行需要不同角色的技术对接，第 6 章中将会详细介绍。

2.4.6 直复营销

直复营销也被称为 CRM 营销，它基于广告主收集的 PII 数据，通过电子邮件、短信、直邮、电话和线下会议等形式接触消费者。对比数字广告，直复营销传递的信息量更大，可以和消费者进行双向互动，在 B2B、汽车、房地产等需要深度双向沟通的行业被广泛采用。它的缺点包括：贵（例如一个正规的外呼电话成本在 10 元以上）、非实时、消费者反感度高等。这个领域包含以下营销技术。

- ✧ 电子邮件自动发送平台：这是门槛最低、最容易理解的触点工具。
- ✧ 短信发送平台：大部分情况下是由电信运营商提供的短信发送工具。
- ✧ 电话外呼平台：大部分由电信运营商提供，例如电信运营商的“虚拟呼叫中心”软件，可以在看不到底层数据的情况下，调用到脱敏后的运营商数据进行外呼。
- ✧ 线下会议管理：邀请消费者（客户）来参加线下的会议是所有触点方式中最贵的，全流程包括数据准备、邀约、到会前后和会后跟进等一系列环节。
- ✧ 在线会议平台：将线下的会议搬到线上进行网络直播，相对于线下，最大优势是直播内容可以录制，长期内容反复使用。

2.4.7 用户体验

虽然和上一章着重解释的“客户体验”一词之差，但用户体验可以被认为是客户体验的一个环节，指的是广告主在自有平台（App、官网和微信公众号）上与消费者的互动，这个领域包含了以下营销技术。

- ✧ 动态主页：对访问广告主官网和 App 的消费者进行 ID 识别后，配合 A/B 测试和内容管理等工具，让消费者看到千人千面的官网和 App 布局以及内容。

2.4.8 商业交易

作为消费者采购决策的最后一环，同样可以和广告主的数据和内容资源对接，进行千人千面的个性化服务或者销售，主要营销技术如下。

- ✧ 智慧门店：作为新零售的一部分，包括消费者的进店识别、个性化服务和店面管理等，著名供应商主要来自网络设备供应商。

✧ 电商引流工具：和社交媒体类似，电商的营销工具也是“围墙花园”式的。

✧ 动态定价：对于自己拥有电商平台的广告主（例如酒店、机票预订行业），可以在对消费者进行识别后，提供个性化的定价。例如某酒店预订网站，发现某消费者每个月在不同城市的工作日预订 10 次以上酒店，价格在 480 至 500 元区间，说明这个消费者经常出差，同时可以猜想出差报销标准是 500 元。当这个消费者在查询某个陌生城市的酒店时，可以让平时价格在 400 元的某“准五星”酒店溢价到 499 元，出现在消费者的查询结果的首页。消费者无法判断一个“三线城市的准五星级酒店”价格到底是多少才合理，这当中的差价对于广告主来说就是看得见的真金白银。但是当消费者发现这点后就会比较尴尬。这就是所谓的“杀熟”。

以上简要介绍的所有营销技术，单点软件之间的关联都可以在“拓扑图”中找到。

2.5 通过客户体验设计，构建广告主自有营销技术闭环

在上一节笔者以穷举法的形式介绍了数十种单点营销技术。那么当广告主不想只使用一站式“超级营销技术工具”，而希望构建自己的能力时，如何决定自己需要采购哪些营销技术？这些技术如何连接并进行运作呢？图 2-11 是广告主自有营销技术闭环的设计思路。

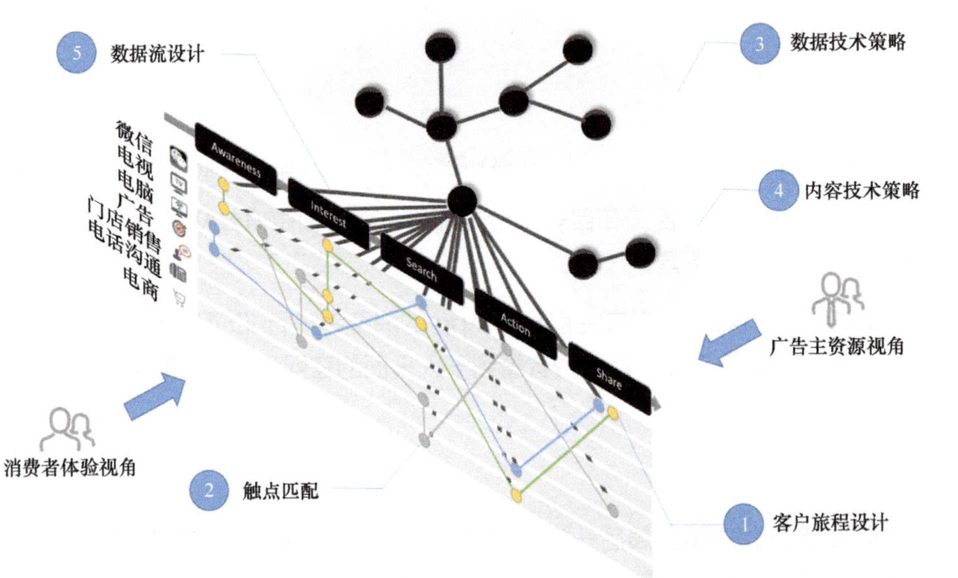

图 2-11　客户体验设计简图

全图从左下到右上是消费者体验视角，在消费者在采购决策链的不同阶段，接受不同信息的不同渠道，再逐步推导背后需要的资源，而右上往左下是广告主的资源视角，看广告主积累到的数据和内容资源，如何支撑客户体验。整个客户体验的设计分为 5 个步骤。

2.5.1 客户旅程设计

广告主需要根据行业经验，判断消费者在购买自己商品的决策链上，大概可以分为几个阶段。不同的渠道在不同阶段有着不同的效率，例如在购买决策链早期，消费者尚不知道广告主的品牌时，通过电话形式挨家挨户通知消费者“您知道我们品牌吗，我们是卖 XX 的”的营销方式效率是极其低下的。

行业中最常见的是决策链划分，是由广告公司电通（Dentsu）提出的 AISAS 理论。

- ✧ Awareness：引起注意，消费者从不知道到知道广告主品牌。
- ✧ Interest：引起兴趣，消费者愿意和广告主互动，了解产品特性、激发需求。
- ✧ Search：搜索，消费者准备了预算，并开始询价和对比竞品。
- ✧ Action：购买，消费者出现在电商或者实体店，完成最终的购买。
- ✧ Share：分享，消费者购买后，在社交媒体的二次传播（晒图等）。

在不同行业，需要对消费者的决策链阶段调整。例如在快消品（饮料、洗发水等）行业，消费者偶尔看到一篇软文或者一个明星代言的图片，觉得有点好奇，反正商品价格很便宜，可能一分钟内就直接在电商或者超市购买了，因此“引起兴趣”和“搜索”阶段就显得不那么重要。

而在汽车、房地产等耐用消费品行业，商品单价颇高，消费者会特别慎重，采购决策链长达 2 至 3 个月，而且希望和广告主产生大量一对一的沟通，因此在“搜索”和“购买”阶段，广告主通过呼叫中心（电话）和线下一对一的销售人员的营销比重就会很大。

2.5.2 触点匹配

在画出符合消费者采购决策链阶段后，下一步需要找出这些阶段的最佳营销渠道。今天能触达消费者的渠道很多，有些渠道会横跨很多阶段（例如微信、电商、汽车行业的垂直媒体等）。对于广告主来说，选择好的触达渠道需要考虑以下几个因素。

- ✧ 触点效率：单消费者的触达成本，推动消费者到下一个阶段转化率，以及执行的门槛。例如，通过微信朋友圈广告触达消费者，还是在中产聚集的北京望京 SOHO 楼下发小传单？哪种触点形式效率高？在不同行业是不一样的，但是很明显，地推形式的执行门槛更低。

- ✧ 是否数据驱动：是否可以对接广告主的数据资源，就意味着触点形式是否可以在后期优化。例如，地推在很多行业都是一种好的营销手段，但是却很容易碰到效率的瓶颈。

在列出所有渠道后，您会发现出现最多的名字是“微信”。笔者认为，对于大部分中小型广告主来说，基于微信的 SCRM 是最重要的营销技术手段，在第 9 章中将对 SCRM 做重点展开。

2.5.3 数据技术策略

在搞清楚触点策略后，接下去就要看“什么 ID 可以驱动这些触点，这些 ID 的数据怎么收集”。

由于每种触点都是基于不同消费者识别 ID 来进行精准营销的（例如数字广告是基于设备 ID 和 Cookie，微信是基于 Open ID 等），因此广告主构建的数据技术能力，首先需要考虑匹配触点能识别 ID 的数据输出体系。

例如某零售广告主，在线下门店通过智能探针收集了大量消费者基于 Mac#（智能探针技术能收集的消费者识别码）的位置数据，接下去想对“过去 3 个月来过我们店铺超过 10 次，但是最近 2 周没有来的消费者”进行召回营销，但这时大部分媒体会回复“我们的触达形式无法基于 Mac#”……广告主花了大力气收集的这些消费者位置数据，在营销层面就意义不大了。关于不同 ID 的数据的收集技术，将在下一节“构建营销技术闭环背后的数据运营闭环”中进行介绍。

2.5.4 内容技术策略

当广告主拥有大量内容需要管理，或者想通过 AI 来自动生成大量内容来实现“千人千面”的营销场景时，就需要内容管理技术。在上文提及的内容管理工具、动态创意和营销 AI，都是内容技术的一部分，这往往是大型广告主才需要的奢侈品。

2.5.5 数据流设计

当广告主在数十个营销技术领域选出自己所需要的组件后，接下去就需要通过数据流对这些工具进行连接。想清楚每个营销技术节点所使用的数据从哪里来，使用后是否能产生有价值数据反哺其他工具。图 2-12 就是不同的数据收集与管理，应用技术间的数据流设计样本。

- ✧ 最左侧的 6 个技术是广告主的主要数据源。
- ✧ 数据中台负责数据的统一管理。

✧ 对接外部第三方 DMP 来获取外部数据标签。

✧ 通过 AdServing 工具和营销自动化来驱动内外部的不同触点。

✧ 通过广告监测工具后，反哺了数字广告投放的监测数据，形成了闭环。

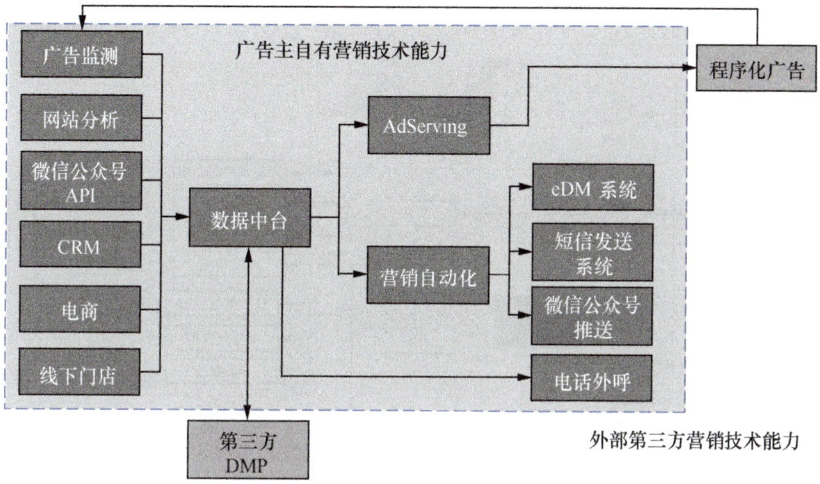

图 2-12　营销技术工具背后的数据流设计

“客户体验设计”是构建自有营销技术矩阵的顶层设计。当咨询公司为广告主提供相关咨询服务的时候，都会要求广告主通过白板 +n 次贴的方式，梳理广告主思路，最终产出为“一张图读懂客户体验”。如果您是广告主，也可以按照以上方法来设计自己的客户体验体系，之后再倒推出支撑这套体系所需要的营销技术。

图 2-13 是客户体验的样本，属于营销经费相对充足的中型 2C 广告主：有资源在多个渠道进行广告投放，并且产品有高复购率，培育消费者的营销主战场在微信中展开。

✧ 消费者引流：在多个渠道进行线上线下的引流，引流的最终目标是企业微信公众号。有些营销渠道，例如搜索引擎，无法在消费者在搜索引擎上输入某关键词后，直接跳出二维码让消费者扫描加公众号，只能通过官网作为中间桥梁。

✧ 消费者培育：广告主投入大量资源建设公众号，建立完整的用户忠诚度体系（会员、积分和互动等），实现了微官网、微会员、微商、微培训和微营销等多种和消费者互动的场景，希望保持和消费者的高粘度，并且有清晰的三层消费者转化漏斗，从关注公众号，到手机号认证会员，再到各种渠道购买后的会员积分。

✧ 消费者转换：在微信公众号和消费者进行长期互动后，最终通过优惠券的形式，引导消费者到电商和线下实体店进行购买。由于通过手机号打通了微信会员数据、电商购买数据和线下实体店购买数据，消费者任意渠道的购买最终都会在微信会员体系中得到积分，又刺激着消费者进行二次购买。

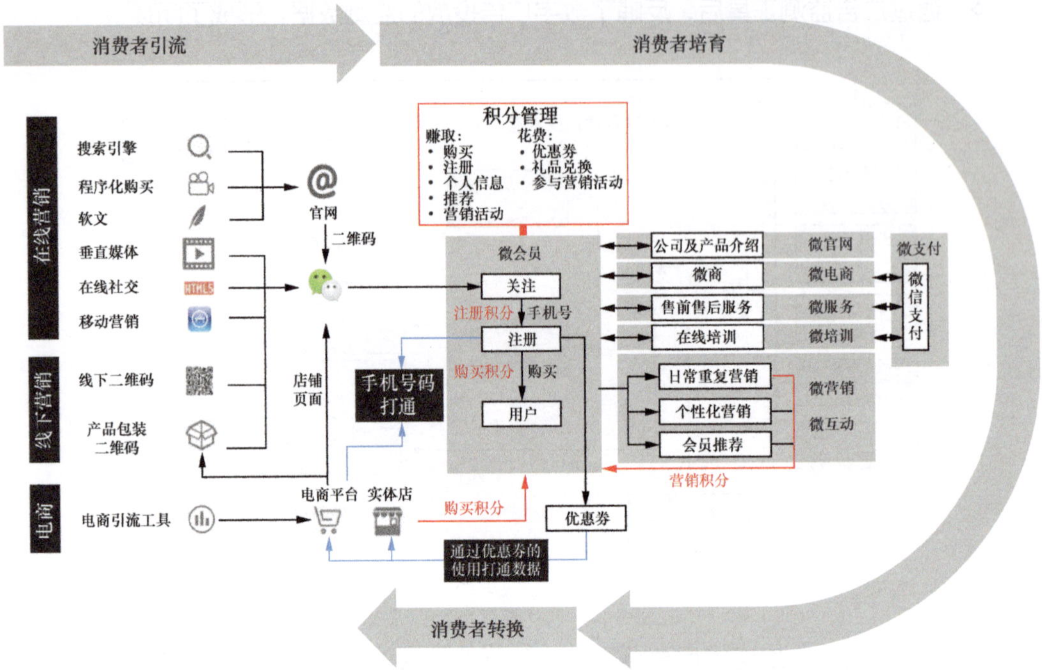

图 2-13 “客户体验设计”样本

以上样本中，消费者的采购决策链被有机连接，任意一种营销手段，都在推动消费者进入采购阶段，为最终的销售做出贡献。由于不同节点可以通过数据连接，在结合测量手段（广告监测和网站分析）后，可以评估每种营销手段对于下一步的定量贡献值来作为考核指标。

2.6 构建营销技术闭环背后的数据运营闭环

在过去多次和已经使用营销技术工具的广告主聊天时，笔者经常听到的抱怨是：“我们花了很多预算，用了最贵最好的营销技术工具，但是效果怎么这么差？”当笔者跳进去看细节的时候，会发现广告主数据的数量和质量远远不够支撑这些技术体系的运作。如果把营销技术比成“航空母舰”，数据就是背后支撑航母运行的“能源”。缺少了数据，营销技术就是空架子。

数据资源的建立远比大多数人想象的更复杂，完整的数据运营闭环包含了数据收集、治理、管理、洞察、应用和评估，还涉及数据合规等诸多问题，图 2-14 是数据运营闭环的简图。

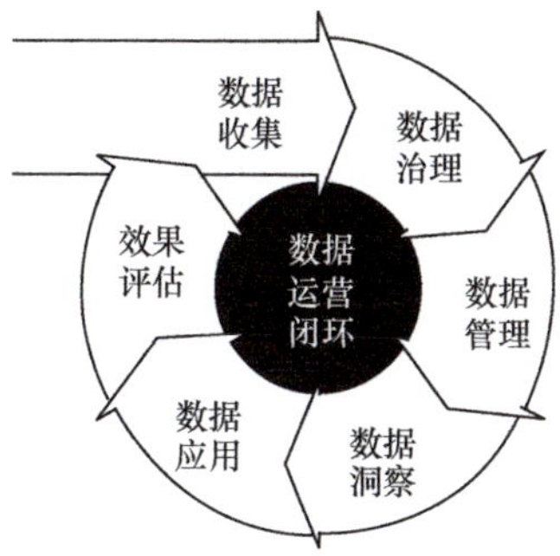

图 2-14　营销数据运营闭环

2.6.1　数据收集

本章一开篇就介绍了数据的第一种分类方法：按照数据来源分为第一、二、三方数据和开放数据。在解释完整的数据收集体系前，笔者还需要解释数据的另两种分类。

- ✧ 第二种分类：按照数据类型（PII 和数字数据）。
- ✧ 第三种分类：按照数据的消费者识别 ID 体系。

只有您读懂数据的 3 种分类方法后，才能理解数据采集后的治理和管理等工作的意义。

1. 数据按类型的分类

图 2-15 是 PII 数据和数字数据的分类简图。

- ✧ PII 数据（Personal Identity Information）：基于消费者“人”的数据，包括了姓名、地址、电话、身份证号和手机号等字段，简单理解为通过这些数据，能识别到消费者的“个人”。PII 数据往往是通过广告主的内部流程（例如 CRM 系统）和营销反馈（例如消费者手工填写）进行收集。按照数据合规的相关法律，PII 数据不可以进行商业交易，只有广告主通过自有方式进行获取（数据交易的相关内容，在第 7 章展开介绍）。

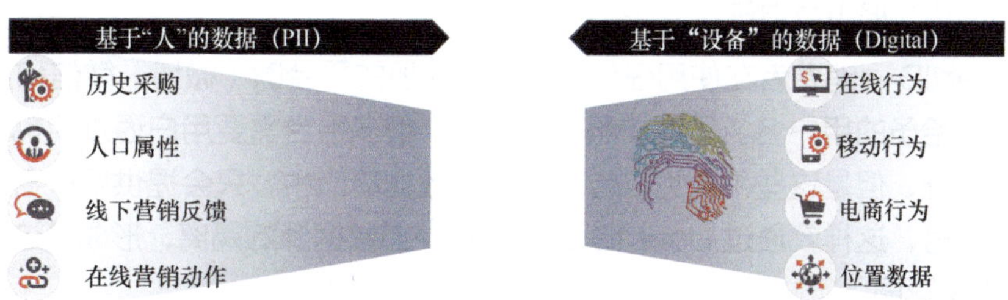

图 2-15　PII 数据和数字数据的区别

- ✧ 数字数据：基于消费者“设备”的数据，包括了设备 ID、经纬度、浏览的主页 URL、手机上安装的 App 信息等。通过这些数据只能识别到消费者使用的“设备”（电脑、手机和 Pad 等），但却无法识别“设备”背后的持有者——人。例如笔者今天把手机交给父母使用，手机背后的人变了，但是对于广告主来说，所有数据还是属于同一个设备。数字数据是通过数字技术（网站分析、广告监测等）收集的，从数据合规角度来看，和 PII 数据有所不同，详见第 7 章。

2. 数据按消费者识别 ID 的分类

使用不同的数字技术收集数据时，对于消费者的识别是基于不同 ID 的，常用的消费者识别 ID 包括以下几种。

- ✧ 手机号：消费者从电信运营商获取的通讯号码，是国内 PII 数据中最主要甚至是唯一的消费者识别 ID（在国外，电子邮箱地址仍是重要的消费者识别 ID）。当手机号用作消费者识别的时候，需要考虑同一个消费者可能拥有多个手机号的一对多情况。
- ✧ Cookie ID：基于网页浏览器的消费者识别码，例如笔者电脑上同时装着 IE 和 Chrome 两个浏览器，还经常使用 iPhone 手机的 Safari 浏览器打开网页，因此笔者会被识别成三套 Cookie ID 体系。在十年前电脑端网页广告占据数字广告核心的时候，Cookie ID 作为消费者数字数据的核心识别 ID 存在，但是今天网页广告逐渐落伍，加上很多浏览器赋予用户屏蔽 Cookie 追踪的功能，Cookie 正在逐渐退出历史舞台。
- ✧ Device ID：消费者移动设备（手机和 Pad）的唯一 ID，其实 Device ID 是多种设备 ID 的统称，包括了基于通讯模块的 IMEI、Apple 设备的 IDFA 和安卓操作系统设备的安卓 ID 等。
- ✧ Mac#：基于网卡的唯一码，通过线下的智能探针（现阶段唯一的线下数字数据收集手段）和进行 APP SDK 监测的时候都可以获取。需要强调的是，Apple 设备在 IOS 7 版本之后，安卓在 2019 年 4 月公布的 10.0 版本（简称安卓 Q 系统）之后，屏蔽了所有通过数字技术获取 Mac# 的方法，因此 Mac# 也是正在退出营销舞台的 ID。
- ✧ User ID：消费者在使用任何一个需要注册的平台时（微博、微信和豆瓣等），平台给予的用户名。虽然按照国家法律，很多平台需要用户通过手机号进行实名认证，但是这些平台为广告主提供的数据接口中，只会提供用户名而不提供手机号，这样就通过 User ID 建立了和外部数据源的隔离，形成了这些平台的“围墙花园”。
- ✧ 人脸：今天的技术已经能够支持广告主通过人脸识别技术对消费者进行个体识别，但是受制于数据合规因素，“人脸”并没有作为识别 ID 在营销中使用。但也许十年后，人脸、虹膜、指纹这些“生物识别 ID”会取代以上所列的所有“数字 ID”，成为营销通用识别体系，这是比较前沿的行业研究命题。

解释完以上两个分类后，笔者使用图 2-16 来表示主流的营销技术，对于不同数据类型、来源和 ID 体系的收集，这些技术在本章开篇都有介绍，在此不再重复。

类型	营销技术	数据来源	Cookie ID	Device ID	MAC#	手机号	UserID	人脸
PII 数据	CRM	第一方				Y		
	用户忠诚度平台					Y		
	SCRM					Y	Y	
数字数据	网站分析（互联网）	第一方	Y					
	网站分析（App）			Y	部分			
	网站分析（社交						Y	
	爬虫						部分	
	智能探针				部分			
	摄像头							Y
	广告监测（互联网）	第二方	Y					
	广告监测（App）			Y	部分			
	广告监测（社交）						Y	
	API（社交）						Y	
	API（电商）					Y		
	API（第三方）	第三方	Y	Y			部分	

图 2-16　主流营销技术对于消费者识别 ID 的收集

2.6.2　数据治理

今天广告主收集的海量数据，存在着“不标准”（多种数据收集技术且格式不统一）、“不干净”（大量异常和作弊数据的污染）和“不整合”（基于多种消费者识别 ID）的问题。在数据被使用前，需要经过 3 个数据治理的步骤，才能保证数据的“干净”和可用。

1. 数据标准化

不同数据源的标准统一，例如有的数据源用“男 / 女”表示消费者性别，有的数据源通过“先生 / 女士”。在合并数据源后，广告主希望只输入“男”就能找到所有男性消费者，这就需要把后一个数据源的“先生”自动转换到“男”，这个转换是通过 Informatica、Talend 等标准化 ETL 工具来实现的。

2. 异常数据排查

广告监测、网站分析等数字数据占据了广告主能收集数据的绝大部分数量，而数字营销生态圈中的虚假流量、“薅羊毛党”、消费者误点等原因，造成了这些数据中有很大比例都是无价值的“异常数据”，这些异常数据对广告主来说不光没有任何意义，还会极大程度地干扰对正常数据的分析，在第 5 章中会对此进行详细介绍。

异常数据的排查是通过工具和数据分析来实现的。广告主利用营销技术工具，可以进行简单的异常数据识别，例如网站分析工具发现某 Device ID 在一秒内在企业官网完成了会员注册，就很明显就是通过代码实现注册，然后获得礼品。

而更精准的排查，则需要基于更大量的数据，例如某设备 ID 一天内点了某个广告主 3 次广告，从这个广告主角度来看是正常行为，但是如果从全行业的数据来看，这个 ID 则可能一天点了一万次各种广告，那就很明显是作弊手段了。

3. ID 打通

也被称为“同人”，起到了打通“人和设备”“设备和设备”之间关联的作用。每打通一个新 ID，就意味着可以把这个 ID 背后的所有数据归属到正确的消费者。因为同一个消费者可能拥有多个手机号、多个上网设备，此外还存在设备更换、共用设备（网吧电脑）等异常情况。“人”和“设备”ID 之间的关联关系是快速变化，再加上数据相关的法律法规中，消费者识别 ID 不可以进行买卖，因此 ID 打通成为数据运营闭环上最困难的一环。

在现在国内市场上，ID 打通的方法是作为最大的行业秘密存在的，不同的供应商讲着不同的故事，数据合规、数据来源可靠性、数据刷新频率等问题都被故意模糊，而广告主往往也没有甄别能力判断这些故事的真伪，甚至有号称专业做 ID 打通的供应商，但合法性存在巨大问题。以下是笔者所知的几个合规的常规做法。

- 会员体系：当广告主有完整的会员体系时，当消费者用同一个用户名在多个设备上登录，广告主就可以知道这些设备属于同一个消费者。例如您在手机和 Pad 上同时登录同一个电商网站，在手机上把某商品放入购物车后，在 Pad 的购物车界面上马上就能看到这个商品。这种做法的优点是依靠广告主自有数据就能实现，但缺点是广告主必须拥有强大的会员体系，往往只在电商、酒店预定、机票预订、金融服务等强会员体系的行业才能实现。
- IP 同源：绝大部分消费者在家上网的时候，都会把设备连上家中的路由器，技术上，广告主能收集到这些设备 ID 是来自同一个 IP 地址，在去除公用 IP（例如企业内部、咖啡馆等公共场合场景）后，再通过算法证明这些 ID 出现的时间高关联性，就能证明这些 ID 是属于同一个人。图 2-17 是 IP 同源算法的简图，这种做法基于庞大数据量，而且只能用来打通手机、电脑，Pad 等上网设备的 ID，往往大型互联网公司会采用这种技术。
- 多场景 ID 匹配：在消费者和广告主的互动场景中，通过采用数字技术，每个场景都可以收集到消费者的多个 ID，再把一定时间维度上的多条数据整合，就可以实现 ID 的打通。例如图 2-18 就是某消费者在 3 天内和广告主的 7 次互动，每次互动广告主都会收集到用户的 1 至 2 个 ID，把这 7 条记录整合起来，就可以收集到这个消费者的所有 ID 体系。这种做法需要基于广告主有足够多的数据收集场景和技术储备，对数据量也有很高的要求。

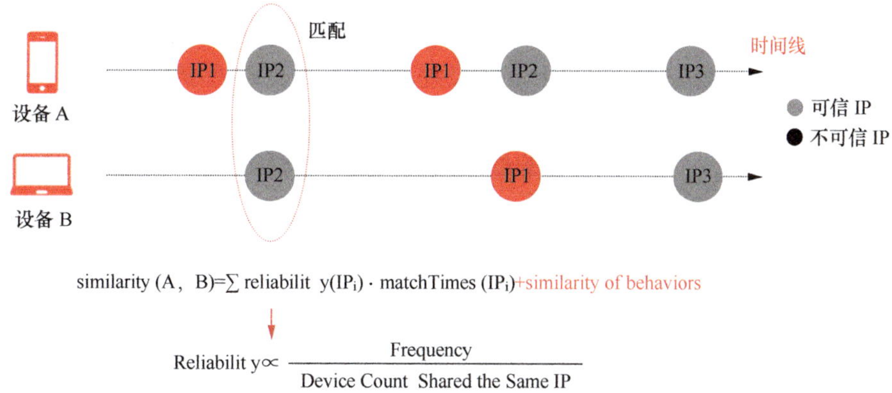

图 2-17　IP 地址同源的 ID 匹配算法

时间	行为	Cookie ID	Device ID	MAC#	手机号	微信ID	人脸
1/1	访问官网，输入收集注册会员	Y			Y		
1/2	在微信登录会员				Y	Y	
1/2	在电商上购买商品				Y		
1/2	打开广告主App，但是没有登录会员		Y	Y			
1/2	在微信中上传自己照片，使用“我最像哪个明星”的互动小程序					Y	Y
1/3	访问实体店			Y			Y
1/3	实体店通过会员系统，用微信支付				Y	Y	

图 2-18　同一个消费者的 7 次互动实现的 ID 匹配

看完以上 3 种方式，您可能会说这些做法都是基于大量数据和足够多数据收集场景，那对于传统的零售、汽车、快消等行业，数据收集的方式不会像互联网行业丰富多彩，那利用自身能力是否可以做到很好的 ID 匹配呢？

答案是，很难。

拥有强大 ID 打通能力的企业，往往来自互联网行业，这些企业给广告主提供的数据服务中往往不会包括 ID 打通。常规的服务形式是广告主提供自己采集的 ID，供应商可以给出统计级的报告，告诉广告主这些 ID 关联的消费者数量，然后按照广告主的要求针对这些 ID 进行营销，但是不会为广告主提供清单级的 ID 匹配关系，细节在第 7 章中有详细介绍。

2.6.3　数据管理

在通过数据治理得到“干净”数据后，就需要在 IT 层面对数据进行统一的管理。技术上需要解决的问题包括：数据的存储、运算、安全、权限分配等。管理的难度随着数据的量变到质变。

- “小数据”：当数据量在几十万条级别的时候，Excel 是最佳的数据管理平台。首先，软件费用极低，一个电脑就可以操作；其次对于数据分析和操作人员的要求也非常低。Excel 管理的最大风险，是无法有效地控制数据安全，很容易被非法复制和泄露。
- “中数据”：当数据量达到亿条级别的时候，普通电脑和 Excel 就无法有效运转（例如一个简单分析需要耗费数小时，是任何数据分析师都不能忍受的），这时广告主需要投入 10 万元级别的预算，通过服务器、数据库（Oracle、IBM DB2、微软 SQL Server 等）的形式进行数据管理。此外，对数据人员也有较高的专业技能要求，需要懂得数据库操作、SQL 语言和基本统计学算法。
- “大数据”：当单台服务器都无法放下全部数据的时候，就需要构建服务器集群，进行分布式计算与“数据中台”管理。这套体系的投入在百万元以上，第 4 章将做详细介绍。

2.6.4 数据洞察

如果把“数据收集”比喻成种菜，把“数据治理”比喻成洗菜，把“数据管理”比喻成准备厨具，那“数据洞察”就是餐饮流水线上最关键的“烹饪”。虽然未经处理的数据仍然是有价值的，但是应用场景和数据价值非常有限。

数据分析方法的进化：在过去，传统的数据分析相对简单，因为广告主能收集到的数据是基于消费者“人”的 PII 数据（图 2-19），每个字段都有清晰的定义。一个初级的数据分析师，可以通过数据词典，轻易读懂每条数据的含义，依靠传统统计学和算法工具就可以完成数据分析工作。

消费者姓名	性别	年龄	历史购买金额	最近一次购买时间
张三	男	20 - 25	1000元人民币	30 天前

图 2-19　消费者的 PII 数据样本

例如 CMO 想针对贡献了 80% 消费，但是过去两周没有任何采购的高消费用户群体做一次营销活动，通过不到 10 行的 SQL 语句就能抽取这些目标消费者数据。

而今天，广告主收集到的绝大部分数据，描述的是消费者行为，基于消费者“设备”的数字数据（图 2-20），对于数据的解读没有以往这么“直接”。知道了消费者浏览的 URL，知道了他们在每个页面的停留时间，知道了他们经常出现的经纬度，这些数据如何和业务关联和使用呢？

今天，数据洞察的方法有两种。

设备 ID	设备型号	浏览 URL	访问时间	经度	纬度
A1B2C3	iPhone 8	www.sina.com	晚上 11:30	1.222	2.111

图 2-20　消费者的数字数据样本

- ✧ 基于广告主收集的 ID，直接采购外部供应商制作的现成标签：现在国内很少有广告主拥有强大的数据分析团队，因此这种方式是现阶段大部分广告主短平快获得数据分析能力的最常见方法。例如广告主收集到浏览过官网的设备 ID 和浏览行为，但是无法直接通过少数浏览行为得到高质量的分析结果，唯一的方法就是把 ID 给到外部数据源，对这些 ID 补充年龄、收入等标签，这个过程被称为“数据扩充”。
- ✧ 通过“知识图谱”结构化数据后，建立自定义标签：这是现在国内的头部广告主在构建自身分析能力时的必经之路。例如广告主收集了某消费者一天内的 1000 条位置数据，如果手上有全国所有小区经纬度，就能知道这个消费者晚上住在哪个小区；如果掌握小区的房价，就能猜测这个消费者的收入水平；如果掌握全国办公楼经纬度，就能知道这个消费者的大致工作；如果有全国高尔夫球场经纬度，就能知道这个消费者是否有打高尔夫的习惯……

以上这些对于原始数据结构化的“词典”，就被称为“知识图谱”（下一节中具体介绍）。有意思的是，同样的行为数据，通过不同知识图谱的解读，可以获得不同的洞察结果和客户标签体系。知识图谱是广告主解读大数据，发挥数据最大价值的那把“钥匙”。

1. 大数据分析中的“知识图谱”

“知识图谱”是对于消费者各种行为数据的“翻译器”，它对各种复杂的原始数据进行初步的标准化和标签化。以下是常规的知识图谱。

- ✧ URL 图谱：消费者浏览的每个网页所代表的意义。例如某条数据描述消费者正在浏览某网页，通过获取这个 URL 页面上的内容，广告主发现这是一场 NBA 比赛的直播，因此就可以给这个消费者打上“运动爱好者”的标签。对于营销人员来说。这个可读的标签要比一长串数字和字母组成的 URL 有价值。
- ✧ App 图谱：消费者手机上安装的 App 所代表的意义。例如某消费者安装了“宝宝树”App，通过图谱的翻译则可发现这个 App 是一个新生儿相关知识的垂直媒体，因此就可以给这个消费者打上“母婴人群”的标签。
- ✧ Location 图谱：经纬度所代表的含义。例如，一长串经纬度数字代表的是单价 10 万元 / 平方米的小区，当这个消费者 90% 的晚上都出现在这个经纬度，就可以打上“高收入人群”的标签。
- ✧ 互动行为图谱：消费者在网上各种行为的含义。例如，消费者点击了广告后的

0.1 秒就选择关闭，代表着这是一次误点，而消费者点击了某个汽车询价的按键，并且在页面停留了超过一分钟的行为，那就是“深度互动”，可以给他打上“潜在购车人群”的标签。

✧ 产品分类图谱：消费者各种行为对标的广告主产品。例如消费者在广告主官网某个页面上停留了一分钟，广告主发现这个页面是自己 A 产品的介绍，就可以打上“A 产品潜在消费者”的标签。

知识图谱的构建非常复杂，并且高度依赖行业经验的体系，构建方法需要结合行业经验和人工智能算法，包括 NLP 自然语言识别、机器学习等，在第 8 章中会做展开介绍。现在，“知识图谱”对于我国从业者还是一个全新的领域，只有极少数头部广告主在尝试构建自身知识图谱的能力，能提供“知识图谱”服务的供应商也寥寥无几，这里更多的只是作为营销技术前沿的分享。

2. 广告主自有数据分析的模式

在上文中介绍，在今天的时间点，只有最前沿的大型广告主才会考虑构建自己的数据分析能力，那自有数据分析模式应该是怎样的？如图 2-21 所示。

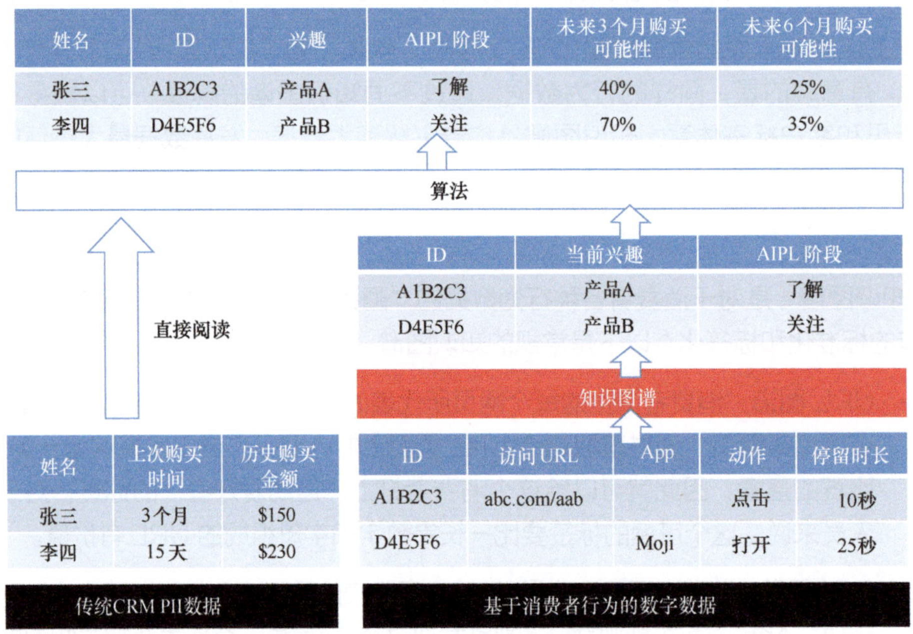

图 2-21 广告主自有数据分析能力模式

✧ 对于 PII 数据，广告主可以直接进行解读。图 2-21 中有两条 PII 记录，分别记录了两位消费者的上次购买时间以及历史购买总金额。

✧ 对于数字数据，两条原始数据包括了点击某 URL 和打开某 App 的两个行为，在叠加知识图谱后，可以了解到这两条行为分别对标的广告主产品 A 和 B，以及采购决策链阶段。

✧ 在打通 PII 和数字数据的 ID 后，发现两种数据模式的 4 条数据，隶属两个消费者。

✧ 通过统计学算法，最终得到的营销人员能实际使用的标签："张三"在未来 3 个月购买 A 产品的可能性在 40%，6 个月的可能性在 25%；而"李四"在未来 3 个月购买 B 产品的可能性在 70%，6 个月在 35%，都属于高质量的潜在消费者。

2.6.5 数据应用

在通过数据分析的"烹饪"后，数据已经是等待使用的成品了，下一步就是决定把菜肴端到什么样的餐厅（使用部门和应用场景），才能发挥最大价值。由于营销数据是基于消费者个体的清单级数据，是广告主能收集到的最细颗粒度数据，因此能找到很多数据驱动的场景，以下是广告主常见 6 种应用场景和对应牵头部门。

1. 市场研究部门

基于消费者的 PII 数据，可以匹配上消费者个体的历史采购金额、采购渠道、所属区域、消费者基本属性标签。

✧ 市场份额：结果外部宏观经济数据，了解广告主在不同细分市场和产品的收入份额。例如图 2-22 所示是某广告主，基于消费者个体级别的收入，汇总到城市交叉产品后，再对比外部调研获取的市场容量后，得到城市交叉产品的市场份额。

细分市场	产品A			产品B		
	全年收入	市场容量	市场份额	全年收入	市场容量	市场份额
上海	100	500	20%	30	100	30%
北京	50	500	10%	20	200	10%
广州	30	300	10%	30	300	10%
深圳	60	100	60%	50	100	50%
杭州	20	200	10%	80	160	50%
成都	15	300	5%	20	100	20%
其他	30	300	10%	10	300	3%

图 2-22 细颗粒度的市场份额分析

传统的市场份额是通过市场调研产生的，先不讨论调研方式的巨大花费，仅考虑调研的成功率和样本数，往往无法支撑到过细的颗粒度。但使用消费者的个体数据往上汇总，只要标签支持，就可以获得广告主需要的任何颗粒度的收入。再结合外部的市场容量数据（市场容量获取难度远低于市场份额），可以轻易得到各个细分市场的份额。

✧ 消费者画像：通过现有用户身上的标签，了解已经购买自己产品的消费者的年龄、收入、学历、地域等分布，指导之后的产品定位、价格定位、推广策略等营销策略。例如某快消广告主利用电商数据（来自消费者的订单信息），发现网上购买自己产品的消费者有 40% 来自华东的 4 至 6 线城市，再把这些数据提供给外部数据源，得到这些用户的平均年龄在 20 至 25 岁。这个广告主就会发现“华东偏远地区的年轻人”是一个重要消费群体的客户画像。也许广告主并不明白这个特殊消费群体出现的原因，但是数据已经证明了这是个有价值的市场，可以考虑建立线下渠道进行更好的扩展，同时对产品包装、产品定价、销售渠道等进行个性化的策略布局。

✧ 经营分析：同样将消费者个体级的数据和标签进行汇总，可以看到多种维度的交叉分析，了解广告主的真实的经营状况。图 2-23 是一个例子，某 B2B 广告主的总体收入增长了 20%，是一个不错的结果，但是如果把数据细分到城市，会发现实际是上海的 130% 的收入增长拉动了全国，再对上海的收入情况细分到具体客户，会发现大客户 B 从去年没有任何购买，到今年贡献了全国 50% 的收入，这才是全国 20% 收入增长的真正原因。实际上，这个广告主今年的经营情况面临巨大危机，大客户 B 的出现可能只是偶然因素，广告主必须考虑变革了。

	去年收入	今年收入	收入增长率
全国	500	600	20%
北京	200	150	-25%
上海	150	350	+130%
广州	100	50	-50%
其他	50	50	0%

上海收入分析	去年收入	今年收入	收入增长率
大客户A	100	20	-80%
大客户B	0	300	-
大客户C	20	10	-50%
其他客户	30	20	-30%

图 2-23　某 B2B 广告主的经营分析

2. 客户关系管理（市场研究部门）

CRM 和市场研究部门都是存世很久，基于 PII 数据进行应用的部门，常见的场景如下。

✧ 客户细分（Customer Segmentation）：任何一个广告主都不会有足够资源，无差别地对每个消费者提供最优质的营销和服务。20% 的消费者贡献 80% 的收入是营销界著名的二八理论，因此广告主需要对自己能接触的所有消费者个体划分优先级，找到最需要自己重视的消费者群体。图 2-24 是客户细分中最常用的 RFM 方法论，通过 R（Recency，最近购买时间）、F（Frenquency，购买频率）和 M（Monetary，购买金额）3 个指标，把消费者分成重要价值（R,F,M=High）、重要发展（R,M=high，F=low，可以增加消费者购买频率）、重要挽留（M=High，R=Low，很长时间没有来购买的高价值消费者）等多种情况，来决定资源配置优先级，以及当前营销的首要目标（召回和交叉销售等）。

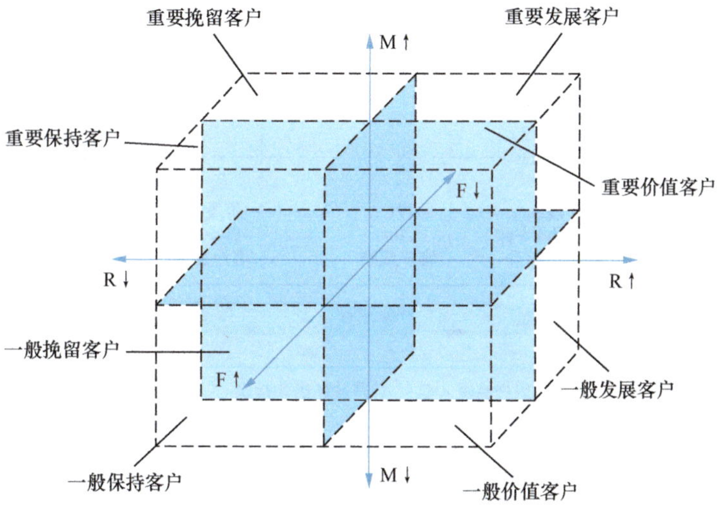

图 2-24　基于 RFM 模型的客户细分

笔者和 CRM 同行进行沟通时，经常被问：今天已经可以基于消费者个体级别进行标签化了，为什么还要做粗颗粒度的“细分”呢？的确，国外已经有“消费者个体细分”（People Based Segmentation）的方法论了，但是在国内，消费者个体级的标签价值低于粗颗粒度的细分，原因有两个：一个是数据刷新频率无法保证个体级消费者数据每个字段的及时更新和准确度，把颗粒度做粗反而可以保证数据的准确性；另一个是国内营销内容生产暂时还无法支撑“千人千面”，广告主可以把消费者分成 1000 种，但是找不到 1000 个内容来推送给 1000 个消费者。

✧ 生命周期管理：在汽车、电信运营商、银行、化妆品等行业，广告主发现消费者购买产品后，会经历一个了解产品、熟悉产品、替换产品的过程，每个阶段都有清晰的营销重点。例如，初期促使消费者增加对广告主的好感，中期寻找更多产品的交叉销售机会，后期在消费者产品替换时继续使用广告主的产品，整个过程被称为“客户生命周期”。图 2-25 是电信运营商行业的客户生命周期管理体系。

在电信运营商对合约机的营销中，当消费者在“客户衰退”阶段（大约在合约到期前 3 至 6 个月），对消费者进行套餐续约营销的成功率，是在“客户离网”阶段（在合约到期 3 个月内）的 3 至 5 倍，原因是消费者在合约到期前的一辆个月才会认真研究续约的各种选择，而在到期前 3 至 6 个月的时间段，电信运营商可以保持对消费者的大量信息不对称，在消费者不知道是否有更便宜资费的情况下，通过电话这种实时沟通方式告诉消费者“您现在续约原有套餐可以获赠 500 元话费或者赠送一户宽带”来推进续约。在手机套餐资费连年大幅降低的背景下，广告主付出的赠送话费或者宽带的成本，其实是远低于消费者转向资费更低的套餐损失的费用（例如消费者原来使用每月 299 元 10GB 上网流量的套餐，新套餐是每月 199 元 20GB 上网流量，如果消费者切换套餐，对运营商来说损失的就是 1200 元 / 年）。

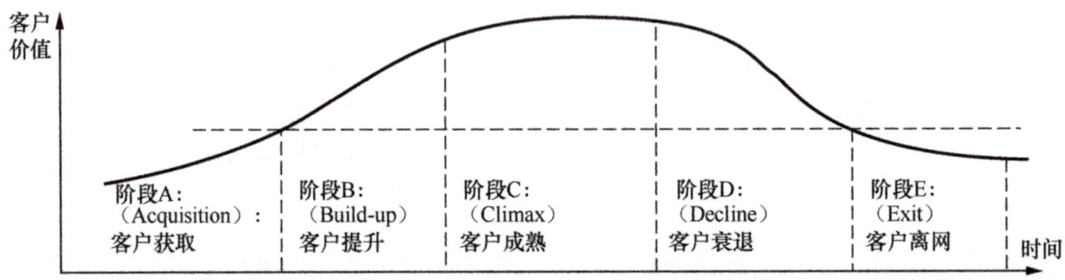

	客户获取	客户提升	客户成熟	客户衰退	客户离网
商业利润	低	中	高	中	低
客户特征及需求	需要尽快了解产品特性	使用产品进入稳定期	对产品使用非常满意	随着产品的老化和更新换代，客户开始寻找替代产品	产品寿命即将到期，客户开始采购替代品
营销重点	• 新客户获取 • 引导客户熟悉产品	• 分析客户使用情况和关注点，提升客户满意度	• 通过增值产品维持客户忠诚度 • 交叉销售 • 高价值客户的差异化营销	高危客户的预警及提前预警	对离网客户进行高成本的维系工作

图 2-25　电信运营商的客户生命周期管理

3. 程序化广告投放（媒体部门）

这是数字数据最常用的场景，通过 DMP 等方式输出消费者 ID 到数字媒体进行精准广告投放，在第 6 章中会详细解释。

4. 引流（电商部门）

虽然广告主电商部门的运营过程中产生了大量数据，但电商平台并不会把所有的数据直接提供给广告主，而只是提供统计级的数据分析工具（例如阿里的“生意参谋”等）。广告主能直接拿到的电商数据很少，只有销售订单数据（购买商品信息、快递单上的消费者姓名 / 地址 / 电话等）和通过爬虫工具获取的电商页面数据（颗粒度最细的是商品 SKU 数据，并且电商反爬虫机制经常干扰爬虫的使用），因此广告主自有数据体系能帮助电商部门实现的场景非常有限。

现在大型电商都接受广告主自有的消费者 ID 来购买定向的站内广告，当广告主对于自有数据体系中消费者标签的信心高于电商提供的标签的时候，通过广告主自有数据驱动电商站内广告是可行的电商引流方式。

5. 用户体验（网站部门）

在旅游、汽车、金融等行业，广告主会通过自有 App 和网站等渠道，与消费者进行大量互动，今天通过营销技术和数据的对接，可以实现消费者在广告主自有渠道上的个性化展示。例如图 2-26 是某咖啡广告主的案例，当消费者在两个不同城市登录预订咖啡 App 的时候，能实现的场景如下。

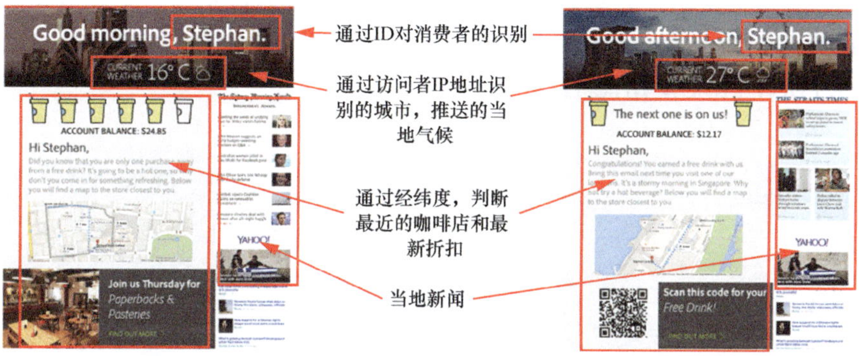

图 2-26　同一个消费者在不同城市登录 App 的不同用户体验

- ✧ 广告主根据消费者 ID，显示消费者的姓名。
- ✧ 根据消费者的 IP 地址，识别消费者所在城市，推送当地的天气预报和新闻。
- ✧ 根据消费者的定位信息，推送最近的咖啡店，以及此咖啡馆的最新促销。

当广告主发现这个消费者所在城市非常寒冷的时候，推荐一杯热腾腾的卡布奇诺是最适合的，而发现这个消费者是第一次来这个城市的时候，推荐当地的特色咖啡同样会给消费者惊喜。这样的用户体验，不断刺激着消费者的“新鲜感”，增加了消费者的忠诚度。

6. 智慧门店（零售部门）

除了线上应用场景，对于有实体店的广告主，同样可以使用数据来实现“智慧门店”的场景。

在消费者进入实体店被识别后，柜台服务员可以通过手持设备了解消费者姓名（已有用户）、消费者画像（产品偏好，最近在各种渠道浏览的内容，是否价格敏感等），能够更好地捕捉消费者的痛点，增加销售转化率。

此外，零售业广告主往往只能掌握实体店的销量数据，在结合店内智能探针、摄像头等设备捕捉的数据后，还能知道进店铺人流数量、人流客户画像等信息，帮助广告主进行店铺运营的优化。

2.6.6 效果评估

这是很多广告主忽视的数据闭环的最后，也是最重要的环节，相当于餐饮中的“顾客满意度调查”。虽然之前经过一系列操作把菜肴端到了顾客面前，但这并不是餐饮服务的终点，问清楚顾客的反馈，才是后期提升菜品设计和服务质量，不断优化餐饮整体服务的关键。

图 2-27 是被称为“百货商店之父”的约翰 · 沃纳梅克（John Wanamaker），他在一百年前提出了营销界的哥德巴赫猜想：“我知道营销费用有一半是浪费的，却不知道被浪费的是哪一半”（Half the money I spend on advertising is wasted; the trouble is, I don’t know which half）。

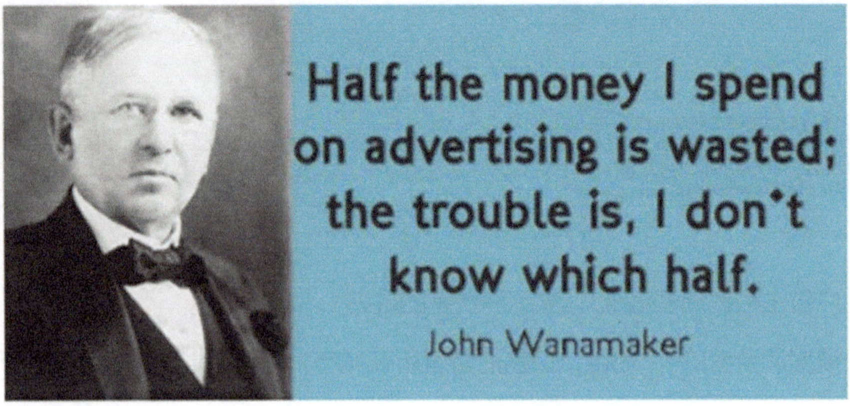

图 2-27 “百货商店之父”约翰 · 沃纳梅克和他的营销哥德巴赫猜想

“效果评估”的出现，就是为了解决这把吊在营销人头上已经百年的达摩克利斯之剑。传统的效果评估是基于小样本的市场调研，例如几十年前广告主想知道自己的电视广告到底覆盖了多少目标人群，唯一的办法就是通过电话或者上门的形式抽样访问，直接询问消费者是否看到过这支广告。

而今天营销技术的成熟，已经让“效果评估”进化成基于测量的复杂数据科学，细节笔者将在第 5 章中详细展开。

- ✧ 首先，广告监测、网站分析等技术能让广告主收集到消费者在各种营销渠道中个体级的浏览、点击、停留时长和跳出等多种消费者行为数据。
- ✧ 其次，通过 ID 的打通，广告主可以连接消费者在更长时间维度与更多营销渠道上的行为。
- ✧ 最后，电商和实体店个体级的销售数据可以和前端营销数据打通，广告主可以以收入为最终结果，倒推每一步营销的价值。

“效果评估”是在庞大的营销数据基础上叠加算法实现的，从微观到宏观，效果评估分为几个层次。

1. 营销活动效果评估

在很窄的时间维度（通常是几周），将广告主的某次营销活动的测量数据进行汇总，得到这些活动覆盖的消费者数量、反馈数量等衡量指标，来考核这次活动定量的效果。

- ✧ 在快消、化妆品和图书等行业，消费者决策周期非常短（消费者看到广告后一分钟就可能在电商进行购买），因此考核指标中除了中间过程量（展示数和浏览数等），还会涉及电商、实体店等销售数字。
- ✧ 在汽车、房地产等行业，消费者决策周期很长，今天的营销可能带动的是三个月后的销售量，因此考核指标中只能是中间过程量（展示数、浏览量和商机量等）。

2. 营销全链效果评估

消费者在最终购买前，可能受到广告主多个营销活动的影响，把销售结果归结到单一的营销活动是不合理的，比“营销活动的效果评估”更宏观的，是测量一定时间周期内（一般是一个季度），多个营销活动对于消费者的共同作用。“营销全链的效果评估”需要贯穿消费者采购决策链前端（广告）、中端（流量池）和后端（交易）。图 2-28 是最常见，基于“销售漏斗”方法论展开的全链评估体系。

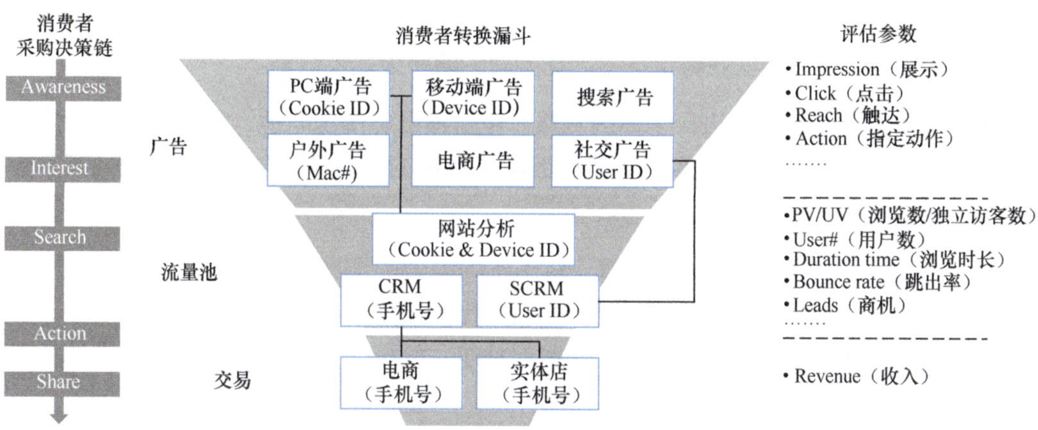

图 2-28 基于“销售漏斗”方法论的营销全链效果评估体系

- ✧ 前端“广告”：广告主最先和消费者建立“连接”（Connection），让消费者知晓品牌，建立对品牌的初步印象，传递的是单向的小信息量内容（图片、文字和几秒小视频等）。常规的广告方式包括了 PC 端、移动端（手机、Pad、智能电视机顶盒等）、搜索广告、户外广告、电商广告和社交广告。在 6 种广告形式中，有 3 种可以测量到个体 ID 级别（PC 断、移动端和社交广告），主要评估参数包括展示数、点击数、触达、指定动作等。

- ✧ 中端“流量池”：广告主对于消费者的培育，在广告主自有渠道和消费者的多种形式双向互动，包括企业官网和 App（通过 Cookie 和设备号识别）、手机号识别、社交媒体的用户名，主要评估参数包括访问量、访客量、用户数、浏览时长、跳出率和商机数等。
- ✧ 后端“交易”：在广告主和消费者进行不断互动后，促使消费者最终的购买，这阶段的评估参数只有一个：收入。

在图 2-28 上，笔者标上了不同营销手段能测量的消费者 ID，以及通过连线表达前后端的连接关系。可以看到，ID 级的连接其实非常有限，“打通消费者每个节点的数据，从第一次获知品牌开始，了解消费者完整采购决策链上每次营销的作用”是我们经常看到的消费者洞察理论，但是受制于国内跨 ID 体系的低打通率，现实中完美实现的可能性很小，因此今天“营销全链的效果评估”实际能实现的，是对于“部分收入”受到“部分营销”影响因素的评估。

3. 基于效果评估的预算优化

上文提到的“营销活动”和“营销全链”的营销评估，更多只是用于定量考核营销效果，而基于效果评估的下一步预算优化，则是效果评估的终极诉求。虽然今天得到数据和技术加持的“效果测量”已经有了长足的进步，但是离“完全甄别哪一半营销预算被浪费”还有很大差距，受制因素如下。

- ✧ “围墙花园”无法测量：互联网巨头和强势垂直媒体都不允许通过营销技术进行监测，广告主无法获得这些封闭花园里的清单级效果数据。
- ✧ 很多营销形式无法进行个体级测量：包括报纸、传统电视、户外广告等广告主的大宗预算投入项，真正能通过数字化测量的只有 PC 端、移动端和 OTT 等少数营销渠道。
- ✧ 各营销渠道 ID 无法有效打通：对于不同渠道的测量是基于不同消费者 ID 的，这些 ID 无法有效打通，意味着无法把营销活动的数据汇总到营销全链层面，最终的结果就是很多广告主只从数据上发现，“收入”和“营销”并没有直接关系的悖论。
- ✧ 无效流量的出现：最后也是最重要的一点，今天营销生态圈因为各种利益因素存在黑 / 灰流量的情况，污染了测量数据，在第 5 章中笔者将对其进行拆解。

第 3 章
营销自动化

3 位武器专家正在讨论武器的设计方向。

普利瑟逊说：我们需要更精准的子弹，终极目标是子弹能自动寻找并消灭敌人，虽然单发子弹的制造成本昂贵，但是消灭敌人的总成本在降低。

郎台说：量本身就是质，如果我们能大幅降低武器的制造成本，用制造一发精确子弹的成本制造一千发普通子弹，就能在大概知道敌人位置的时候进行扫射，总有一发子弹会碰运气击中目标的。只要敌人够多，命中目标的成本肯定比精确子弹还低。

第三位说：除了子弹，我们能不能试试地雷加大炮的方式？先在敌人可能出现的位置埋上大量低成本的地雷，考虑到敌人总是聚集行动的，当地雷触发后马上用大炮轰炸那块区域，这种高/低成本武器配合的形式也许有更高的命中率，而且执行难度低，是最容易实现的方式。

以上就是广告主在营销中追求精准度的 3 种策略。

✧ 普利瑟逊的精确营销策略：当广告主所在行业的客单价高，且多以电话外呼和线下推荐等昂贵的触点手段进行时，就会极度追求单次营销接触的精准，多用于汽车、房地产和 B2B 等行业。

✧ 朗台的长尾营销策略：当广告主所在行业目标消费者数量庞大，追求的是以量取胜，在“海量的不精准”当中寻找“大概率的相对精准”时采用的策略，以最低的成本覆盖足够多的目标消费者，多用于快消、零售等行业。

✧ 第三种方式尚没有冠以专业的名词，笔者在这里用“地雷 + 大炮”来称呼，它实现的是通过前端低成本的“地雷”来触发后端高成本的“大炮”，把精准营销分解为两段来执行。相比上面两种方式，“地雷 + 大炮”更加依赖于数据 + 营销技术，而“营销自动化”正是这种方式实现的核心驱动器。

在过去几年，“营销自动化”一直是营销技术的最大热点，甚至很多人在讨论营销技术的时候，直接就是在讨论营销自动化。究其原因，没有一种营销技术会像营销自动化一样，给营销方式带来如此大的变化，使用方式有如此多的遐想空间，能够如此改变营销的资源整合格局。营销自动化可以说是整个营销技术体系皇冠上最亮的珍珠。

3.1 营销自动化概述

营销自动化，还有许多名词来描述。

✧ 多渠道营销管理工具

✧ 数字营销资源池

✧ 跨渠道协同

在音乐厅中，乐团由手持各种乐器的乐师组成，好像今天广告主内部越来越细分的营销职能以及各自掌握的营销资源。当广告主很小的时候，一把小提琴就能独立演奏一段美妙音乐，但是当广告主的营销体系越来越复杂，单把小提琴的演奏质量不再影响全局，在整个乐团里，最重要的角色就变成了协调和整合乐律的“指挥”。

今天虽然营销资源很多、很杂，但是可以被归为 3 大类：数据、触点和内容。而营销自动化就是 3 种资源的整合池，只有配以一个好的“指挥”，乐团才能发挥最大效率，演奏出高质量的协奏曲。今天市场上谈到“营销自动化”会被冠以各种功能，但是“资源整合”是营销自动化工具中最重要功能。

“营销技术”概念是 2010 年左右被提出，而最早的营销自动化工具却可以追溯到 1992 年，由美国麻省的几个资深营销分析师创立的 Unica，因此可以说“先有营销自动化，后有营销技术”。

在那个年代，虽然被冠以“营销分析师”这样高大上的头衔，实际工作却是“周一刷新上周数据，周二跑出目标客户，周三交给营销团队发电子邮件，周四收集结果，周五修改目标客户选择条件”这样机械型的劳动密集型工作。这些分析师开始研究是否可以通过代码来固化这些操作，并且开发通过简单的“托拉拽”就可以执行操作的前台界面来简化操作，这就是 Unica 这个划时代工具的起源。

在笔者眼中，Unica 是营销自动化工具中的唯一传奇。在早期研发中，数据分析师们发现在工具使用过程中最耗费精力的是算法的调优，这需要深厚的统计学背景和深入的业务理解，但由于营销领域的算法是有限的，并且可以跨行业通用，数据分析师们可以根据自己的经验固化所有的算法和调优过程。Unica 的操作者不需要深厚的基础就能直接根据图表对算法进行调优。图 3-1 就是 20 年前 Unica 最核心的算法模块 Unica Affinium 的操作界面。

看到以上文字您可能会大吃一惊，Unica 在算法层面的设计理念放在今天，完全可以释义为“营销人工智能”这个现在听上去仍然让人兴奋的概念。今天绝大部分的营销自动化工具也只是在复制和优化 Unica 的功能，整体设计理念并没有跳开二十多年前创造 Unica 的那群数据分析师的思想火花。

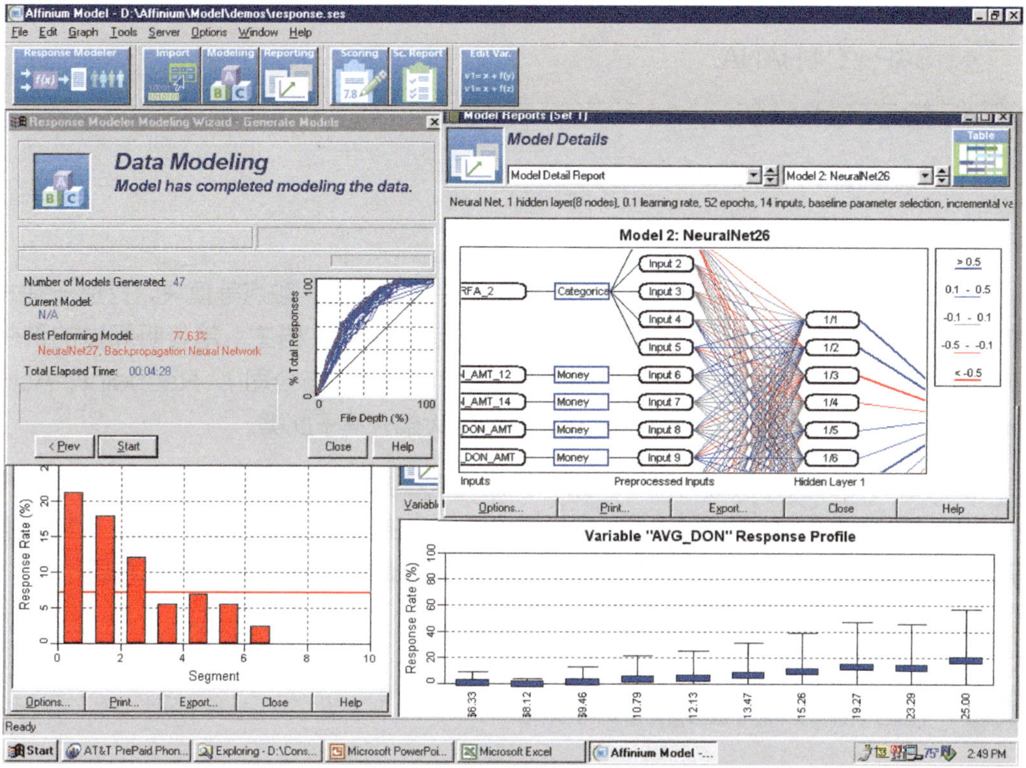

图 3-1　早期的 Unica affinium 算法模块

除了 Unica，国外营销自动化工具的第一次飞跃是在 2000 年前后，出现了 Eloqua、Neolane、Marketo、Hubspot、Pardot 等一系列今天大名鼎鼎的名字。

营销自动化工具的第二次飞跃是在 2010 年左右，从高科技巨头 IBM 4.8 亿美元收购 Unica 开始，营销自动化从小众应用正式成为了营销技术的主流热点。

在 2018 年，Adobe 以 47.5 亿美元收购了 B2B 领域的营销自动化工具领头羊 Marketo，至此，国外的营销自动化领域的格局分为两个极端。

1. 大型营销技术公司

拥有包括营销自动化在内的多种营销技术工具，主要针对大型广告主提供复杂的个性化解决方案，主要供应商如下。

- ✧ Adobe：两套营销自动化工具，分别是 Adobe Campaign（前 Neolane）和 Marketo。
- ✧ IBM：两套营销自动化工具，分别是 Unica 和 SilverPop。
- ✧ Salesforce：两套营销自动化工具，分别是 Pardot 和 ExactTarget。

✧ Oralce：两套自动化工具，分别是 Eloqua 和 Responses。

✧ 微软：MarketingPilot

✧ SAP：C4 HANA

✧ SAS：SAS MA

✧ Taradata：Aprimo

2. 中小型的专业营销自动化公司

专注挖掘营销自动化工具的潜能，叠加数据采集、分析、触点等模块，打造一站式的数字营销平台工具，提供给有强烈行业属性或者中小型广告主。笔者听闻过的供应商包括：Hubspot（营销技术概念创始人 Scott Brinker 所在公司）、Redpoint、Act-On、Pega 等。将近 300 家营销自动化供应商绝大部分属于此类。

营销自动化的实施模式有两种：第一种是构架在广告主自有 IT 系统中的定制化开发模式；第二种则部署在营销云上，在云模式下，广告主可以避免系统实施、后期运维等费用，直接按照使用收费，价格远低于定制化开发模式，技术上的实施风险更小。

3.2 营销自动化的操作演示

在上一章中，笔者表达了对于营销自动化工具的极大赞美，但如果没有实际操作，您会很难理解营销自动化工具究竟如何实现强大的功能。在继续展开介绍营销自动化前，笔者希望通过这节来演示工具的实际操作，帮助您获得更直观的感受。

图 3-2 是营销自动化工具的界面（大部分工具类似，笔者用的是 Adobe Campaign）：左面是资源区，操作人员可以看到可以整合的数据、触点和内容等资源；右面的白板是客户体验流程配置区，可以通过流程图画出营销活动的触发条件，不同营销活动的前后连接和触发关系。

1. 前期准备

在工具操作之前，营销自动化工具的操作人员需要先准备好以下材料。

✧ 日期表：活动的时间安排。

✧ 创意物料：图片、小视频等各种文件。

✧ 落地页：给消费者发送电子邮件、短信、App 推送等后，消费者点击连接后到达的页面。

✧ 数据：这次活动所需要用到的数据，虽然有的营销自动化工具提供数据分析模块，但是大部分的操作都是在数据中台中生成单独的数据表，连接灌入营销自动化工具。

✧ 客户体验流程：手工绘制的消费者转化流程图，在下文会具体解释。

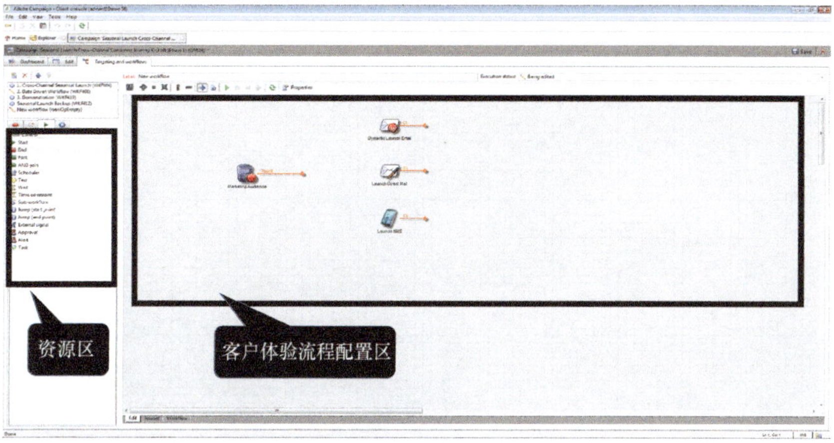

图 3-2　营销自动化工具的操作界面

2. 数据灌入

第一步是在系统中选择初始活动覆盖的消费者数据，如图 3-3 所示，在右侧客户体验流程配置区增加一个数据图标，数据输入的方式有 3 种。

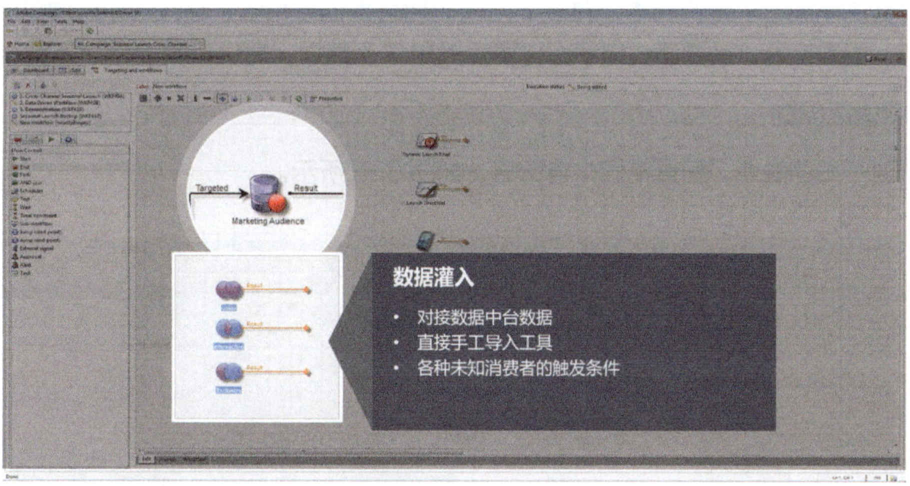

图 3-3　营销自动化工具的数据灌入

✧ 对接数据中台中筛选过的数据，系统自动导入。

✧ 在营销自动化工具中直接外部导入（电子表格或纯文本格式）。

✧ 针对未知消费者数据，选择触发条件。例如当消费者访问官网，并且停留超过 10 秒，就触发下一步的营销活动。

3. 触点策略配置

检查目标消费者的数据在不同触点的覆盖度和重叠度，如图 3-4 所示，在客户体验流程配置区增加触点选择图标。

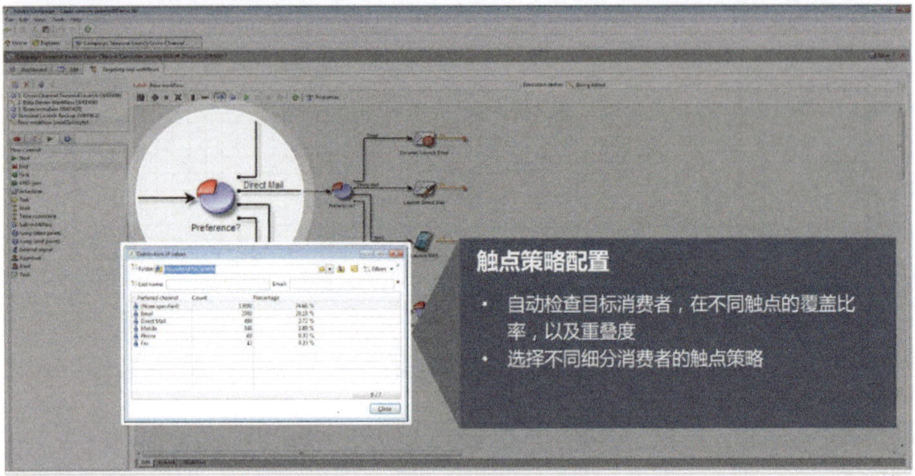

图 3-4　营销自动化工具的触点策略配置

例如目标覆盖 10 万个消费者，其中 7 万人有电子邮件，5 万人有手机号，1 万人既没有手机号也没有电子邮件，实际能覆盖的消费者是 9 万。由于电子邮件比短信便宜，如果广告主单纯追求最低成本，对于 3 万同时拥有手机号和电子邮件的，只通过电子邮件覆盖。配置完后，需要通过电子邮件覆盖的是 7 万数据，短信覆盖的是 2 万数据。

4. 内容策略配置

针对不同的触点，配置不同内容策略，如图 3-5 所示。

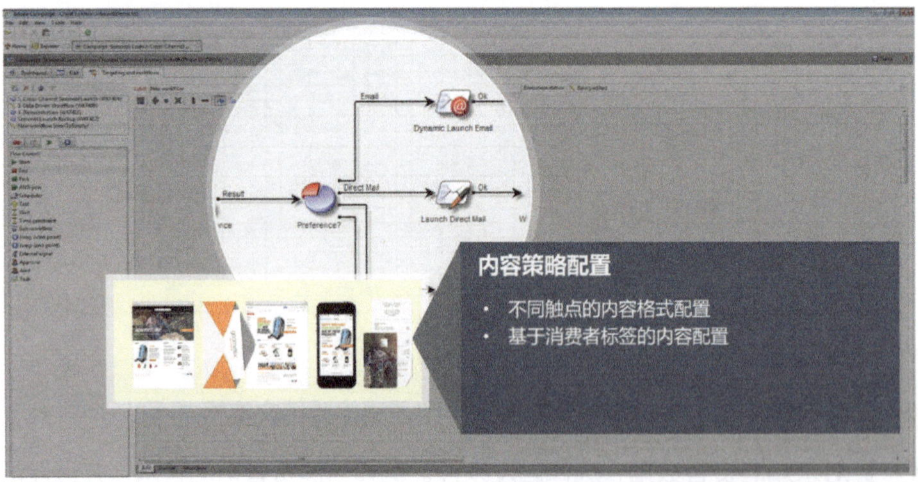

图 3-5　营销自动化工具的内容配置

配置内容时需要注意两点。

✧ 不同触点形式的物料格式配置：例如电子邮件和 App 需要的物料格式是不同的，800x600 像素和 1024x600 像素的手机显示屏的推送图片也是不一样的。

✧ 针对不同消费者标签的内容配置：例如数据中把消费者分为 3 类，在营销自动化工具中进行配置，让 3 类消费者看到不同的内容。

5. 触发条件配置

在消费者针对营销活动有反馈的时候，按照反馈类型引导到下一个营销活动，如图 3-6 所示。

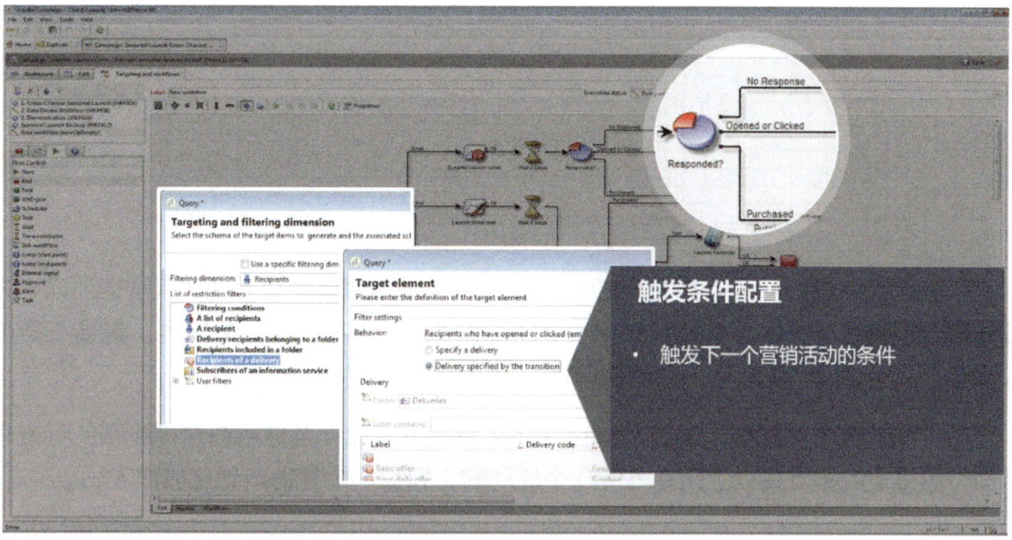

图 3-6 营销自动化工具的触发条件配置

例如广告主给消费者发送了电子邮件，按 3 类可能行为配置了对应策略。

✧ 当消费者点击了邮件中的“询价”连接，可以触发一天内呼叫中心给这个消费者打电话。

✧ 消费者查看了邮件，但是没有任何点击，触发第二天的同产品价格促销电子邮件。

✧ 消费者什么行为都没有，触发这个邮件在 3 天内重新发送。

至此，一个最简单的营销活动就在营销自动化工具中配置完成了，全过程大约需要 15 分钟。但营销自动化工具的真正意义并不在单点活动的配置，只有当广告主操作人员可以根据对消费者采购决策链的理解，把大量营销活动按照触发条件全部串联形成复杂的体系，才能最大限度发挥工具的效率。

图 3-7 是某广告主的案例，大约连接了 30 种营销手段，用穷举法列出了从刚获取

消费者数据到最终购买过程中，大概经过 4 至 6 层的不同消费者转化路径矩阵，在后期还可以不断修正配置，增加新的节点和连接关系。可以想象，对于大型广告主来说，经过数年打磨，甚至可以获得上千个转化节点的客户体验流程。

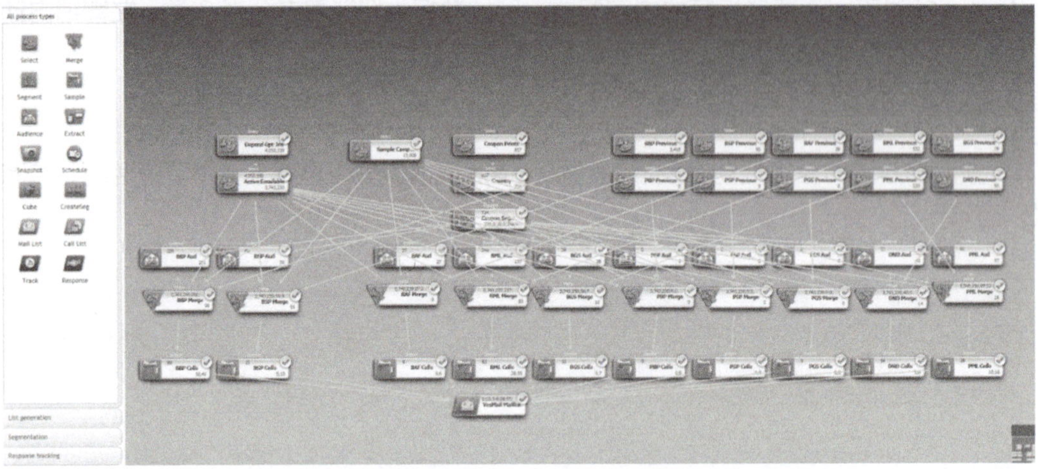

图 3-7　某广告主的在营销自动化工具中的客户体验流程配置

在笔者经手过的一个母婴客户的全球项目中，每年大概会有 5500 次营销活动，大部分活动逻辑是一样的（例如买过 S 号尿布的，12 个月内可能换成 M 号，需要在第一次购买 S 号后的第 10 个月，给消费者寄 M 号的免费样品或者优惠券）。

在中国的这个实施点，通过营销自动化工具就可以操作全球所有这样逻辑的标准化活动，最重要的是支撑以上所有 5500 个活动的，只有一个营销自动化操作人员。

3.3　营销自动化与周边营销技术

虽然每个供应商都希望在营销自动化工具上开发足够多的功能模块，为广告主实现一站式服务，但是对于大型广告主来说，往往不满足工具自带的功能模块，而选择对接外部专业工具。在数百种营销技术中，和营销自动化常规对接的工具如图 3-8 所示。

- ✧ 数据中台：在第 4 章中会详细介绍，存储了广告主的数据资产。
- ✧ 内容管理：存储了广告主的内容资产，专业的内容管理工具除了将内容标签化以便于寻找外，还有自动翻译、自动调整格式、通过人工智能自动匹配内容等多种强大功能。
- ✧ 网站分析：营销自动化工具中的“触发”功能，往往是基于网站分析工具捕捉的消费者在线行为产生的。
- ✧ A/B 测试工具：营销自动化工具的消费者数据和内容配置，往往是基于操作人员的经验和主观判断实现的，在叠加 A/B 测试工具后，系统可以自动判断不同细分的消费者对于内容的反馈效果，在后期自动调整配置策略。

✧ 触点：任何一种和消费者交互的触点形式只要能联网并通过 API 驱动，都可以对接营销自动化工具，除了传统的电子邮件、短信、呼叫中心、自有官网和 App 外，行业内常见的还有程序化广告（第 6 章中介绍）、POS 机（收银条上的广告）、Kiosk（自动售卖机）和物联网（智能家电与穿戴设备等）。

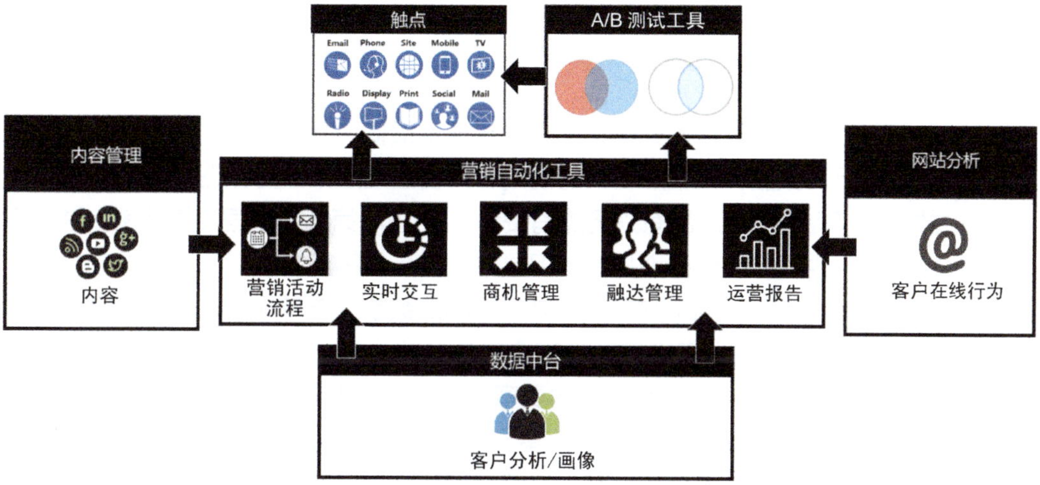

图 3-8 营销自动化常规对接的周边营销技术体系

3.4 营销自动化实现场景

在现实中笔者经常听到广告主的抱怨：营销自动化并不好用。这里的“不好用”更多指的是系统操作的复杂性。笔者的回答是：如果营销的设计很简单，营销自动化的效率甚至是低于人工操作的。

3.4.1 “地雷 + 大炮”

这是本章开头提及的数字营销新方式，广告主都希望通过增加营销精准度来提升投资回报率，但在实际操作中提升数据精准度是有极限的。数据的获取和清洗需要花费大量成本，从投资回报率角度来看，广告主需要考量数据投资和由于不精准造成的浪费哪个成本更低。当营销自动化工具实现触发营销后，就出现了如图 3-9 所示的两段式精准营销方式：“地雷”（成本低、不精准，但覆盖范围大）+“大炮”（成本高、精准，可与用户深度互动）。

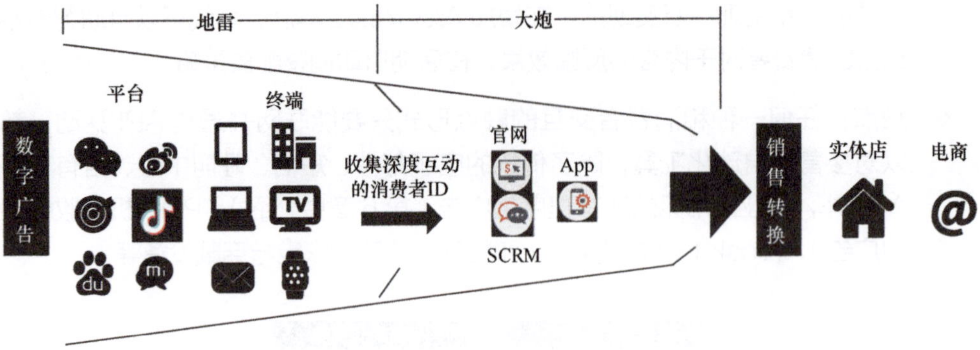

图 3-9 “地雷 + 大炮”模式构建的广告主流量转换

- “地雷”：在所有触点形式中，数字广告成本最低，并且可以回收消费者浏览和点击等行为数据。在精准营销的前期，广告主通过第三方数据进行数字广告投放，来捕捉对自己产品有兴趣的消费者 ID。虽然第三方数据不够精准，缺乏行业理解，也没有经过长期打磨，但是最大优点是第三方数据的数据量往往比广告主自有数据大一两个数量级，并且驱动的数字广告单次接触成本极低（每次几分钱）。虽然绝大多数消费者都会无视这些广告，但是当投放量足够大的时候，就有大概率捕捉到有真正购买意向的目标消费者。当他们有“深度互动”（例如点击广告，并且在落地页停留超过 10 秒等行为）时，这些行为的识别 ID 就会被广告监测技术捕捉，整个过程就好像广告主在目标消费者有可能出现的地方大量布设地雷，再收集那些“踩到地雷”的消费者识别 ID。
- “大炮”：在今天信息严重过剩的时代，消费者愿意花费一点时间点击和浏览广告本身就表示了极大的诚意，在广告主回收了前期“深度互动”的消费者 ID 后，就可以触发后期对这个 ID 的重点覆盖。例如在汽车行业，消费者采购汽车的决策链大约在两个月时间，当汽车广告主采集到消费者第一次深度互动后的两个月，可以加大对这个 ID 的投入（例如增加数字广告的竞价报价），让这个消费者被反复营销覆盖，引导消费者进行最终购买。如果消费者在这两个月内没有更多的深度活动，广告主可以从数据库中删除这个 ID，不再投入更多资源。

3.4.2 敏捷营销

笔者看到的很多成功案例都有着类似的模式：广告主高层凭借个人经验和智慧发现了市场机会，快速投入实现营销创新，并得到超出预期的回报。也就是说，营销的成功主要来自领导的英明指挥。

笔者内心的真实想法是，一线的营销和销售人员比广告主高层更了解市场，但是他们缺乏足够的资源调动能力来快速验证一些想法。此外，由于企业的资源有限，无法把资源分摊给一线人员来实现个性化的想法，试错成本高企，因此注定这种创新型营销活动的发起只能来自广告主的高层。

那有没有办法能实现快速低成本试错，并且经过前期验证了想法的正确后就能长期固化呢？这就是敏捷营销（Agile Marketing）的概念，也是营销自动化给营销模式带来的第二大转变。

在笔者之前经历过的一个全球项目中，全球任意的一线市场经理都可以花 5 分钟，通过给中国的营销自动化操作人员填写一个表格发起精准营销。例如，某国负责某实体店的市场经理，发现某款商品库存过多，要求针对店面周围 5 公里范围内的消费者发送优惠券，在 7 天内可以低价购买。当发现这样的逻辑有效后，再要求中国的操作人员把这条规则写入营销自动化的固定规则中，设置当店面库存超过一定数字就触发这样的营销活动。在一年时间里，笔者的团队接到了将近 3000 个需求，最终积累和固化了上千条有效规则，同时这个项目的操作人员也成为了全球各种营销模式的知识传承点，可以经常在不同国家和地区间分享成功模式。

3.4.3 “千人千面”的个性化营销

广告主发现不同消费者的采购决策链是高度相似的，并且可以被划分为不同采购阶段（参照第 2 章中介绍的“AISAS”方法论），每个阶段可以传递相同的内容来推动消费者进入下一个阶段。对于营销自动化工具来说，实现的是消费者采购决策链不同阶段和营销内容的匹配后的“千人千面”营销。

例如，微信开发平台提供的 API 接口可以实现公众号的个性化推送，当营销自动化和微信公众号打通后，广告主可以设置以下规则。

- ✧ 当消费者关注了微信公众号的第一篇推文是“欢迎关注”主题，介绍品牌的历史。
- ✧ 关注后的 3 天，分别是 3 种产品的基本介绍。
- ✧ 关注后的第四天推送的是限时使用的优惠券。
- ✧ 当消费者点击了优惠券但是 7 天内没有使用，则推送“优惠券过期提醒”。
- ✧ 当消费者第一次购买，推送“欢迎加入会员”。
- ✧ 在消费者生日，推送“生日祝贺，并且赠送会员积分”。

……

在笔者所列的以上规则外，您可以能想到更多的触发事件。通过叠加营销自动化工具，广告主微信公众号的定位从单一的品牌和产品陈列，转型为和消费者高度互动的培育平台。此外，对于广告主来说，内容资源是最难获取和建设的，传统的营销方式是广告主辛辛苦苦组织了一篇内容，给所有消费者一次性推送就使用结束了。但在营销自动化工具中，可以对内容进行管理，并且按照客户采购决策阶段进行匹配和分发，实现了对内容的最大复用。通过这种形式，广告主只需要数十篇内容，就可以实现大量消费者的“千人千面”。

3.4.4　内部协同

在大型广告主的组织内部，营销职能是高度细分的，要实现一次营销活动，涉及营销、销售、财务等多部门协同，经历活动规划、CMO 审批、财务审批、活动执行、销售跟进等多个节点。漫长而复杂的流程很大程度上制约了广告主的执行效率。通过营销自动化工具，可以提前在客户体验流程中配置不同内部职能在各自节点需要执行的内容。对应节点的负责人会收到电子邮件的提醒，进行审批、上传数据、上传创意等动作，实现了流程推进的自动化，避免电子邮件和电话的低效协同。图 3-10 是整个过程的实现方式。

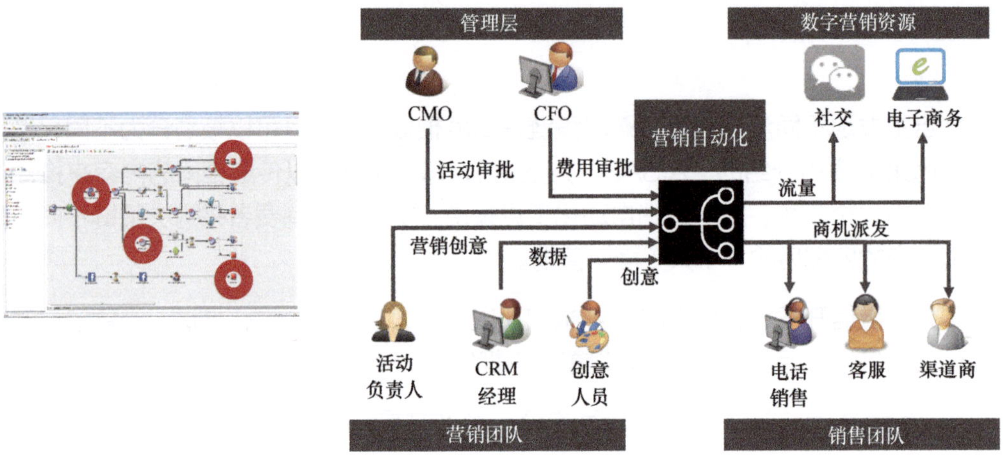

图 3-10　营销自动化驱动的广告主内部协同

3.4.5　实时召回

当广告主有自己的电商平台，可以对有“深度互动”但是没有最终成交的消费者进行实时召回。例如国内某旅行预订网站实现的一个场景，当消费者浏览了某个酒店，选择了预订，但是没有最终支付而是直接退出，在很短的时间内，就会有短信提醒消费者“您刚才浏览的酒店有 10 块钱降价”，相信对消费者的召回有很好的效果。

3.4.6　商机管理

在 B2B 和耐用消费品领域，经过一系列营销影响后，消费者会提交自己的需求（商机），希望和广告主进行关于购买的深度沟通，这时广告主的痛点是有很多销售渠道（自营呼叫中心、面对面销售和代理商等）可以跟进，但不同渠道的沟通成本差异很大。例如，十几分钟的电话沟通成本在 10 元以上，在这个场景下，如图 3-11 所示营销自动化流程可以通过商机打分模块进行商机的管理和派发。

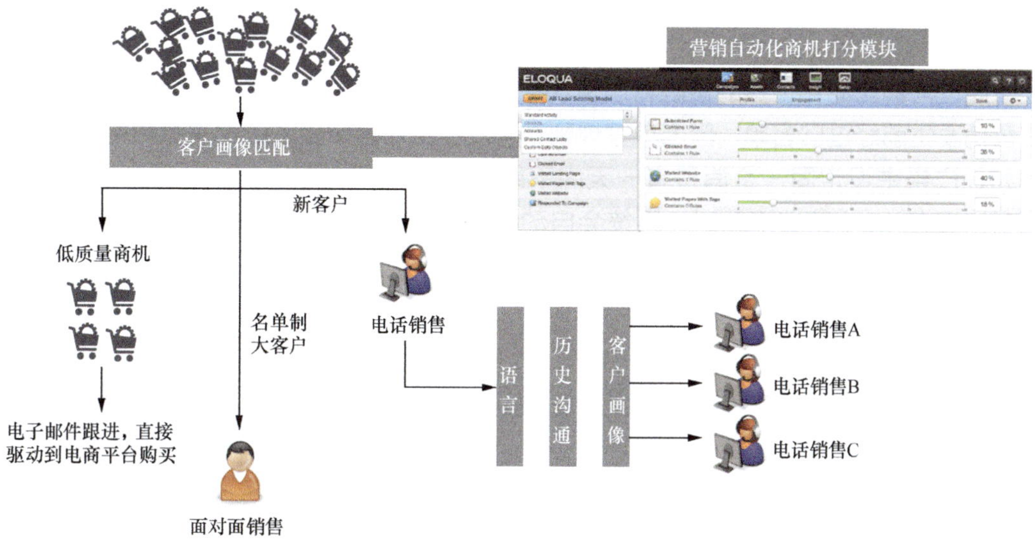

图 3-11　营销自动化对商机派发进行管理

- 首先，通过数据匹配得到递交商机的消费者画像，来甄别这个商机是消费者经过认真思考的高质量商机，还是有相当随意性的低质量的商机。如果是后者，广告主可以通过电子邮件形式进行沟通，驱动消费者到电商平台进行自助购买，甚至直接将其放弃。
- 其次，对于名单制的老客户，直接对接到负责这个大客户的客户经理（面对面销售）。
- 剩余的高价值新客户驱动到呼叫中心，甚至在呼叫中心内部，根据消费者的客户画像、历史沟通记录、可能的沟通语言，来将商机派发到合适的访问员。例如，使用成都手机号的消费者，将被派发给会讲成都方言的电话销售，这样，成单效率会明显高于其他电话销售。

笔者经历过一个营销自动化项目，针对数千人呼叫中心的电话呼入进行派发管理。首先把所有访问员打上标签，例如会使用的语言、所熟悉的产品、所熟悉的消费者类型等；之后对所有呼入的电话进行了消费者画像预判；再通过访问员的“个人画像”和消费者的“画像”来匹配，把每个消费者呼入引导给最适合的访问员接听。这个小动作，带来的是整个呼叫中心效率的显著提升。

3.4.7　接触管理

在大广告主机构内部，存在着复杂的营销角色，不同的角色都可能针对同一个消费者进行营销。从消费者角度来看，就可能在同一天收到数个内容相似的营销内容。例如，某消费者购买了大量产品，在数据中这个消费者被标识“重要用户”，进而造成这个消费者被广告主大部分营销活动所选择。更可怕的是，消费者买得越多，被过度营销越严重。当消费者一天内收到 10 个推销短信时，将对这个广告主完全失去信心。

通过营销自动化工具的接触管理模块（TMS，Touch Management System），在营销发生前经过白名单、黑名单等规则，可以设置对客户接触的优先级和接触频率。例如，广告主设定同一个消费者一天内不能接收超过两次营销。当一条消费者数据同时出现在 10 个营销活动时，系统会自动根据之前预设的规则决定放行哪两个营销活动。

3.5 AdServing：营销自动化在数字广告领域的变种

在上文提及的营销自动化工具主要是针对非实时或准实时（分钟或者小时反应级别）的应用场景。而在数字广告领域，出现了和营销自动化有相同设计思路，但是更加追求实时性的工具：AdServing。笔者将其同样归入“营销自动化”的范畴，两者的主要差别如图 3-12 所示。

	传统营销自动化	AdServing
针对数据	PII/数字数据	数字数据
触发时间	非实时，准实时（分钟，小时）	实时（毫秒）
应用场景	多种场景	程序化广告
数据驱动方式	广告主自有数据 按照触发条件的陌生数据	媒体回传数据，和广告主自有数据的匹配

图 3-12　传统营销自动化和 AdServing 的区别

AdServing 和营销自动化工具一样，实现的都是数据、内容和触点资源的整合，但是为了实现毫秒级响应速度，AdServing 删除了传统营销自动化工具中的部分功能，但同时又叠加了数字广告中的独特需求。通过 AdServing 实现程序化广告得所示逻辑如图 3-13 所示，全部流程需要在几十毫秒内完成，否则就会出现消费者访问媒体的时候，媒体广告位全是空白的情况。

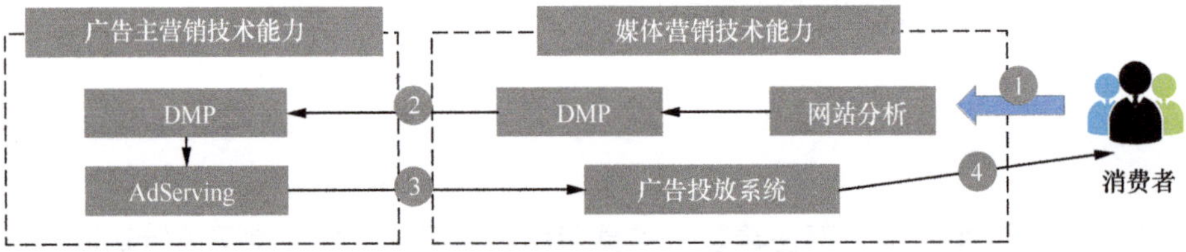

图 3-13　AdServing 实现的程序化广告模式

1）当消费者访问某媒体时，被媒体捕捉到识别 ID，并被贴上媒体制作的消费者画像标签。

2）媒体对接广告主的 DMP，询问广告主是否要针对这个消费者进行广告投放。

3）广告主通过自有数据的标签确认这个消费者的价值后，通过 AdServing 输出竞价策略，投放物料等投放策略到媒体的广告投放系统。

4）消费者在媒体上看到对应的数字广告。

在程序化广告中，AdServing 实现的独特功能如下。

- ✧ 竞价策略：由于给消费者传递内容的触点是在媒体上，媒体往往会进行“竞价”（即同时询问多个广告主让这个消费者看到各自广告愿意出的价格，出价高者得到广告展示机会），因此 AdServing 在对接媒体的广告投放系统时，需要输入价格。关于程序化广告的竞价在第 6 章中有详细介绍，竞价时所涉及的算法科学有个单独学科：计算广告学。
- ✧ 品牌安全：很多大型广告主在广告投放时，希望对自己品牌进行保护，不让广告出现在可能有损品牌形象的页面上。从技术角度的控制点，是由 AdServing 来完成的。
- ✧ 事前反作弊：由于虚假流量一直是数字广告的毒瘤，在媒体提供了消费者 ID 后，需要在广告投放前甄别这个 ID 是否是赚取广告主投放费用的虚假流量。

3.6 营销自动化在国内的发展现状

据笔者所知，营销自动化传入国内大约在 2010 年，当时主要由两类广告主使用。

- ✧ 外资企业：在全球部署统一的营销自动化工具时，也在国内落地。
- ✧ 国内的金融企业：营销自动化在金融领域（银行、证券、保险）有非常多的应用场景，并且广告主拥有完善的数据运营能力以及足够的预算。在国际咨询公司（IBM、埃森哲、德勤等）展示了国外案例后，很容易投入预算进行尝试。

“营销自动化”概念在国内突然崛起是在 2015 年，最早的布道者是在国外深度接触过营销自动化工具，或者就职于外企营销技术公司的国内创业者们。在营销相关媒体的推波助澜下，营销自动化迅速吸引了资本的注意。在一两年内出现了数十家“营销自动化”服务供应商，也吸引了部分创新型的广告主购买尝试。

营销自动化在国内的发展有着广阔的空间，笔者相信，拥有数据中台、构建数据分析能力、构建营销自动化能力，是行业的发展规律。在 2018 年，笔者见到很多广告主开始投资数据中台，反映出大量广告主具备数据能力，进化到需要营销自动化的时间点在两三年后（2021 至 2022 年），相信那时候将是营销自动化的真正春天。

第 4 章

营销数据中台

“找一个数据库存放营销数据”是营销人比较朴素的需求，而“存放营销数据的数据库”从数十年前出现的营销数据仓库（Marketing Data Warehouse）到今天的“营销数据中台”，经历了一个漫长的发展过程。作为最昂贵的营销技术，今天的营销数据库已经演变出很多分支。

- ✧ DMP（Data Management Platform）
- ✧ CDP（Customer Data Platform）
- ✧ Data Lake

在笔者眼中，这些技术虽然有着不同的用途、定位和技术细节，但有着相似的技术架构和数据运营模式，主要作用都是帮助广告主实现各种数据源的互联互通，对数据进行统一管理和应用，对数据价值进行最大化挖掘。笔者用了“数据中台”这个概念，统一称呼以上所有营销相关的营销数据库模式。

当广告主的数据量过大，并且数据形式过于复杂的时候，才需要通过数据中台进行管理，因此数据中台是大型广告主才需要的资源。

- ✧ 精细化营销操作：当市场部承接的数字营销预算大到一定程度，就无法通过营销人员的个人经验对营销活动进行微观操作。在拥有数据中台后，可以依靠数据 + 技术，驱动整个营销体系的精细化操作。
- ✧ 提升营销执行的 ROI：这是最常规的诉求，市场部的绝大部分预算是在营销执行层面，按照每年一亿元的营销投入，如果通过数据能提升 1% 的精准度，就能节省 100 万元的成本，这是最显著的效果。
- ✧ 战略视角的营销策略：在打通生产、销售、电商、服务等数据后，市场部就能看到更加连贯的全局数据，进而站在更高维度，看待营销在公司战略布局中的定位和作用。
- ✧ 提升市场部内部运营的整合度：当市场部内部职能划分过细，需要通过数据来串接营销运营过程中的市场研究、市场策略、营销执行和效果考核，避免内部信息不对称，提升运营效率。

- ✧ 加强市场部和其他部门间协作：当企业内部组织架构达到一定复杂度，市场部需要通过数据对接其他部门的运作。在企业统一的考核体系下，在企业内部证明自身价值，争取更多资源。
- ✧ 支撑业务的数字化转型：数据中台所拥有的资源（数据 /IT 设施 / 考核规则 / 运营人员），除了支持营销场景，也可以构建各种数字化转型的业务场景，成为 CMO 和 CEO/CGO/CDO 对话的核心资本。有意思的是，今天讨论建立营销数据中台的，除了市场部和 IT 部门，有很多需求来自更高层的 CEO、COO（首席运营官）、CGO（首席增长官）。这些高层的诉求是通过“数据中台”来解决业务问题（例如产能过剩、人员效能、获客），支持企业的创新业务（例如新零售、金融科技和数字化管理）。

4.1 数据中台出现的背景

对比传统数据仓库（Data Warehouse）中存储的是“已知”的结构化数据，用来解决“已知问题”，数据中台则是用于存储和处理“未知”的原始数据，利用数据科学在应用层面进行更多创新探索，帮助企业解决更多“未知”的商业问题。

数据中台出现的主要原因，是数字技术在数据收集层面的爆发，因为数据的“量变”，催生了数据管理和应用的“质变”。如果说而传统的“数据仓库”面对的是“小数据”。那么“数据中台”处理的则是真正的“大数据”。

回到 5 年前，广告主能收集到的营销数据大部分来自 CRM，是基于消费者“人”的 PII 数据。这些数据来自广告主的运营过程，数据量也相对较小，每年能收集的数据很难超过 TB 级别。数据的使用也相对简单，一个初级的数据分析师，可以依靠数据词典轻易读懂每条数据的含义，依靠传统统计学和算法工具就可以完成数据分析，支撑业务应用。例如，CMO 想针对贡献了 80% 业绩但是过去两周没有任何采购的高消费用户群体发起一次营销活动，不到 10 行 SQL 语句就能抽取这些目标消费者数据。

今天，营销技术能帮助广告主收集大量描述消费者行为的数字数据，每个消费者使用的数字设备（手机、电脑和 Pad 等）每天都产生百万条的行为数据，广告主很容易在几周内收集到 TB 级的数据，这些大数据的管理和应用对数据中台提出更高的要求，主要技术革新如图 4-1 所示。

1. 数据治理的难度增加

传统营销数据大部分是基于电子邮件地址、手机号和姓名，对消费者进行的识别，不同数据源的打通难度不大。而消费者行为大数据的 ID 是非常复杂的体系（笔者在第 2 章中进行了介绍），依靠广告主自有能力，很难实现各种 ID 间的高打通率，打通的比例取决于广告主的数据量大小，在广告主的数据量没有达到足够体量前，需要依靠外部数据资源实现。

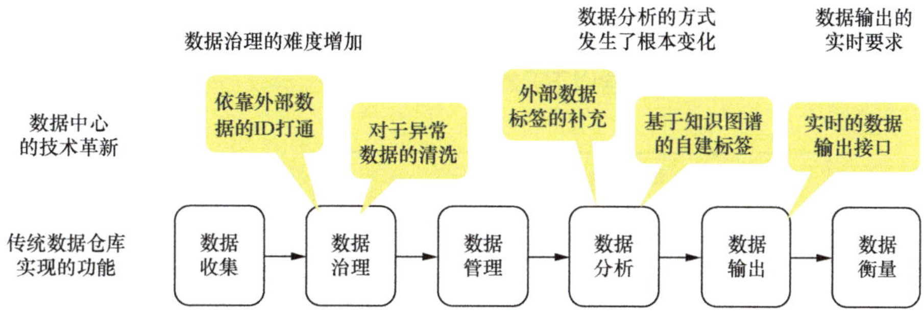

图 4-1 数据量激增造成的数据中台技术革新

此外，消费者行为大数据中异常数据的比例远高于传统数据。例如，广告主收集了 1000 万条浏览过自己主页的设备 ID，这里面可能涉及爬虫数据、虚假流量、无效浏览，真正有价值的消费者数据量甚至会少于异常数据，这时需要通过算法或者外部数据资源对这些无意义的异常数据进行清洗。

2. 数据分析的方式发生了根本变化

消费者行为大数据的解读没有以往这么“直接”，知道了消费者浏览的 URL，知道了他们在每个页面的停留时间，知道了他们经常出现的经纬度，这些大数据如何和业务关联和使用呢？如果把这些原始数据比喻成蔬菜，在端上饭桌实际应用前，需要经过一个“烹调”的过程，即把原始大数据简化成业务侧能读懂的标签。在第 2 章中，笔者已经介绍过大数据分析的两种主要方式。

- ✧ 基于广告主收集的 ID，到外部直接采购现成标签：广告主通过广告监测、网站分析等手段收集消费者的 ID，再到外部数据源匹配现成的标签。
- ✧ 通过“知识图谱”进行数据结构后，建立自定义标签：基于广告主对于数据的认知构建“知识图谱”体系，完成复杂数据到营销侧可使用的标签的转化。知识图谱是广告主解读大数据，建立自己洞察体系的那把“钥匙”，在第 2 章、本章和第 5 章都有详细介绍。

3. 数据输出的实时要求

传统从大型数据库中提取数据需要花费数分钟甚至数小时，而今天很多大数据的应用场景都是毫秒级别。例如，某广告主想让不同消费者浏览自己主页的时候看到不同的内容（千人千面），从技术上需要实现毫秒级别完成以下动作：消费者 ID 识别、消费者画像提取、展示图片匹配、图片加载。当以上闭环无法在毫秒级完成，做不到实时输出，就会出现消费者无法瞬间打开企业官网，失去耐心而直接选择关闭的情况。

4.2 数据中台的系统架构

图 4-2 是数据中台的系统结构，无论是数据中台的哪种模式（DMP、CDP、Data Lake），从 IT 层面来看，都包含以下几个模块。

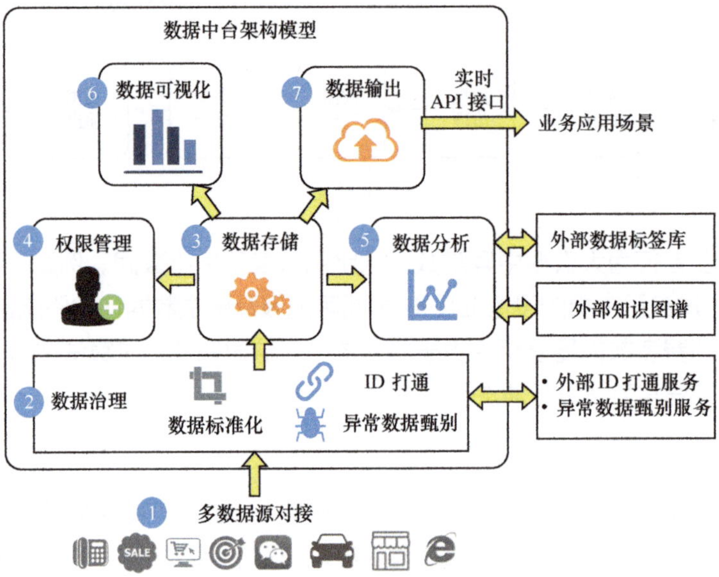

图 4-2 数据中台的系统架构

1. 多数据源对接

从各种数据源提取数据放入数据中台，供营销使用。需要强调的是，由于产生数据的系统（例如 CRM、网站分析、会员系统等）有着复杂的业务应用，任何修改都可能造成业务应用发生不可预料的错误，因此数据中台对于数据的应用是从原有数据源“拷贝”一份，而非整合原有数据库。

例如，CRM 中标识的消费者画像数据可以涉及销售收入归属等复杂的业务问题，就算营销人员发现这个消费者的数据错了，在不了解业务背景的情况下，也不能在 CRM 中随意更改。笔者印象很深的一个场景是，在某 B2B 广告主的 CRM 中，看到把联想（Lenovo）标识成了“金融业”而非“高科技”客户，这背后可能涉及广告主内部“金融行业销售”和“高科技行业销售”之间复杂的业务诉求，因此明知道是错误的但却不能进行更改。而数据中台作为市场部专属的营销数据库，营销人员可以在不考虑造成复杂后果的情况下更改数据内容和格式。

2. 数据治理

在获取不同数据后，对数据进行标准化，异常数据甄别和 ID 打通的数据清洗工作，在第 2 章中有详细介绍，不再重复。

3. 数据存储和运算

在数据完成治理后，统一放入数据库进行管理和运算。由于数据量过大，在单一服务器上无法完成存储和运算，因此就涉及大数据的分布式运算、云计算等复杂 IT 层面的管理。

按照数据存储和计算的地方，可以分为营销云（数据存在第三方的云平台上）、自有云（广告主自己的 IT 环境内）和混合云（非敏感数据存放在第三方云，敏感数据存放在自有平台）3 种模式，各有不同的成本、实施难度、数据安全和合规要求

4. 权限管理

数据中台的目标是支撑市场部甚至全公司不同业务场景，也意味着从公司高层到底层外包员工都需要从数据中台提取数据。为了防止数据泄露的问题，需要对不同用户、不同场景进行权限分级管理。例如负责接听电话的客服人员，在客服系统中就不可以看到消费者的全名和实际手机号。

5. 数据分析

在使用“营销大数据”前，需要对数据通过分析生成业务侧用户能看得懂的标签，分析过程包括非实时的传统数据挖掘、依靠人工智能的实时分析等。在分析过程中，广告主很难在短期内积累自身的知识图谱和高质量的标签，因此需要依赖外部的数据能力。

6. 数据可视化

虽然数据中台是由技术背景的团队进行运维，但是实际使用它的，是更关注商业结论的业务侧人员。对比成亿条原始数据，业务侧也许只需要一个饼图就能得到商业结论，因此可视化是真正让业务侧使用数据中台的基本工具。

7. 数据输出

数据中台的产出，除了数据可视化展现的洞察外，还会对接不同的业务系统，通过数据来驱动业务场景。例如，程序化广告、新零售、动态定价等，很多业务场景需要毫秒级的查询和输出，也是 IT 层面需要解决的技术问题。

4.3 数据中台的 3 种形式：DMP、CDP 和 Data Lake

营销数据中台在技术上有 3 种模式，虽然它们实现的功能和技术细节有很大不同，

但是却全部采用了上章介绍的技术架构。

✧ Data Lake：技术难度最高的一种，定位于企业业务层面的数据大集市，整合全公司各种数据源，支撑的不只是营销场景，还包括企业个性化的业务场景，往往由企业的最高层直接领导，目标是帮助企业进行数字化转型。由于在数据对接和数据处理层面需要处理大量定制化数据源，因此 Date Lake 的构建过程往往以年为时间单位。

✧ CDP（Customer Data Platform）：技术难度稍低的数据中台，定位于营销层面的数据大集市，目标是支撑各种利用广告主自有数据的营销场景。因为 CDP 通常只对接标准化数据源（例如两个广告主用的是同一款标准化 CRM，他们的底层数据结构都是一样的），数据治理和数据管理相对容易，因此实施周期以月为单位。

✧ DMP（Data Management Platform）：技术难度最低，定位是支撑以程序化广告为主的实时营销场景，和 Data Lake、CDP 的最大不同是毫秒级数据输出。因为 DMP 主要用到的是广告监测数据、网站分析数据和第三方大数据，数据格式相对固定，因此实施难度最低。

因为在程序化广告的运营过程中，DMP 的数据会暴露在公网上，被外部供应商和媒体调用，因此只能存放广告投放使用的匿名数据（ID 和标签），不能存放其他敏感信息（姓名、手机号、地址和购买历史等），投放的标签也需要脱敏，例如某 ID 的标签是 A，实际代表着过去三周没有购买的高消费客户，但这个定义只有广告主内部数据分析团队知道。

在数据存储和运算中，DMP 可以构建在广告主自己的 IT 环境里（称为第一方 DMP），也可以放在第三方营销云上（称为 SAAS DMP 或者第三方 DMP）。由于第三方 DMP 会预先对接媒体、自带算法、标签和数据治理模块，能把 DMP 的实施时间缩小到几周，可以大大降低实施成本。而 Data Lake 和 CDP 上存储了广告主的敏感数据和商业机密（例如历史采购信息），因此只能构建在广告主自己的 IT 环境下，从技术角度更加复杂，成本也更高。如图 4-3 所示，笔者列举 3 种技术、4 种形式的主要差别（区分第一方和第三方 DMP）。

<table>
<tr><th></th><th>Data Lake</th><th>CDP</th><th>第一方DMP</th><th>第三方DMP/SAAS DMP</th></tr>
<tr><td>使用者</td><td>全公司</td><td colspan="3">市场部</td></tr>
<tr><td>实施周期</td><td>年</td><td colspan="2">月</td><td>周</td></tr>
<tr><td>目标业务场景</td><td>企业数字化转型</td><td>第一方数据支撑的营销场景</td><td colspan="2">实时程序化广告</td></tr>
<tr><td>数据类型</td><td>企业内部各种数据</td><td>所有营销数据</td><td colspan="2">匿名的广告投放数据
• 广告监测数据
• 网站分析数据</td></tr>
<tr><td>数据存储环境</td><td colspan="2">企业内部IT环境</td><td></td><td>营销云</td></tr>
<tr><td>数据输出</td><td colspan="2">非实时</td><td colspan="2">实时</td></tr>
<tr><td>投资</td><td>千万级</td><td colspan="2">百万级</td><td>十万级</td></tr>
</table>

图 4-3　3 种技术、4 种形式的数据中台对比

Data Lake 和 CDP 相对复杂，但是在应用场景上有更多遐想空间，而 DMP 则是为程序化广告而生，是最轻量的营销数据中台技术。3 种形式无所谓谁优谁劣，但有着各自的适用对象。

- DMP：适合在广告投放领域投入大量预算的广告主，例如快消、汽车、化妆品、娱乐领域。
- CDP：适合消费者复购比例高，自有体系可以收集大量消费者数据，例如奶粉、零售、运动用品、化妆品等。
- Data Lake：适用于有大量数据驱动应用场景的广告主，例如快消、零售和汽车领域。

最后需要强调的是，以上 3 种技术、4 种形式的数据中台并非完全割裂，广告主可以选择多种形式，并且互相之间可以转换。今天国内广告主对于数据中台的实际需求往往会模糊 3 种技术的边界。笔者曾接到的需求，大部分是三者的平衡点。例如某汽车广告主有大量预算投放程序化广告，希望通过 DMP 来提升投放效果，同时又想把数据融入 4S 店的智慧门店体系，做到 4S 店的接待员在陌生消费者入店的那一刻，手持设备上就能显示这个消费者的客户画像。这个“消费者识别”场景需要接入店面智能探针数据，并且输出消费者标签数据到店员的手持设备，实际用到的是 DMP+Data Lake 的技术和理念。

对于广告主来说，营销数据中台建设的最终目标都是带有 DMP、CDP 功能的大型 Data Lake，但是受制于今天的成本因素，建设理想状况的数据中台是一个耗费数年的过程，下一章将介绍大型广告主常规的建设路径。

4.4 数据中台的建设路径

在 Gartner 2018 年公布的《Hype Cycle for Digital Marketing and Advertising》中（由于版权原因本书无法直接放出此图，如果您有兴趣可以自行购买 Gartner 服务），描述了不同营销技术的成熟度，DMP 已经被归类在技术成熟阶段（实施成功率高、成本低，有足够多的应用场景），而 CDP 仍在技术创新阶段（实施风险相对较高、成本较高，广告主有过高的期望值）。Data Lake 并非数字营销专有技术，因此并未被收录。

3 种技术的实施难度和成本是 Data Lake>CDP> 第一方 DMP> 第三方 DMP。对于任何一个大型广告主来说，建设数据中台的终极目标都是融合以上 3 种技术，支撑所有营销场景，以此为目标的技术路线有 3 种。

1. 第三方 DMP > 第一方 DMP > CDP > Data Lake

这是实现风险最小的安全路径，从技术和商业应用上都是由浅入深，整个过程的实施周期大约为两年，每 3 至 6 个月有清晰的里程碑，资源投入是一个从小到大的渐进过程，适合自身缺乏强大 IT 能力，对于数据中台的态度是摸着石头过河的广告主。

- 通过几周时间搭建低成本、高实施成功率的第三方 DMP，看到数据中台对于广告投放效果的优化作用。
- 经过 3 至 6 个月的验证，把第三方 DMP 迁移到广告主自有 IT 环境，形成第一方 DMP。
- 系统稳定运行 3 至 6 个月后，追加对接更多基于 PII 的营销数据源（例如 CRM、微信公众号等），寻找更多的营销应用场景，实现 DMP+CDP 的功能。
- 再经过 3 至 6 个月的实施和探索，对接更多业务数据源，寻找更多的业务应用场景，实现 DMP+Data Lake 的功能。

2. CDP > Data Lake（含 DMP 功能）

这是实施周期和难度相对适中的路线，实施周期大约为 1.5 至 2 年。开始阶段内部营销数据的整合会有难度，但是仍然控制在市场部内部，后期逐渐做大，适合数字营销主要基于自身数据展开、消费者高度复购的广告主（例如奶粉、化妆品和运动品牌等领域）。

- 先使用 6 至 9 个月整合广告主内部数据形成 CDP，主要营销方式通过电子邮件、短信和微信进行。
- 通过 6 至 9 个月的时间，增加 CDP 的实时输出功能，以及寻找更多业务应用场景，对接更多业务侧数据源，使 CDP 进化为 DMP+Data Lake 功能。

3. Data Lake（含 CDP、DMP 功能）

这是最复杂但也是最快实现的路线，需要 1 至 1.5 年，3 种技术涉及的各方面同时实施，对 IT 实施能力有很大的挑战。这样的项目往往会由企业的 COO/CIO 级别直接挂帅，需要强大的内部协调能力，并且短期内投入大量资源，适合对数据中台有高度期望值，目标是短期内快速推进数字化转型的激进广告主。国内笔者所见仅在汽车、金融行业出现。

4.5 什么是“知识图谱”

在数据中台搭建过程中，最难的不是 IT 层面的数据管理，而是将海量大数据化繁为简，变成业务侧能看懂的标签的“分析”过程。和传统基于统计学的分析不同，基于大数据的分析的第一步并不是“算法”，而是借助“知识图谱”对底层数据进行结构化处理，如图 4-4 所示。

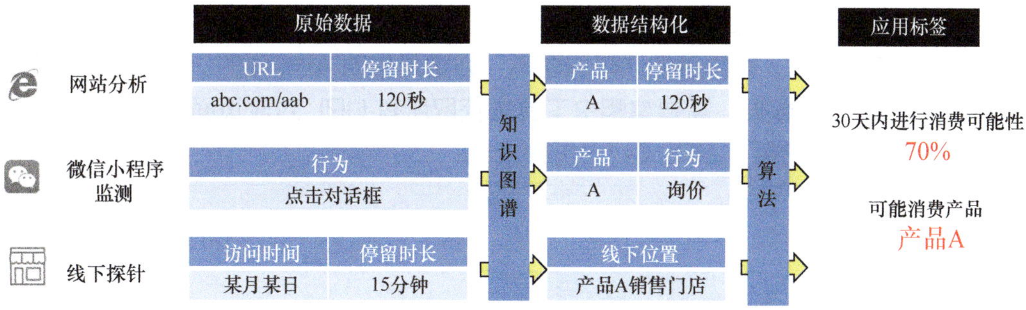

图 4-4　数据中台中对于数字数据进行标签化的过程

某广告主收集到了消费者的 3 条行为数据。

✧ 访问了某 URL，并停留了 120 秒（网站分析数据）。

✧ 在微信某小程序中，点击了某个对话框（小程序监测）。

✧ 出现在某线下销售门店中（智能探针数据）。

通过“知识图谱”发现：第一条数据的 URL 代表的是产品 A 的介绍；第二条数据，这个小程序的对话框是产品 A 的询价；第三条数据是专门销售产品 A 的线下门店。从定性角度已经可以初步判断，这个消费者对于产品 A 有高度兴趣，但是有这样行为的消费者可能成千上万，在页面停留 120 秒和在线下门店停留 15 分钟，这样的数据如何定量呢?

通过“算法”可以发现，有这样行为的消费者，在未来 30 天内购买 A 产品的可能性是 70%。“A 产品”+“70%”是业务侧最终能读懂的，并且可以进行标签的横向比较。

使用数字技术收集的大数据中，常规营销用的“知识图谱”包括：

✧ 网页 URL 知识图谱

✧ App 行为知识图谱

✧ 第三方平台（例如微信公众号）行为知识图谱

✧ 地理位置知识图谱

✧ 广告主自身产品标签化知识图谱

不同颗粒度的“知识图谱”在解读同一条行为数据时候，得到的洞察深度也会不同。

✧ 这个消费者正在看我的竞品。

✧ 这个消费者正在看我的竞品的产品 A。

✧ 这个消费者正在看我的竞品的产品 A，最新的促销。

✧ 这个消费者正在看我的竞品的产品 A，促销价格比我的对标产品低 15%。

……

"知识图谱"的建立过程，往往是基于消费者全量数据，通过穷举法分析得到的。考虑到数据的多样性，高精度的"知识图谱"必定是借助 AI 实现的。例如掌握了消费者访问的海量 URL 数据，需要拿爬虫工具去获取所有 URL 对应页面上的文字，通过"语义识别"技术，给每个 URL 贴上对应的标签。

4.6 数据中台赋能的营销场景

如果用一句话形容数据中台在营销的作用，就是"赋予了市场部在数字营销领域的微观操作能力"。今天广告主在数字营销的投入越来越大，但同时流量红利越来越稀薄，造成粗放式营销方式的效率越来越低。广告主在遇见数字营销的瓶颈后，需要利用数据驱动整个营销闭环，提升营销效率。数据中台具体落地的主要场景如下。

4.6.1 程序化广告投放闭环

很多 2C 的大型广告主，有大量预算在数字广告领域，传统的做法有两种。

- ✧ 在媒体的固定点位（广告位置）进行 CPT（包时间段）投放。
- ✧ 广告主根据产品的客户画像，利用媒体 / 第三方数据源提供的数据标签进行精准投放。例如某母婴广告主的目标客户是居住在一二三线城市，25 至 35 岁的女性，广告主会询问各个供应商谁有所在城市、年龄和性别的 3 个数据标签，然后对接媒体资源后进行投放。

以上模式存在一些弊端。

- ✧ 第三方数据标签质量无法控制：外部数据源不会公开自己的算法，电商可能根据消费者经常购买女性产品，社交媒体可能根据消费者的注册性别为女，来判断这个消费者是女性，这种相对简单的逻辑和实际情况可能会有很大程度的偏差。
- ✧ 广告主无法输入个性化的需求：例如某母婴广告主希望接触正在购买"一段"奶粉的客户，这时除了广告主自己 CRM 中的客户数据，外部数据源没有能力提供这个字段。

当广告主拥有数据中台后，可以形成不断优化的程序化广告投放闭环，如图 4-5 所示。

1）广告主通过调研、历史经验等方式假设目标客户画像。

2）在数据中台提取广告投放人群包，在初期数据不完备的情况下，需要部分依赖外部数据源。

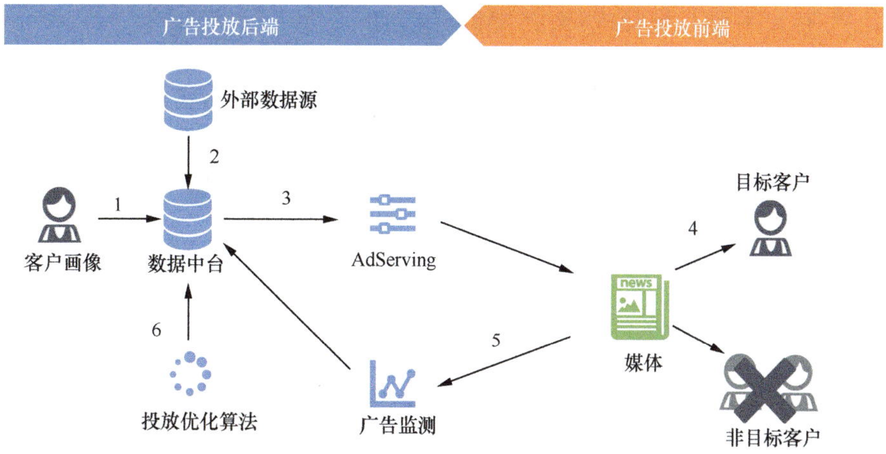

图 4-5　数据中台支撑的程序化广告投放闭环

3）数据中台连接 AdServing（广告投放服务器）后，设置投放策略（广告投放的物料、频次控制和匹配媒体等）。

4）对接 AdServing 和媒体，只有广告主指定的目标消费者出现在媒体的时候，才投放广告。

5）在广告监测过程中，能收集到消费者的行为数据，回传到数据中台。

6）通过投放优化算法，在数据中台中优化客户画像，再进入下一次运转。

4.6.2　贯穿业务全链的客户洞察体系

在企业业务链条上有 3 个节点关心客户洞察。

✧ 产品研究：需要清晰地对产品进行定位，指出产品的目标客户。

✧ 营销人员：需要为每次营销选择目标客户。

✧ 销售人员：需要了解已经进入购买环节的客户画像。

在实际运营过程中，经常会发现大家讨论的客户洞察并不在同一个口径中。例如某企业定位了一款针对“运动人群”的产品：对于产品研究人员来说，“运动人群”意味着每天跑步和打球的人；而对于营销人员来说，广告投放的“运动人群”可能是喝着可乐躺在沙发上用手机看足球比赛的人；而对销售人员来说，“运动人群”就是购买这款产品的客户。

由于口径的不一致，使得业务链条产生了前后端的信息不对称，降低了运营效率。而数据中台的建立，可以以统一数据为基础，结合调研、内部经营分析等方法，确保各部门统一口径的客户洞察体系。

4.6.3 “千人千面”和消费者转换路径的最优化

数据中台中存放了消费者的各类信息，通过分析能判断消费者当前的采购决策链阶段，再结合营销自动化工具后，就可以从消费者个体级别实现在最适合的触点上。以最适合的传播频率传递有针对性的内容，实现“千人千面”的营销，保证了消费者转换路径的最优化。

4.6.4 业务全链考核体系

对于企业来讲，收入是唯一有真正价值的考核标准。但是在大部分行业中，营销对于收入的直接拉升作用无法定量证明，因此传统的营销考核体系，都是建立在和销售数字有一定距离的中间变量上。在拥有数据中台后，广告主打通了前端营销和后端销售数据，实现了对于前后端全链的营销效果验证体系。

- ✧ 自有销售平台的验证：在打通营销 ID（设备号、微信 Open ID 等）和销售 ID（手机号）后，可以直接验证接收过营销的消费者带来的最终销售。
- ✧ 第三方电商的验证：京东和阿里都提供了 Ad to sales 的销售验证体系，广告主可以从数据中台提取接收过营销的消费者 ID。导给电商平台后，由电商出具这些 ID，在看到广告后的一段时间内，在电商平台上购买此商品的数量和总金额（但是无法出具清单级具体购买的消费者 ID）。
- ✧ 线下到店的验证：和第三方电商的 Ad to sales 模式类似，掌握了消费者线下定位数据的供应商（例如在线地图），可以验证接收过营销的消费者 ID，在固定时间内出现在线下店铺（通过地址围栏技术圈定范围）的消费者数量（但是无法验证这些消费者出现在店铺后是否有购买，也无法提供消费者的 ID 清单）。

4.6.5 行业个性化营销场景

在不同行业的数字营销中，除了“精准营销”外，有很多场景可以通过数据中台来做优化。例如在汽车、教育、B2B 等行业，“商机”是营销的最终产出物。在消费者递交需求（商机）后，广告主的外呼团队会跟进核实，最终转交给销售团队跟进。

广告主在这个场景下遇到的问题，是低质量的商机，往往会浪费大量呼叫中心成本。如果能通过前期数据的筛选，选择高质量的商机跟进，是广告主提升 ROI 的主要诉求。通过数据中台上的网站分析数据，能知道这个消费者递交商机时的操作行为，例如消费者从打开页面到递交商机只有 0.1 秒，或者同一个设备号，关联了多个手机号进行商机递交，很明显是虚假商机，根本不需要跟进。

4.6.6 和大型互联网企业的营销资源互换

在大型广告主和掌握了数据、媒体、流量等核心资源的大型互联网企业的合作中，双方可能不再是简单的甲方和乙方，而是复杂的共生、共荣、博弈的关系。

今天互联网企业都有着深入不同行业的诉求，而对于行业的理解，体现在对数据的收集、分析和运用的过程中。获取这些行业大数据，是互联网企业触摸各个行业实质的最快途径。当大型广告主建立数据中台后，数据中台上的数据和运营体系，可以成为进行个性化营销资源互换的核心筹码，例如在车联网、新零售等场景。

4.7 数据中台支撑的业务侧数字化转型场景

严格意义上，“数据中台”并非是营销技术专用的术语，数据中台的定位除了对于营销场景的支撑，还肩负着企业业务层面数字化转型的重任。由于数据中台是过于重量级的投资，很多企业选择先从稍轻量的 DMP、CDP 等模式开始，逐渐转型到最重的 Data Lake 模式。当企业拥有完善的数据中台后，能实现怎么样的业务侧场景呢？图 4-6 是智慧门店的场景图示。

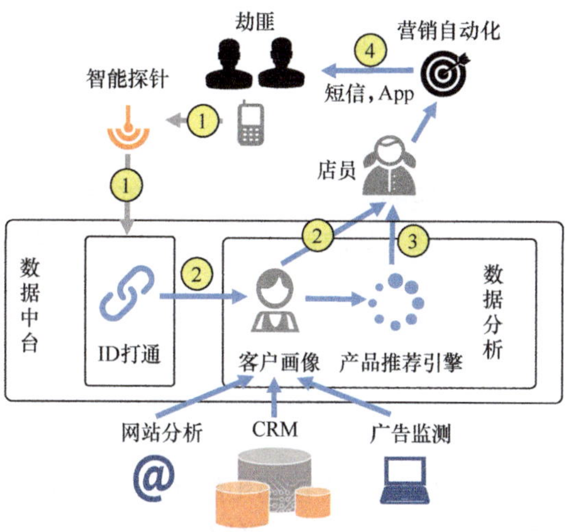

图 4-6 数据中台支撑的智慧门店场景

1. 客户进入银行的那一刻，随身携带手机和银行智慧门店体系中的智能探针进行了交互，完成了客户身份的识别。

技术路径解读：智能探针技术可以收集进入店面，并且开着热点搜索的手机 Mac#（基于网卡的唯一识别号）。作为消费者众多 ID 之一，要读取其他数据源的消费者行为数据，需要打通 Mac# 和消费者其他 ID。

2. 在识别了客户后，银行柜员叫出了客户的名字，并且知道他的诉求是房贷。

技术路径解读： 要实现这个场景，数据中台至少对接了 CRM 实名数据、网站分析和广告监测。要识别客户的需求，首先要打通门店收集的 Mac# 要和网站分析、广告监测的 Cookie/device ID。其次要甄别客户海量行为数据中的真实诉求。

3. 数据中台的算法模块在不需要柜员思考的情况下，实时推荐了最适合客户，在公开渠道看不到的利率方案。

技术路径解读： 可以想象银行有着庞大而复杂的产品体系，一个前台柜员不可能了解所有产品，要实时匹配消费者的需求，需要银行有着强大的 AI 算法体系支撑。

这个场景最妙的地方是，柜员给出的利率是在公开渠道看不到的定制化产品，在识别出客户是高度价格敏感型的情况下，能实时给出点对点的定价，保证了这个价格的市场不透明性。

说到"精准营销"，营销人普通想到的都是"千人千面"，给不同类型的消费者推送不同的营销内容，其实"精准"还有另一个极致，那就是"个性化定价"。利用数据完成产品定价的信息不对称，对于广告主来说，是看得见摸得着的真金白银。

4. 银行柜员直接通过短信把利率给到客户，并且在 App 中锁定这个利率让客户可以办理。

技术路径解读： 为了确保营销质量，营销触点的执行中往往集中在中央的市场部，但在这个场景下，通过营销自动化工具，银行将营销触点下沉到一线销售人员。

营销自动化工具连接了消费者数据，AI 算法驱动的产品推荐，以及触点工具（短信和 App），一线销售人员在被框定的范围内仍保有一定的灵活性，可以根据对于消费者的主观判断，实时选择发送的内容，趁着消费者的冲动期，推进销售的迅速落地。

4.8 构建数据中台时需要避免的潜在风险

上文中笔者介绍的都是数据中台对于营销和数字化转型的正面作用，但是笔者所见的数据中台项目中，仍有相当多的非技术原因的失败。数据中台没有发挥设想的效果，让广告很失望。在构建数据中台前，有哪些潜在风险需要了解和避免的？

4.8.1 数据中台中的数据孤岛

在上文中介绍了，广告主能收集到的清单级数据，按照消费者 ID 可以分为 4 大类。在建立数据中台的过程中，打通不同数据源看上去是一个天经地义的事情，其实却是最大的技术难点。在国外有专业的 ID 打通服务供应商（Data Onboarder），虽然成本高昂，但是多数据源的高打通率仍有可能。而国内由于数据合规等原因，并没有供应商提供单一的 ID 打通服务。

以图 4-7 为例，建立 5W-1H 的客户画像是数据中台最基本的应用，但是在现实中，低打通率造成的数据无法有效整合，得到的客户画像仍然是割裂的。数据中台起到的作用只是“把很多数据放在一个数据库中”，数据和数据之间，仍然处于无法打通的孤岛状态。

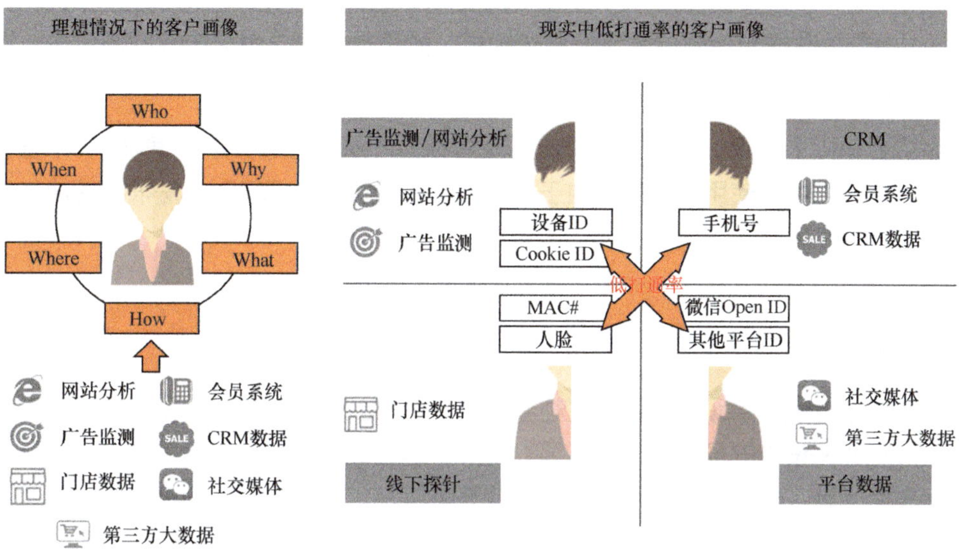

图 4-7　ID 无法有效打通造成的数据孤岛

广告主依靠自己的能力，常规的数据打通方式如下。

- 微信 SCRM 中的消费者手机认证，可以打通手机号和微信 Open ID。
- 会员 App 监测，可以打通 Mac# 和设备 ID。
- 广告监测数据，基于 IP 分析，可以打通不同设备 ID。
- 各种活动页面上留下注册手机号。

以上办法，不同数据源的打通比例，高度依赖广告主收集到消费者的数据量。由于几乎没有广告主的数据量能达到顶级互联网厂商级别，无法在自有体系内达到高打通率，因此有效的数据打通仍然需要依赖外部供应商。

4.8.2　数据源过多，造成数据治理陷入泥潭

数据中台对于多数据源的整合，并非合并原有数据库，而是从原有数据库中抽取需要的数据，通过 ETL 工具进行治理后，放在新的数据库中。当数据中台对接的上游数据源过多的时候，数据治理的难度就发生了质变。

✧ 不同数据源的格式统一：例如有的数据通过“男”“女”来标识消费者性别，而有的数据源通过“先生”“女士”，当对接新的数据源后，会面临需要在原有定义中插入新值的过程。

✧ 不同数据源的优先逻辑：例如数据中台对接了 10 个数据源，8 个描述某消费者为“男性”，2 个描述消费者为“女性”，那在数据中台中最终的描述应该是什么？这背后需要建立不同数据源优先级关系的复杂逻辑。

✧ 当某个上游数据源发生了变化（例如版本迭代，造成数据格式的变化），数据中台的数据治理模块就需要重新配置。如果数据中台对接的数据源过多，这样的重新配置就会永无止境。

为了避免以上问题，广告主的思维逻辑必须是“从实现场景到数据源”，不要在早期放入没想清楚如何使用的数据。由于技术是不断迭代的，把暂时无法很好解决的数据治理问题留给未来。

4.8.3 缺乏足够应用场景

在数据中台规划阶段，广告主往往会遐想足够多的应用场景。但是当数据中台上线后，会发现原来设想的场景效果不明显。此外，运营成本过高、数据安全、内部利益冲突等多方面问题，最终留存落地的场景远少于规划。

为了避免缺乏应用场景的现象发生，在数据中台规划阶段，广告主需要拿出足够多的精力去研究同行业的成功案例。对于场景实现的成本和收益有足够的精算，特别是重量级的 Data Lake 项目，笔者建议在规划阶段，广告主需要拿出固定成本做好数据中台的前期咨询项目。还有最重要一点：得到内部的认同感。行业里的重型 Data Lake 项目，往往是由企业一把手来主持。

4.9 数据中台发展现状

作为存放 PII 数据、支持非实时应用场景的营销数据仓库存世超过了 20 年，国内中大型广告主基本都有各种形式的数据仓库，而小型广告主也以 Excel 管理着自己的数据资产。

作为数据仓库进化版的数据中台，笔者所见，DMP 在 2015 年，CDP 和 Data Lake 在 2017 年左右随着跨国企业流入中国，一时间各种供应商拿着这些概念讲着不同的故事，让广告主非常迷惑。由于广告主的需求往往介于几种技术之间，经常出现的场景是广告主 CRM 或者 IT 部门支付预算，被称为“CDP”或者“Data Lake”，而媒体部的预算则被称为“DMP”。在 2018 年行业内开始使用“数据中台”概念，统称所有的营销数据库技术。

2018 年前后，国内市场突然爆发了极大热情，DMP 成为了广告投放预算超过 1 亿元的大型广告主的标配。快消、汽车、化妆品、餐饮等行业更加激进，不停探索和构建更深度的数据中台应用模式。

数据中台的爆发有着非常复杂的行业背景，笔者所见的核心驱动力有以下几个。

- 流量红利消失推动广告主构建私有流量池：2018 年是国内数字营销的转折年，全网的流量红利趋向枯竭，智能手机用户数和每个消费者每天观看广告的次数这两个核心数字不再大幅增长，这成为数字营销行业发展的天花板。各大媒体不再享受用户数量增长和新型广告形式增加消费者观看次数的流量红利，各自争夺的重点变成消费者广告浏览总次数的再分配。全网流量基本被少数互联网巨头掌握，并且在 2018 年出现了头条系（今日头条 + 抖音）这个破局者。由于流量被垄断，头部媒体对于广告主溢价能力增加，逼迫广告主开始构建自己的私有流量池，希望借此保持对媒体的话语权，变相控制成本。作为私有流量池的核心，数据中台虽然需要百万级人民币的投入，但是面对动辄数亿的广告投放费用仍是沧海一粟。如果数据中台能帮助提升媒体投放效率的 1%，对于大型广告主来说已经覆盖了数据中台的投资。
- 经济寒冬逼迫的流量精细化操作：2018 年下半年开始，整个营销界感受到了经济寒冬的影响，大量广告主削减预算，在预算下降的情况下如何提升效率是放在 CMO 面前的最大挑战。数据中台的最大作用就是赋能广告主精细化操作的能力，通过数据中台，广告主内部体系能够更好地运作，市场部能更好地向业务部门证明价值。
- 技术的成熟：过去三四年，头部的跨国广告主投入大量预算构建自己的数据中台，培养了一批本土的数据中台服务供应商。对比国外大型 IT 企业，这些本土供应商更懂中国市场，更灵活地和头部媒体进行对接，在这些供应商完成原始技术积累后，数据中台的价格也在不断下降。特别是 SaaS 模式的 DMP 最低已经降到百万人民币以内，相信在两三年内，就会出现 5 至 10 万元的 Lite 版本数据中台，开始吸引更庞大的中小型广告主群。
- 数据合规的推动：过去对于数据采集和使用还处于“法无禁止即可行”的粗放阶段，“数据合规”和“个人隐私”并没有受到足够的重视。在 2018 年，GDPR、网安法、GB/T 35273 等一系列法律法规的公布和严苛执行，使得广告主意识到“数据合规”的重要性，甚至很多大型广告主设立了高级别的“数据合规官”来专门应对数据使用中的合法合规性。广告主使用数据的正规化堵死了数据黑市的路，也使合规使用数据的技术核心——数据中台——迅速发展。

4.10 数据中台的未来发展趋势

作为营销技术中投入最大、技术最复杂的数据中台，是广告主数字营销能力之重器，在未来三年，我们能看到数据中台的几个发展趋势。

1. 线上数据向线下数据发展

今天营销数据中台中收集和使用的更多是线上数据（广告监测、网站分析、微信等），在 5G、线下探针、人脸识别、声纹识别等线下数据收集技术不断成熟，使用成本不断降低的情况下，广告主将需要探索数据中台线上和线下数据的融合，打通线上线下的营销和销售渠道，尝试创建新 O2O 模式。这也是零售、汽车、服务业等拥有大量线下渠道的传统企业数字化转型的重要部分。

2. 广告主自有数据分析能力的构建

在广告主“有数据”“有能力管数据”后，必然会探索对于数据价值的挖掘。今天外部的数据提供商和分析师都缺乏足够行业洞察力，从 2018 年下半年开始，笔者已经看到大型广告主在建立自己的数据分析团队。对广告主来说，只要投入就可以在短期内获取数据和技术，但是数据分析能力却来自内部长期的打磨，自有数据分析能力将成为头部广告主的独特行业竞争力。

3. CDO 的出现和崛起

国内数据中台项目的主导权，在不同广告主会归属 IT 部、营销部甚至管理层等不同部门，并没有明确的归属。在这些角色中，IT 部门精通技术却不在业务一线，营销部门懂得需求却对于技术一知半解，管理层虽有强大的资源调动能力却无法把握细节。国外同行也遇到了同样问题，最终的结果是广告主内部出现了一个新角色：CDO（首席数据官），如图 4-8 所示。CDO 在级别上和 CMO/CIO 平级，掌握着集团层面的数据分析团队和数据中台的数据运营资源。它的定位是企业数据中台的核心使用者，职能对上应对管理层的诉求，对企业数字化转型负责，横向作为需求者向 IT 部门要技术资源，作为服务者帮助营销部门解决数据驱动的营销问题。CDO 这个专业角色的出现和崛起，将把数据中台的价值最大化。

4. 更加严苛的 IT 数据合规和安全要求

随着数字技术的发展，利用数据和技术“作恶”的门槛越来越低，数据泄露造成各种民事和刑事案件越来越多，这是国内外不断更新数据合规立法，对于数据拥有方越来越严苛的背景。在享受数据中台带来的优势的同时，在 IT 层面遵守数据合规以及数据安全是大型广告主的一道紧箍咒。按照 GDPR 的要求，严重的数据合规问题最高处罚 2000 万欧元，或者前一财年全球收入的 4%。在建设数据中台的时候，甚至需要考虑预留数据合规以及数据安全的成本，特别是可能涉及正在出海的国内大型广告主。

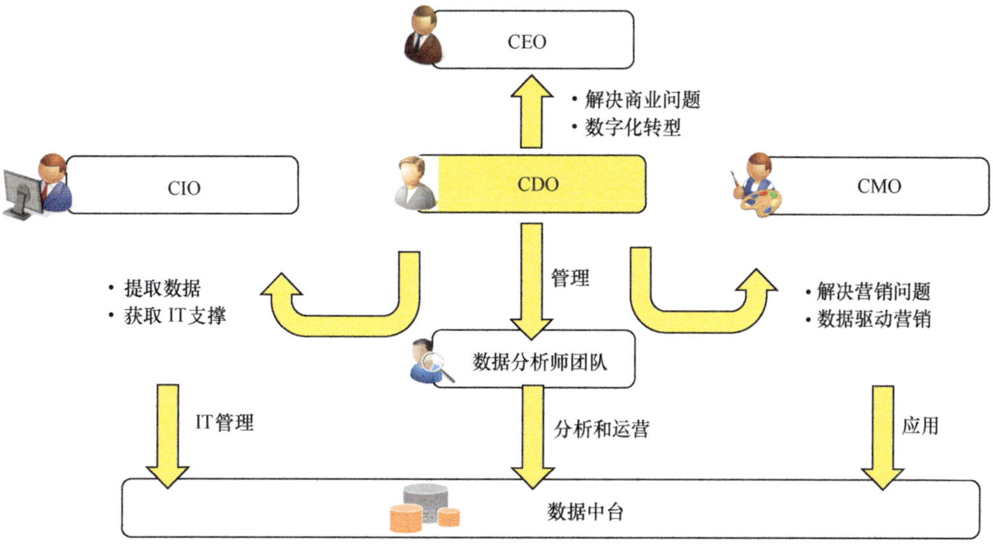

图 4-8　CDO 的定位和职能

第 5 章

营销测量

2018 年，美国的 GDP 大约为 20 万亿美元，广告费用为 1500 亿美元。作为营销费用一部分，广告费用都占据了 GDP 的 0.75%，而整体营销费用的预计比例在 1%，营销费用已经成为企业的最大成本项之一。

“百货商店之父”约翰 · 沃纳梅克在一百年前提出了营销界的哥德巴赫猜想：“我知道营销费用有一半是浪费的，却不知道被浪费的是哪一半。”按照此理论，无效营销上浪费的千亿美元，该如何控制？在数字营销时代，是否可以通过技术手段更好地进行“测量”，而推动进一步的“优化”来减少浪费？

5.1 测量的底层技术

营销测量的底层技术是通过代码实现的。在展开底层技术前，先介绍测量技术的第一种分类方法：按照测量对象，分为针对外部媒体测量的广告监测，以及针对自有渠道测量的网站分析。

- 广告监测：针对外部媒体的测量，广告主能进行的测量深度取决于媒体的开放程度，但是国内的强势媒体一般不允许外部组织在自己的页面上埋代码，或者只能埋设实现部分监测功能的代码。此外，由于国内数字广告生态环境复杂，广告监测的任务通常是由第三方来实现（笔者所在的秒针系统完成了国内超过 80% 的广告监测任务，每天的监测量在千亿级别）。第三方广告监测公司存在的意义，是作为广告主和媒体的中间桥梁，解决双方之间的信任问题，完成广告费用结算、消费者识别和反作弊等任务。
- 网站分析：针对的是广告主自有渠道的测量，虽然被称为“网站”分析，然而实际能够测量的渠道包括了官网、App、微信小程序等，只是行业里延用的仍是最早的词汇“网站分析”。对比广告监测，网站分析能按照广告主的意愿埋设各种代码，收集到更多类型的数据，但由于限定在广告主自有渠道，实际收集到的数据量相对较少。

回到测量的底层技术，由于针对不同终端（电脑、手机、Pad、智能电视等）有着不同的“埋代码”方式，接下来按照测量技术的第二种分类方式——埋代码所在终端——来展开介绍。

5.1.1 网页端的广告曝光 / 点击监测

我们每天浏览的网页都是基于浏览器软件的（例如微软 IE、Google Chrome、Apple Safari 等），通过在网页上埋设代码，能够知道网页是否被消费者打开、消费者是否点击了广告背后的 URL。

网页端的广告曝光和点击形式的广告和营销，包括以下类型。

✧ PC 电脑上各种浏览器上展现的广告（图片、Gif 动态图和 Flash 动画等）。

✧ 手机和 Pad 上通过网页浏览器，以及 App 中嵌入的 HTML 页面上展现的广告。

✧ 邮件浏览器（Outlook、Foxmail 等）收到的电子邮件中插入的广告。

图 5-1 是监测所用的曝光和点击代码样本，根据广告格式为非 Flash 广告（图片、文字）和 Flash 广告，代码稍有不同。广告主需要把第三方监测公司提供的代码埋在电子邮件中，或者交给媒体埋在广告展示的页面源代码中。

广告类型	曝光代码	点击代码
非flash广告	http://yktd.m.cn.miaozhen.com/x/k=2017308&p=6z9Zf&dx=0&rt=2&ns=__IP__&ni=__IESID__&v=__LOC__&nd=__DRA__&np=__POS__&nn=__APP__&o=	http://yktd.m.cn.miaozhen.com/r/k=2017308&p=6z9Zf&dx=0&rt=2&ns=__IP__&ni=__IESID__&v=__LOC__&nd=__DRA__&np=__POS__&nn=__APP__&o=

Flash广告	this._lockroot=true;
	_root.miaozhen_caid="2017308"; _root.miaozhen_spid="6z9Zf";
	_root.miaozhen_ext="&dx=0"; _root.miaozhen_domain="yktd.m.cn.miaozhen.com";
	if(!_root.mz_obj) _root.mz_obj=new Object();
	If(!_root.mz_obj.spl) _root.mz_obj.spl=new Array();
	var mz_spl=_root.mz_obj.spl;
	for(i=0;i<mz_spl.length;i++) {
	if(mz_spl[i]==_root.miaozhen_spid){mz_f=1;break;}
	}
	if(!mz_f) {
	import flash.external.*;
	mz_spl.push(_root.miaozhen_spid);
	var mz_a=System.security;
	mz_a.allowDomain("js.miaozhen.com"); mz_a.allowInsecureDomain("js.miaozhen.com");
	var mz_c=_root.createEmptyMovieClip(_root.miaozhen_spid,_root.getNextHighestDepth());
	mz_c.loadMovie("http://js.miaozhen.com/c.swf");
	//PLACEHOLDER-1
	}
		on (release) {
		
		getURL("http://yktd.m.cn.miaozhen.com/r?k=2017308&p=6z9Zf&ro=sm&dx=0&o=", "_blank");
		}

图 5-1 广告曝光 / 点击监测的代码样本

当消费者打开广告所在页面，或者点击广告背后的 URL 时，触发这条代码往第三方监测公司的广告监测服务器上发送一条信息。根据这条信息，第三方监测公司能了解此条广告被哪个消费者（识别 ID）所查看和点击，统一提供给广告主，图 5-2 所示是它的整个过程。

网页曝光和点击监测是最初级的监测手段，但却是绝大部分数字媒体允许的代码形式。需要强调的是，“广告曝光”测量的并不是真实的“消费者看到了广告”，而是广告所在页面被消费者打开，以下情况，消费者实际并没有看到广告。

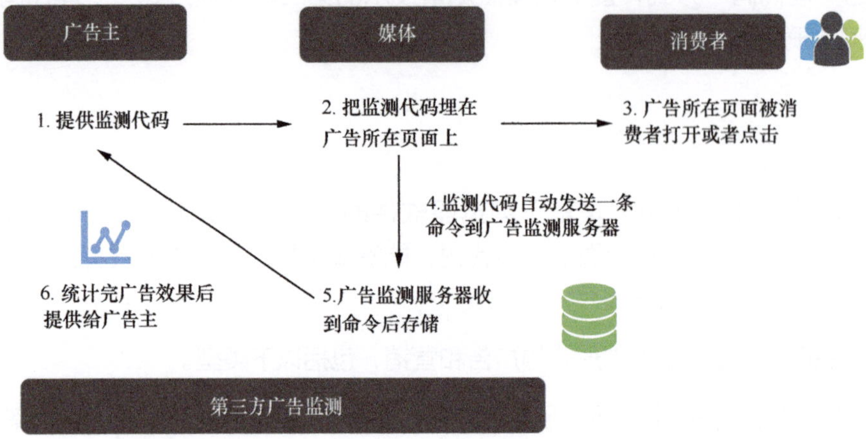

图 5-2　广告曝光 / 点击代码运行逻辑

- ✧ 广告所在页面很长，广告在很靠后的位置，消费者并没有下拉到广告所在位置。
- ✧ 消费者下拉页面的速度很快，广告在消费者眼前仅出现极短时间。
- ✧ 消费者由于误操作等原因，迅速关闭了页面。
- ✧ 消费者只看到了很少面积的广告。

广告主如果要验证“消费者是否看到广告”这个更复杂的目的，就需要使用 JavaScript。

5.1.2　JavaScript 代码（简称 JS 代码）

JS 代码和广告曝光 / 点击监测代码的运行逻辑相同，用于网页（含 H5）格式中测量消费者除了曝光和点击外的各种自定义行为。例如图片的展示面积、浏览时间、鼠标路径等。但由于 JS 代码会减慢网页加载速度，并且媒体也无力管控每一条 JS 代码都是“友善的”（没有恶意的埋设病毒等行为），很少有媒体愿意广告主或者第三方在自己的页面上任意埋设 JS 代码。现在国内只有少数媒体在大型广告主的压力下，开放了“可见性”的功能。JS 代码更多被用于广告主的自有渠道。图 5-3 所示是 JS 代码的 3 种常规场景：浏览热力图、鼠标轨迹图和广告可见性。

- ✧ 浏览热力图：当页面很长的时候，了解消费者在页面的哪段停留更长时间，即哪段内容更受关注。
- ✧ 鼠标轨迹图：消费者往往会有习惯把鼠标对准感兴趣的内容，把鼠标停留位置的时长按颜色标出，也能帮助广告主了解消费者感兴趣的内容。

- ✧ 广告可见性：测量指定内容在消费者屏幕上出现的可见面积和时间，例如 IAB（美国互动广告局）规定至少 50% 的广告面积出现在屏幕上超过 1 秒，才算是一次有效广告展示。

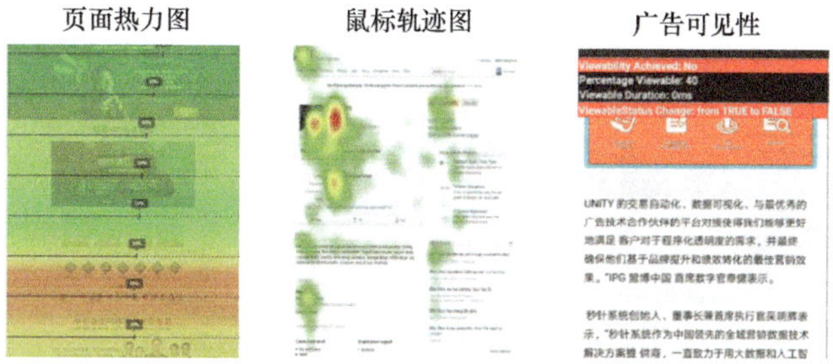

图 5-3　JavaScript 支撑的 3 种常规场景

5.1.3　Linktag

网站分析的代码能帮助广告主了解流量来源，例如消费者通过点击媒体 A 的广告来到官网，那么通过网站分析代码，广告主就能知道流量来自媒体 A，但若要想知道哪个广告内容、哪个广告位置、哪种展现形式起了作用，纯网站分析代码就显得无能为力了。Linktag 的目的就是让广告主了解更多流量来源的个性化信息。

媒体端的广告监测与广告主自有渠道的网站分析的打通，是通过消费者 ID 实现的，但是不同渠道收集的消费者 ID 并不一致，造成前后端数据无法完美拼合。例如消费者点击了 App 的开屏广告（基于设备 ID），来到广告主网页（基于 Cookie ID），两套 ID 的匹配（匹配率不会高于 50%），无法反映真实的流量情况。

而 Linktag 就是两套代码间的桥梁，在技术上就是一串 URL，实现的是消费者在媒体点击广告后，出现在广告主落地页前，有一个空白的跳转页，而这个跳转页的 URL 就是 Linktag。在 URL 中可以埋设大量定制化信息，如图 5-4 所示。

- ✧ 当消费者点击广告的时候，广告背后跳转的 URL 就是 Linktag。
- ✧ 消费者面前会出现一个空白页面，但是这个页面的 URL 在 HTML 代码后埋设了大量信息。在这个案例中，utm_source=SINA 代表了消费者点击的是新浪的广告；utm_content=baby 代表了消费者点击的是一张宝宝的图片；utm_campaign=China1 代表了这个营销活动的代码是“China1”。所有这些信息都是广告主自定义的，可以用任意值代表想获取的信息，多种信息通过“&”符号区隔开。
- ✧ 这个空白页在非常短时间内，又自动跳转到广告主想让消费者看到的落地页，消费者在跳转页的停留时间可能只有数毫秒，大部分情况下消费者并没有感知跳转页的存在。

✧ 广告主通过落地页上埋设的网站分析代码获取流量来源 URL（就是 Linktag 代码），通过解析其中的信息，对于流量来源有了更好的理解。

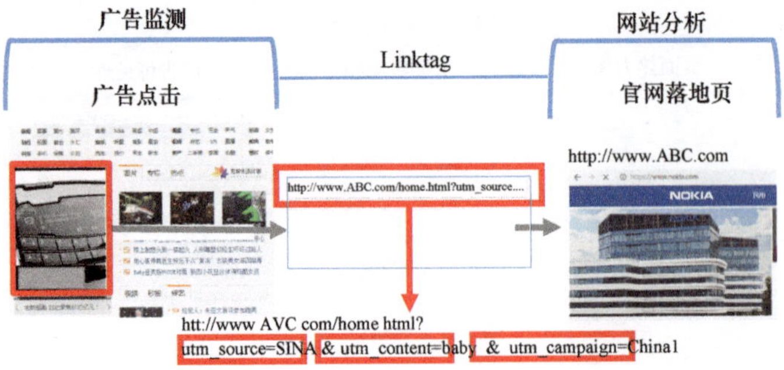

图 5-4 Linktag 的实现方式

5.1.4 网站分析代码

类似于第一种广告曝光 / 点击，基于网页端的测量代码。对比数据分析师手工写代码和开发分析系统，广告主往往会使用第三方提供价格更低廉、性能更成熟的系统（秒针网站分析、百度统计、Google Analytics、Adobe Omniture 都是此类工具）。广告主需要把网站分析代码埋在自己官网页面上，在第三方提供的分析平台上（如图 5-5 所示），就能看到自有网页的流量分析情况。

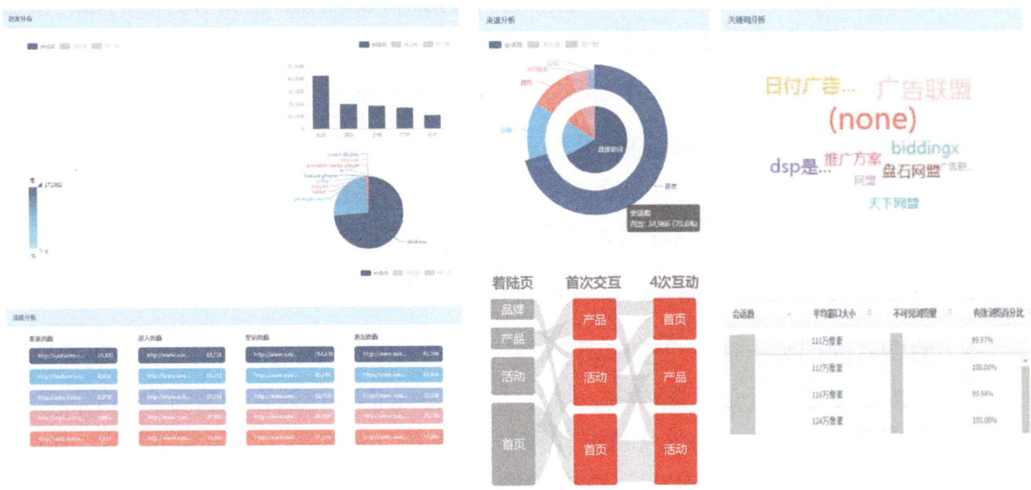

图 5-5 网站监测前台可视化平台样本

✧ 流量来源。

✧ 消费者 Cookie ID 。

✧ 流量的跳转（上下页的转换）。

- ✧ 页面停留时长。
- ✧ 消费者在站内的搜索行为。
- ✧ 异常流量排查（通过消费者网页行为的合理性，判断是否虚假流量）。

5.1.5 SDK

移动端 App 开发和网页开发有着很大不同，主要是通过一些标准 SDK 套装（软件开发工具包）和小部分个性化工具来实现的。打个比方，开发网页就好像做蛋糕，一层层往上刷奶油，随时可以嵌入一串测量代码；而开发 App 就好像搭积木，每块积木都有固定的功能，无法随意更改。要对 App 的消费者行为进行测量，必须在 App 开发过程中嵌入用于“测量”的标准化 SDK 模块。考虑到加载 SDK 会影响 App 的打开速度，因此 App 的制作者只会嵌入极少数的行业通用 SDK。例如在广告监测领域，媒体的 App 往往会使用中国无线营销联盟公布的开源测量 SDK。

SDK 能测量的消费者行为除了常规的曝光、点击、可见性、跳出等行为外，还包括了消费者是否安装了 App（返回安装 App 的设备 ID）、是否打开了 App、是否删除 App 等行为。

5.1.6 埋点

广告主针对自有移动端 App 的测量，除了使用行业通用的标准 SDK 模块，还可以进行定制化的埋点（简单理解为 App 端的 JS 代码），用于测量消费者的个性化行为，例如表单的注册、不同页面的跳转逻辑，等等。

和网页端的前端广告监测和后端网站分析数据的打通，需要基于多种消费者识别 ID 的低打通率不同，App 前后端测量数据的打通，可以通过 SDK 和埋点收集的同一套设备 ID 实现。如图 5-6 所示的场景，消费者在手机上看到广告主在某媒体 App 上投放的广告，点击广告后跳转到 App 应用下载商店，当消费者点击下载安装并打开这个 App 后，通过 App 上埋设的代码，就能知道安装 App 的消费者来自哪个媒体的广告。

5.1.7 智能拍屏

以上提到的测量技术当用于广告监测的时候，都是基于广告主对于媒体的完全信任，相信媒体会把代码加载在正确位置，每次广告的展示和点击都是来自媒体许诺的流量资源。但是在现实中有些媒体会恶意造假，例如以下几种情况。

- ✧ 媒体没有把广告投放在广告主指定的页面上，而是在“黄赌毒”或者“八卦”等大流量低质量的页面上。

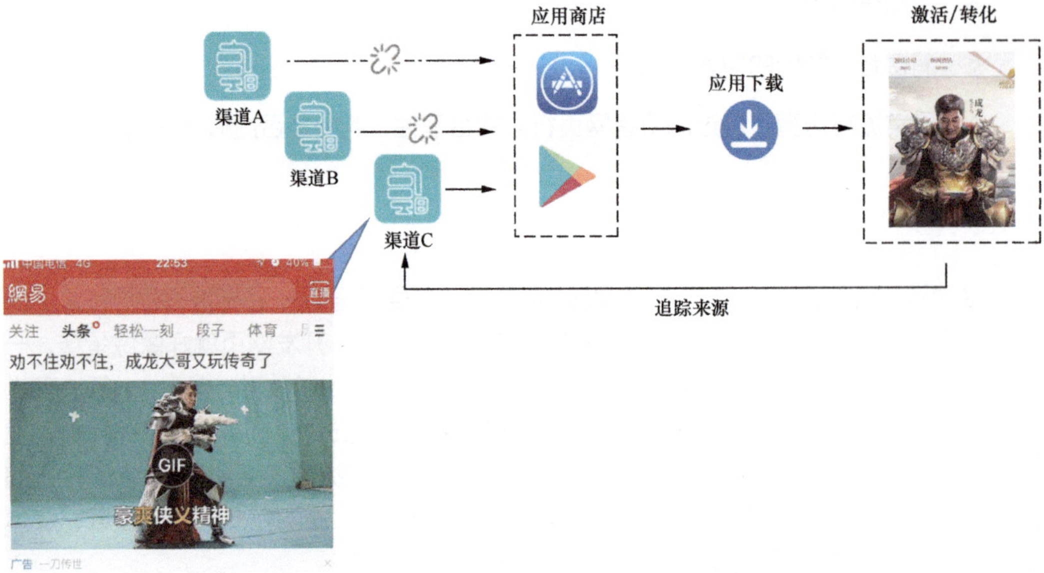

图 5-6 消费者点击移动端广告安装 App 行为的追踪测量

- ✧ 媒体在一个页面上加载多条代码，明明消费者只看到一次广告，但是因为曝光代码被重复加载了 3 次，就会按照 3 次计费。
- ✧ 媒体把同一广告位卖给多个广告主，同时加载了多张广告图片，但是只有叠在最上层的那张能被消费者看到。

“智能拍屏”是针对恶意媒体以上行为的反作弊手段，最简单的理解就是等同于电脑键盘上的“Printscreen”键或者手机上的拍屏键，来捕捉实际消费者看到的屏幕图片，再进行筛查广告是否被正常展示。拍屏的方式有两种。

- ✧ 媒体允许加载拍屏代码，广告展示后进行拍屏，回传给广告主进行证明。但是考虑到拍屏图片回传会消耗流量，因此不可能每次广告展示都进行拍摄，只会抽样检查。
- ✧ 没有在媒体上直接加代码，而是广告主或者第三方监测公司在手机或电脑上打开媒体承诺广告出现的页面进行拍摄，观察广告是否被正常展示。多用于社交媒体或者固定广告位的广告形式，很难测量定向的精准营销。需要强调的是，拍摄的过程也触发了广告展示，需要给媒体结算费用，因此也只能使用小样本作为抽样检查。

5.1.8 API 接口

API 是在数据合规的前提下，通过技术对接数据提供方和接收方，自动传输数据（不是通过电子邮件、U 盘等形式）。很多媒体并不愿意在自己的页面和 App 上加广告主或者第三方的测量代码，但是在广告主的强烈要求下，愿意把自己测量到的部分数据通过 API 接口回传给广告主（在假设媒体回传真实数据的前提下）。例如，微信不允许在公众号和图文推送中加上监测代码，但是通过 API 形式可以为广告主提供的部分数据。

- ✧ 用户数据：公众号关注者的微信 Open ID，关注者在自我介绍列填写的基础属性，例如性别、所在地域。
- ✧ 营销反馈行为：广告主每篇图文推送的打开者，分享者的 ID 和基础属性。
- ✧ 深度活动行为：和广告主进行支付、微店购买等深度互动的行为数据。

5.1.9 A2S 销售验证

大部分电商平台会为大型广告主提供销售验证（A2S，从广告到销售）服务，实现方式是广告主提供在营销过程中收集到的消费者识别 ID（通过广告监测、网站分析等技术，ID 的类型只要电商数据库能识别就可以，例如广告主把一堆微信 Open ID 给到淘宝，淘宝肯定是无法给出结果的，大部分情况下行业通用的是设备 ID），电商平台基于自己的数据观察这些 ID 在被营销后的一段时间内，是否在自己的电商平台上购买了对应商品以及金额，来证明广告主营销最终带来的收入情况。这种看上去把营销和销售直接关联的“完美测量”方式仍有一些注意点。

- ✧ 受数据合规和消费者隐私的约束（在第 7 章中会介绍）：电商平台一般只会对数量过万的数据进行验证，并且只提供统计级报告，不会提供清单级数据，即不告诉广告主具体到单个消费者的购买情况。广告主和电商进行的清单级数据交互也是通过系统对接，并且在双方约定的数据加密规则约束下进行。
- ✧ 这种验证方式只能打通能够收集消费者 ID 的数字营销和电商的销售，在消费者采购决策相对复杂的情况下，只基于电商销售来评定数字营销的效果会有失偏颇。例如消费者在购买前看过 1 次数字广告和 10 次线下广告，不能因为线下广告无法收集消费者 ID 而否定其价值。同样，当消费者看过数字广告后去了线下店购买，不能因为电商不知道线下的购买数据而否定数字广告的作用。

5.1.10 二维码

作为线下向线上引流的最佳利器，二维码本身就是一串类似 Linktag 的字符串，可以通过落地页的网站分析代码来了解其来源、Campaign ID、内容类型等各种信息。例如广告主在线下的 100 个户外广告位投放了 4 种不同的图片内容，每个图片都带有个性化的二维码供消费者扫描，其中埋设了标注广告位和广告内容的信息。通过在扫描二维码后到达的落地页上埋设的代码，就可以知道哪些广告位的哪些内容更多被消费者扫描。

5.1.11 真人样本库

以上提到的测量办法都是基于复杂营销技术的“大数据测量”，而在实际的数字营销执行过程中，广告主还会在营销后的评估过程中使用传统的调研方法，结合真人样本库进行“小数据测量”。图 5-7 就是大型广告主常用的“大小数据结合”的测量模式。

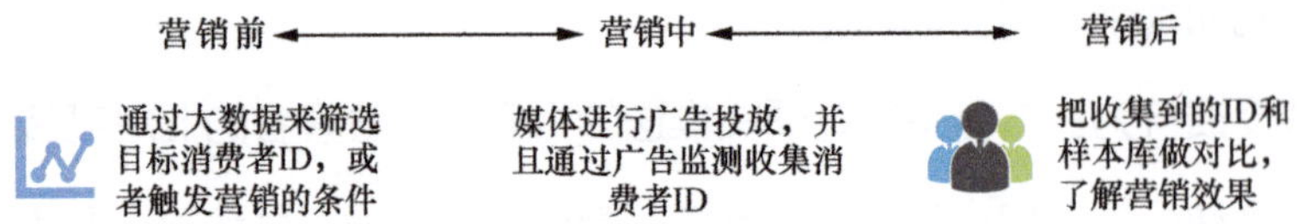

图 5-7 大小数据结合的营销测量模式

- ✧ 营销前：广告主在各种大数据平台（第一方数据中台、第三方外部服务等）上选择目标消费者 ID，或者限定触发营销的条件进行营销。
- ✧ 营销中：媒体根据广告主限定的条件进行营销，并且通过广告监测技术，收集看过、点击过广告的消费者 ID。
- ✧ 营销后：广告主把收集到的消费者 ID 交给第三方广告监测供应商，供应商在事前会建立真人样本库（给样本消费者支付酬金，来获取他们的 ID 以及基本属性，包括年龄、性别、学历和收入等，取得进行测量研究的许可。并且需要根据统计学来保证样本库和全量人口属性分布保持一致，减少样本偏差），再把这些看过广告的 ID 和样本库进行对比，为广告主提供看到广告的消费者画像来论证营销效果。

虽然这种“小数据测量”并不是让人眼前一亮的高科技，但是“大小数据结合的测量模式”却是在大数据数量大但是精准度低，小数据数量小但是精准高之间找到的最好平衡点，也是下一节提到一个核心营销测量参数 Reach（到达数）的实现方式。

5.1.12 眼动 / 脑电仪

您可以设想这样的场景：在街头进行真人调研的时候，大部分年轻女性在勾选年龄的时候都会选择“18 岁以下”，在进行“小数据测量”的时候，消费者的反馈中有相当比例并非是真实情况。因此，诞生了当前测量技术中的黑科技：眼动 / 脑电仪（也被称为神经营销学），主要实现的是消费者对于营销内容是否感兴趣，以及感兴趣程度的测量。

- ✧ 眼动仪：可以简单理解为通过摄像头和人工智能算法，捕捉消费者眼球的转动，来测量消费者对于不同内容的关注度。例如消费者看到一个页面时，到底专注于哪个区域，这个区域是什么样的内容，目光停留时长来判断兴趣度等。
- ✧ 脑电仪：戴在消费者头上，通过测量消费者脑电波，来了解消费者看到营销内容后的正负面情绪，以及感兴趣程度。

当两个仪器配合使用的时候，就能在消费者不开口反馈的情况下，快速了解消费者的真实想法，以下是常见的使用场景。

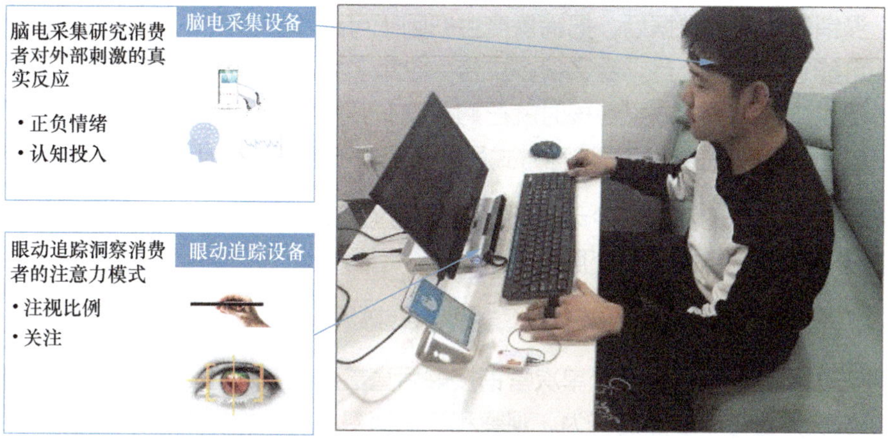

图 5-8　使用了眼动 / 脑电仪的真人测量

- ✧ 广告主拍摄了一段视频广告，素材长达数小时，广告主希望剪辑到 20 秒进行广告投放。为了找到需要保留的 1% 内容，可以请一些目标消费者，戴上眼动 / 脑电仪后看下反馈数据，把反应最激烈的时间点记录下来，然后通过眼动仪找到原因（例如突然出现一个消费者喜欢的明星等），基于这些测量结果进行剪辑。
- ✧ 广告主制作了几个不同的营销图片，想知道不同消费者的偏好，就可以请不同类型的消费者分别戴上眼动 / 脑电仪进行测量，了解这些消费者对于不同图片的反馈。

5.2　基于测量技术的营销考核

“其实我就想知道你们的营销到底带来多少收入！”不知道有多少老板对市场部负责人这样咆哮。营销效果的评估其实是一个非常复杂的体系，在今天商品和信息严重过剩的时代，消费者购买的每件商品背后都有复杂的决策过程，包括对于品牌的认知、对价格的认知、对功能的认知、对卖点的认知，等等。目前对于效果评估的测量方式有两种。

- ✧ 按过程量：不考虑最终销售，按照广告浏览量、线下会议的参加人数、软文转发量和出现在老板朋友圈的刷屏次数等过程量进行考核。这种考核方式相对简单粗暴，但在执行层面不需要依赖复杂测量技术而容易实现，常常被没有强大测量能力的广告主使用。缺点是纯过程量存在造假的可能性，而且无法向公司证明收入效果。

✧ 按“最后一个馒头”：一个极度饥饿的人来到饭店点了一盘馒头，在吃到第十个的时候饱了，在结账的时候痛骂饭店老板：第十个馒头让我饱了，你为什么要给我前面九个？另一种常用的考核方法和“最后一个馒头”的逻辑类似，在打通销售和营销数据后，把销售产生归因于可追踪的最后一次营销。例如消费者可能思索了两个月，看了很多广告，收集了大量资料和对比的情况下最终购买了某款汽车。在效果考核时就把购买汽车归因到最后一次的广告触达，而忽略前面所有营销的作用。这种方式虽然听上去不合理，但从技术上容易实现。

而随着测量技术的演进，今天营销人试图通过测量技术和数据来构建的更完整和合理的营销考核体系，包括了 3 个层面。

1. 微观层面：单个消费者接受单次营销触达后的效果评估，即“最后一个馒头”方式

这种方式是假设消费者接受单次营销接触后直接产生了销售，通过测量技术收集消费者在采购决策链每个节点的行为，观察和评估消费者的转换历程。今天通过“大数据测量”和“小数据洞察”的结合，能测量的消费者采购决策链的节点包括以下几种。

✧ 看到广告：消费者在各种触点形式上看到广告，包括了“展示”和“可见性”两个节点（5.1 节详细介绍了两者的定义和区别）。

✧ 点击广告：消费者对于广告产生反馈，点击或者扫描了广告上的二维码。

✧ 到着陆页：消费者在点击广告后，跳转到广告主官网、微信公众号、活动页面等广告主自有触点上的“着陆页”。

✧ 深度互动：消费者在广告主的自有触点上进行复杂的深度互动，例如预约试驾（汽车行业）、加入会员、产品询价、下载白皮书（B2B 行业）等行为。

✧ 购买：消费者在看到广告后，通过各种形式完成了购买，包括在广告主自有渠道购买后（自有电商平台、线下店、呼叫中心等），通过 CRM 系统记录的消费者信息；在第三方电商平台购买后，电商平台提供的消费者信息（供产品邮寄）；但今天第三方线下渠道的销售尚无好办法追踪消费者信息，例如快消品（洗发水、饮料等）在大型超市进行销售，超市不会将购买商品的消费者信息提供给广告主。

✧ 正确的消费者看到广告：以上 5 种行为是“大数据测量”，以下两种行为需要结合真人样本的“小数据洞察”，例如“是否是正确的消费者看到广告”。利用上文提及的真人样本库，广告主在广告推送后收集看到和点击广告的消费者 ID，通过样本库来分析这些消费者是自己目标的比例。

✧ 消费者对内容感兴趣：当广告主千辛万苦让正确的消费者看到广告的同时，也担心自己的广告内容是否能打动目标消费者。要追踪“消费者是否对内容感兴趣”需要用到上文提及的“眼动 / 脑电仪”，实现途径是请符合目标消费者筛选条件的真人戴上眼动 / 脑电仪，追踪真人对于广告的反馈。

在不同触点对以上不同消费者节点进行测量，在技术实现路径上有着很大不同。

- ✧ 完全数字化触点：可以追踪到消费者个体 ID 级的行为，主要是网页端（PC 以及在手机，App 上通过网页形式出现的营销形式）和移动端（手机、Pad 上的 App 行为）。
- ✧ 半数字化触点：可以追踪到展现广告的触点设备 ID，但是无法追踪看到广告的消费者 ID，例如 OTT 电视（智能电视或者机顶盒），可以知道哪台智能电视在播放广告，但无法得知在电视前哪些消费者在观看。它主要包括智能电视广告和智能户外广告（OOH）两种形式。
- ✧ 围墙花园：大型互联网公司，基本不会为广告主提供清单级数据，广告主也无法在触点上埋码进行个体追踪。
- ✧ CRM 触点：广告主自己可控的 CRM 触点，包括短信和电子邮件，可以通过技术追踪到个体级的消费者行为，但由于是基于 CRM 数据（手机号、电子邮件），覆盖面会远小于其他数字化触点形式。
- ✧ 非数字化触点：包括了品牌植入（在电视剧、网络综艺等内容中植入广告的 Logo 和介绍等）和其他非数字广告（非智能的户外广告，给消费者邮寄的印刷品等形式），无法通过技术追踪到消费者个体。

图 5-9 是消费者采购决策链各测量中的各个节点，在各种触点形式中的测量技术。

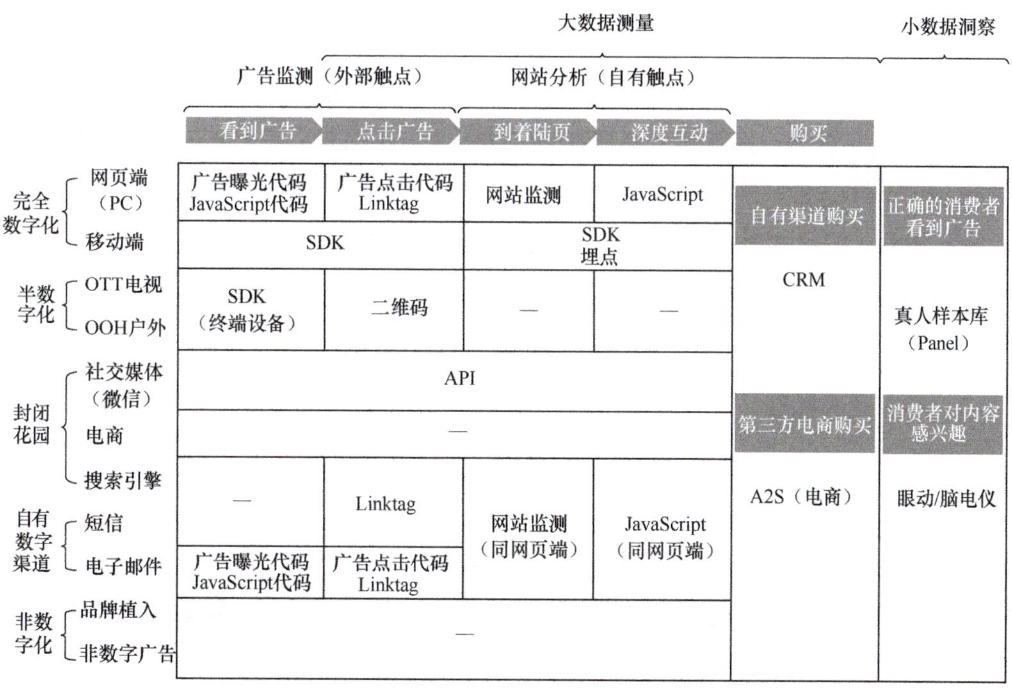

图 5-9 单个消费者对于单次营销触达的评估体系

通过测量技术，能够追踪到单个消费者在转换过程中每个节点的行为，但要将这些行为拼合出消费者的完整转换路径，需要打通各种技术收集到的消费者 ID。图 5-10 是基于图 5-9 中所列技术点背后的消费者 ID 识别体系。关于 ID 打通的技术实现路径，在第 2.3 节“构建营销技术闭环背后的数据运营闭环”中有具体解释。

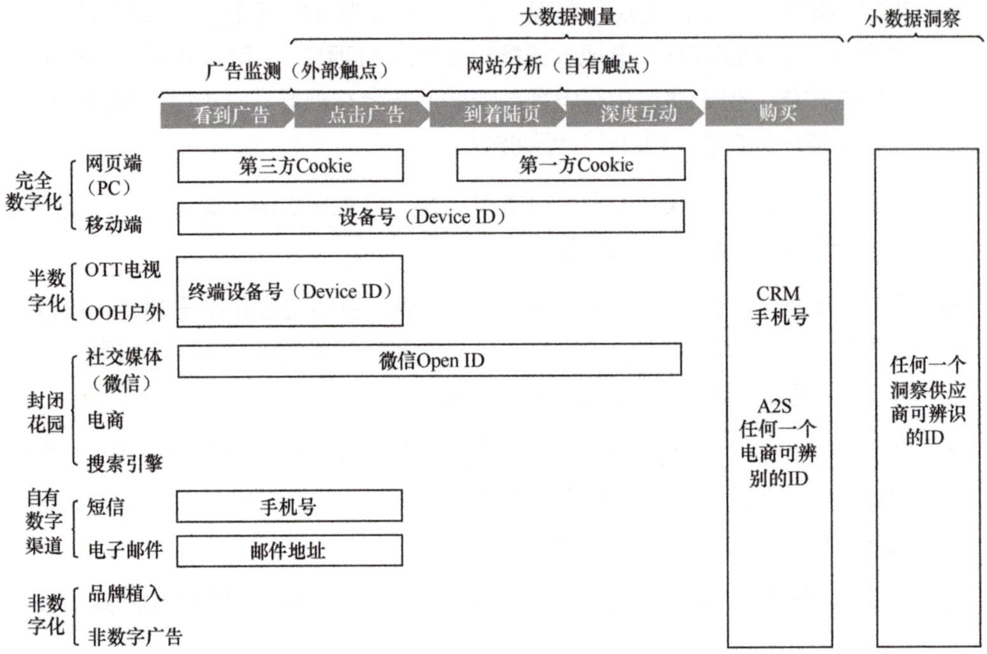

图 5-10　消费者转换路径中，每个节点能收集到的消费者识别 ID

需要强调的是，没有两种 ID 可以完全匹配，任何消费者前后端行为数据的拼合都会带来一定的流失率。追踪每个消费者的转换路径，在现实中是无法实现的。例如，在现有的技术能力下，广告主无法在下面情景下获得高质量的测量结果。

- 看过 OOH 户外 /OOT 电视广告的消费者，最终是否有购买。
- 电商平台上看过自己广告的消费者，是否有在线下实体店进行购买。
- 看到广告主微信公众号软文的消费者，在非腾讯系电商（淘宝、京东和苏宁等）中是否有购买。

2. 中观层面：单个消费者接受多批次营销触达后的效果评估

上文介绍“最后一个馒头”的微观测量是今天技术上能实现的主流测量方式，但在现实生活中，消费者很少会因为只看到一个广告就马上激发兴趣并且直接完成购买。如何评定“多批次营销”对于单一消费者影响作用的“中观测量”，实现路径远比“微观层面”复杂。

“中观测量”并没有引进新的营销技术，而是打通更多的消费者行为数据，再通过算法来评估不同营销活动的影响力权重，这样的算法在行业中被称为 MTA（Multi Touch Attribution，归因算法模型）。例如，汽车广告主会在假设消费者决策链时间为 6 至 8 周的情况下，收集大量消费者买车前这段时间的所有行为，分析消费者在决策链各个时间点，不同营销方式的价值权重。例如 60% 的消费者会在决策链早期在社交媒体上查看各种车型的评价；80% 在决策链中期在汽车垂直媒体上进行车型对比和询价；70% 会在决策链后期在汽车销售网站上填写预约试驾信息。基于以上分析，汽车广告主能更好地了解消费者的转化路径。

需要强调的是，现实中的广告主既无法收集所有的消费者行为数据，也没有强大的 ID 打通能力来连接消费者所有的行为数据碎片，而且还要面对单个消费者采购决策链的随意性和复杂性，因此中观评估的目标是庞大消费者基数的共性。即任何单体消费者的部分行为数据都可能被错失，但是当消费者数量足够大，收集的行为数据足够多时，在单条数据中错失行为数据，在大数据前错失的几率就会大大下降。中观评估解决的问题，是在消费者不同采购阶段的营销方式和资源配置的最优化。

上文提及的 MTA 算法实现路径如图 5-11 所示，输出数据为根据不同消费者画像，不同营销方式的预算建议分配比和先后顺序，而输入数据包括以下内容。

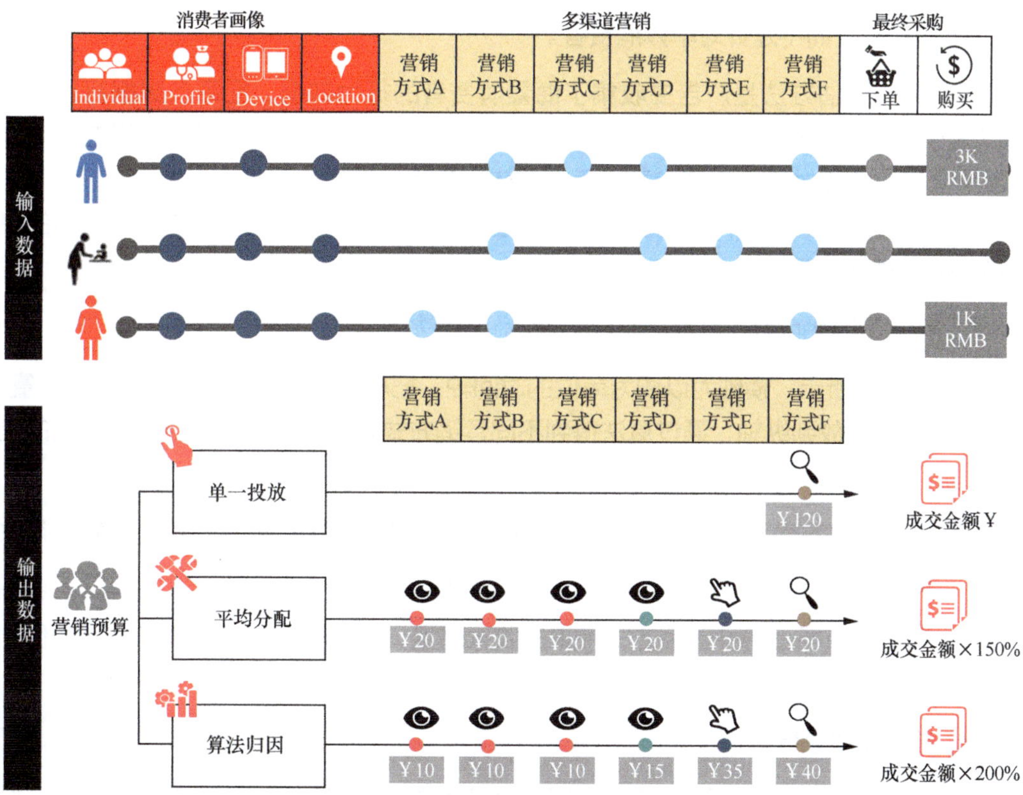

图 5-11　多渠道归因算法模式

- ✧ 采集到 ID 背后的消费者画像标签。
- ✧ 每个 ID 在购买前经历过的营销接触。
- ✧ 最终采购的商品和金额。

以下是按照行业经验，广告主按照 3 种方式分配营销预算后产生的不同效果对比。

- ✧ 单一投放（微观评估）：按照“最后一个馒头”的评估方式，把所有预算放在产生最终销售的最后一种营销方式。
- ✧ 平均分配：把预算平均分布在历史上所有消费者，在产生销售前接受的各种营销方式，效果大约是单一投放方式的 150%。
- ✧ 算法归因（中观评估）：按照算法，把预算按照一定比例分配到各种营销方式中，效果大约是单一投放方式的 200% 以上。

3. 宏观层面：消费者群体接受多批次营销触达后的效果评估

“宏观层面”的评估同样会使用各种技术对消费者行为进行测量。但和“微 / 中观”评估方式不同的是，宏观层面不做个体消费者的 ID 打通，只把所有测量数据打上分类标签。通俗点说，就是把所有数据放到固定的“细分市场”里，后期所有的分析都是针对“细分市场”，而不是针对单体消费者。

最常用的评估办法是广告主收集了海量消费者的行为数据，把每条数据打上地域（省 / 城市）时间（一般为周）和营销方式（XX 媒体）的标签，这样就能知道在每个城市每种营销方式接触消费者的次数。再把广告主的销售数据（来自财务或者 CRM）同样打上城市和时间的标签，就能在细分市场维度把营销和销售数据进行连接。常用的算法和分析模式有以下两种。

1）MMO（Marketing Mix Optimization）算法

如图 5-12 所示，横轴为以周为单位的时间轴，把在细分市场上发生的营销数据量，以及销售收入量放到纵轴，通过算法得到不同营销方式对于收入的带动作用，产出的是两条线。

- ✧ 如果不进行营销，在细分市场因为历史上消费者对于广告主品牌的认知，带来的销售收入作为基准线。
- ✧ 在细分市场上各种营销方式带来的收入增量，以及不同资源体量的配比最优化方案。

2）城市效率分析

不需要复杂算法，只需要打通营销和销售数据，就可以进行城市效率分析。图 5-13 所示为快消品行业案例。

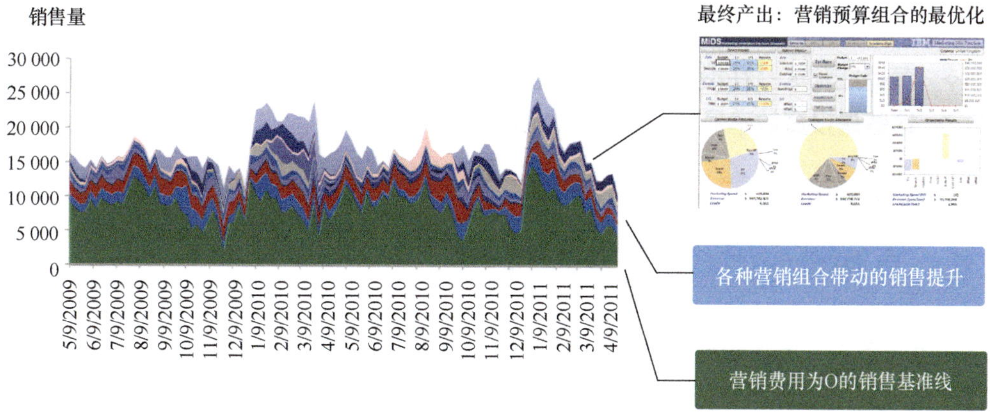

图 5-12　Marketing Mix Optimization 算法

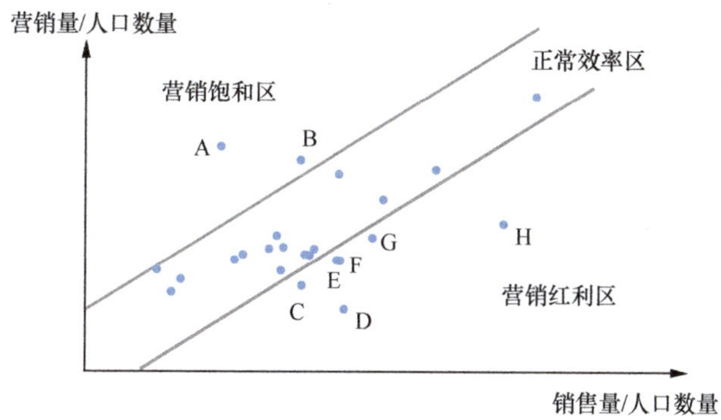

图 5-13　快消品行业的城市效率分析

- 横轴是每个城市在一段时间内的销售量除以人口数量（对于快消品，例如洗发水、饮料，每个消费者都有购买需求和购买能力，所以把人口数量直接作为目标人群数量的分母），反应的是销售产出度。
- 纵轴是相应时间段内，在每个城市所做的营销数量除以人口数量（营销数量是投资预算，营销覆盖的消费者数量、营销接触次数等），反应的是营销投资度。可以理解为每个目标消费者被平均投资的数量。
- 图上每一个点是一个城市。

全图被分为以下 3 个区域，广告主可以根据这一张图的分析结果，在不同城市间进行预算分配的优化。

- 正常效率区：按照全国平均水平，在城市级别的投资平均回报，有超过一半城市是这种情况。
- 营销饱和区：在投资相同情况下，回报数量小于全国平均水平。可能由于消费者品牌认知固化等各种原因，对于广告主来说这些是投资效率最低的城市

（A、B）。

- ✧ 营销红利区：在投资相同的情况下，回报高于全国平均水平。对于广告主来说这些是投资效率最高的城市（C 至 H）。

5.3 营销测量的评估参数体系

在上一节中，笔者介绍了如何利用测量技术进行各种形式的营销评估，本节将继续展开评估背后的定量参数体系。由于在营销全链中的前端（广告、外部媒体触点）、中端（广告主自有渠道）和后端（销售）所使用的测量技术和得到的数据类型都不相同，营销测量的参数体系在前中后三端都是不一样的。图 5-14 所列的是行业常用参数。

广告监测（外部触点）

- 曝光（Impression）
- 可见性（Viewability）
- 点击（Click）
- 点击率（CTR）
- 触达数（Reach）
- 触达比率（Reach%）
- 多次触达（N+Reach）
- 留资数（Leads）
- 行为数（Action）
- 重合度（Media Overlap）

网站分析（自有触点）

- 访问量（PV，Page View）
- 独立访客数（UV，Unique Visitor）
- 到达率（Landing Rate）
- 跳出率（Bounce Rate）
- 页面停留时间（Time on Page）
- 回头率（Return Rate）
- 会员数（Membership#）

销售

- 商机转换率（Leads Conversion Rate）
- 销售量（Revenue）
- 消费者数量（Consumer#）
- 复购率（Repeat purchase rate）

图 5-14 营销测量的定量评估体系

5.3.1 前端广告测量参数（针对外部触点）

在广告端由于使用的是外部触点，测量参数除了用来评估营销效果，还作为广告主和媒体的结算依据，以下是常用参数。

1. 曝光

消费者打开载有广告内容页面的次数，CPM（Cost Per Mille，每千次曝光的价格）是今天大部分媒体的标准报价模式和常规测量方式。这种方式的优点是测量简单，缺点是消费者并不一定能真实地看到广告，并且存在单个消费者面前广告曝光次数过多的问题。例如媒体的 CPM 价格是 10 元，媒体在这个页面上放了 100 个广告（假设广告主没有配置频率控制），当消费者打开一个页面的时候，广告主则需要为了消费者的这个行为付出 1 元的成本。

2. 可见性

在上文也介绍过，“曝光”参数并没有反应消费者是否真正看到了广告内容。通过复杂的代码可以限定广告内容在消费者面前出现的时间和面积，来保证消费者真实看到广告。今天只有少数媒体针对大型广告主提供基于可见性次数的结算。

3. 点击数

消费者点击广告的次数，CPC（Cost Per Click，每次点击价格）也是大部分媒体提供的一种基本结算方式。

4. 点击率

点击数除以曝光量的比例，不会以此结算，但是作为广告主评估媒体是否优质的核心参数（同样的曝光量有更多的点击数，代表这个媒体上有更多广告主的目标消费者）。

5. 触达数

也被称为 TA Reach（Target Audience Reach），是目标消费者中看到广告的总人数。例如，广告主在某个城市针对年龄在 20 至 25 岁的女性投放广告，一共有 100 万人看到这支广告，其中有 10 万人是 20 至 25 岁的女性（不管分别看过多少次数），触达数就是 10 万。触达数包括下文提及的一系列延伸参数，但很少作为广告主和媒体的结算依据，只在快消品、美妆、餐饮等希望用最少的钱覆盖最多的目标消费者的行业，来衡量营销效果。

6. 触达比例

基于触达数的延伸参数，指的是在所有目标消费者中的覆盖比例。下面仍然使用触达数的例子：某城市一共有 500 万人口，20 至 25 岁女性的数量在 20 万，如果看到广告的目标消费者 /20 万 =50%，意味着广告主已经覆盖了一半的目标消费者。

7. 多次触达

也被称为 TA N+Reach，这另一个基于触达数的延伸参数。N 代表广告曝光的次数，例如 3+Reach 指的是看到 3 次以上广告的目标消费者数量。这个参数的理论技术是广告主认为今天消费者被埋没在各种信息中，只有在短期内让消费者看到 N 次广告，才会让消费者有最基本的记忆，算是一次“有效触达”。N+Reach 被用来控制在有限曝光数量和有限的可触达消费者数量的情况下，让更多的消费者看到足够多的广告次数，减少大量目标消费者看到广告数量不够和过多两种极端的情况。

8. 留资数

在汽车、银行信用卡、B2B 等领域，广告主希望消费者看到广告后直接留下购买意向信息（商机），供销售团队跟进。例如，消费者点击了汽车广告后会来到一个预约试驾页面，消费者可以留下姓名、手机号和感兴趣车型的信息，汽车广告主在确认后安排消费者到线下 4S 店试驾。CPL（Cost Per Leads，每商机价格）是少数媒体开放给大型广告主（特别是汽车行业）的测量和结算标准。

9. 行为数

在某些行业，大型广告主希望和媒体按照完成某些规定行为的消费者数量进行结算，例如下载 App、游戏在线时长等。CPA（Cost Per Action）是大型广告主让媒体接受的个性化结算方式，上文的 CPL 也可以被视为一种特殊的 CPA。

10. 重合度

大部分广告主不会把预算投到单一媒体渠道，因此消费者有可能在多种触点看到同一个广告。在 ID 打通后，广告主可以评估不同媒体间的重合度，来分配媒体间的预算。

5.3.2 网站分析参数（广告主自有触点）

相对于前端广告的测量，网站分析不需要考虑跨平台跨终端等问题，参数的设置和获取相对简单。

- ✧ 访问量（PV，Page View）：页面的访问次数。
- ✧ 独立访客数（UV，Unique Visitor）：访问页面的消费者 ID 数量，例如某页面被 30 个 ID 访问了 100 次，则 PV=100，UV=30。
- ✧ 到达率（Landing Rate）：消费者在外部媒体点击广告后，成功跳转到落地页的比例。例如，前端媒体有 100 次广告点击行为被测量到，但是只有 60 次到达官网，则到达率为 60/100=60%。到达率低的主要原因，一是消费者发现自己误点前端媒体广告后迅速关闭了页面，二是落地页面加载速度太慢，例如在落地页上有一段很大的视频素材，影响了消费者打开页面的速度，在落地页的代码起效前，消费者已经关闭了页面。
- ✧ 跳出率：消费者到达页面后关闭页面的比例。例如页面被消费者打开 100 次，但有 30 次消费者直接选择了关闭页面，跳出率就是 30/100=30%。跳出率参数往往被用来评估页面的内容是否吸引消费者，以及页面是否有技术问题等。
- ✧ 页面停留时长：消费者在页面上的平均停留时间，用来评估页面内容是否吸引消费者。
- ✧ 回头率：页面的浏览者中有多少是浏览过同一页面的二次访问者。
- ✧ 会员数：在广告主会员系统中成为会员的数量，例如微信公众号的关注者数量。

5.3.3 销售参数

营销和销售数据的打通仍然是行业难题，通过销售数据的测量参数只能有限证明营销的效果。

- ✧ 商机转换率：前端广告侧从接收来自媒体的商机，到最终商机的成单率。例如汽车行业在媒体投放了一轮广告，产生了 100 个预约试驾，之后有 70 个消费者实际到店，15 个购买了汽车，商机转化率就是 15/100=15%。
- ✧ 销售量：实际产生的收入金额。某些同时拥有营销触点和销售通路的渠道（例如电商），能够在自有体系内完成营销触达与销售的闭环，因而可以通过销量收入直接证明体系内的营销效果。CPS（Cost Per Sales，每销售营销成本）是广告主和媒体结算的所有模式中最简单粗暴，但也是试错成本最低的方式。
- ✧ 消费者数量（Consumer#）：购买商品的消费者数量。
- ✧ 复购率（Repeat Purchase Rate）：购买商品的消费者中老客户的比例。

5.4 无效流量的测量

自世界上有了第一个互联网广告开始，“无效流量”（Invalid Value Traffic，也被称为广告作弊、虚假流量等）就一直作为数字营销生态圈的黑暗面存在。

- ✧ 灰色流量：消费者误点、网络爬虫等行为让广告主支付了广告费用，却没有让消费者真正看到广告。这种无效流量来自各种原因，但并非系统性造假。
- ✧ 黑色流量：被行业诟病最多的“虚假流量”或“广告作弊”。为了骗取广告主预算，广告黑产中的“作弊者”利用技术手段故意造假。例如，今天的数字营销生态圈中会经常听到某某明星刷虚假粉丝量；某某广告主被薅了羊毛，损失上亿等新闻。甚至有营销人会绝望地问：既然流量都是假的，那为什么还要做数字营销？

对于无效流量，其实在复杂的技术识别手段、游戏规则、行业标准和结算依据面前，总体上是可控的。特别是有经验的大型广告主，在每笔营销预算中都会留出一小部分用于无效流量的识别。对于恶意作弊者，实际能薅的羊毛大多来自缺乏经验和议价能力的中小型广告主。

关于无效流量，如果要完整展开介绍，至少需要数十万字的庞大篇幅，笔者在本书中只能蜻蜓点水，简单拆解其体系运转的基本逻辑。

5.4.1 无效流量的现状

如果您经历过 20 年前的第一次互联网大潮，一定记得一种口口相传的神奇赚钱方式：在国外某些网站注册后，只需要去点击网站上发布的广告，每次可以赚取数美分，如果点得勤快点，一天可以赚到数美元。而点击的到底是什么广告，其实根本没人关心。这就是最早形态的广告作弊，是以最原始的“人肉众包”形式完成的。

曾经有个 B2B 行业广告主和笔者聊天：在花费了数十万元购买了数字广告后，当天网站的浏览量就翻了数十倍，但奇怪的是留资（B2B 的数字营销方式，广告主吸引客户在自己的主页上，留下姓名、电子邮箱、所属公司等联系方式来获取邮件订阅、白皮书下载、在线客服等服务）的数量没有任何改变。笔者看了广告主官网的网站分析底层数据，发现了以下几个现象。

- ✧ 绝大部分的流量出现在晚上 11 点到凌晨 6 点。
- ✧ 大量浏览只是短时间出现在首页后，就迅速离开。
- ✧ 超过 1/3 的流量来自国外。
- ✧ 绝大部分流量来自 PC 端，操作系统中超过 1/3 为非中文版本（意味着打开广告主官网后看到的都是乱码）。

笔者告诉他，这笔预算只能当学费了，很明显这是“作弊者”利用远程控制软件，操作大量中了“木马病毒”的电脑进行的作弊行为：当某台电脑中了木马病毒并且在线的时候，发布病毒的人可以远程控制电脑打开广告所在页面，模仿点击后，来到广告主主页赚取广告预算。之所以选在晚上，是因为如果白天进行操作，消费者会在屏幕上看到自动弹出大量浏览器，这样就知道电脑中毒了，然后对木马进行查杀，造成“作弊者”可控制电脑数量的减少。很多人有晚上不关闭电脑并且在线（下载电影、跑程序等）的习惯，“作弊者”主要操作的就是这些中毒的电脑来实现广告作弊。

以上方式是相对初级的作弊技术，笔者和广告主开玩笑，这几十万广告经费可能作弊者都看不上（对比汽车、快消品等行业动辄数亿的广告经费实在太少）。通过最基本的几个参数就能识别，连稍微“真实”点的数据都懒得去做，这是支不专业的作弊团队。

根据英国 Juniper Research 公布的数据，2018 年全年全球广告主因广告欺诈所遭受的损失预计约为 190 亿美元；而根据秒针发布的《中国互联网广告异常流量 2018 年度报告》，国内的生态圈因为无效流量占据了总流量的 30.2%，损失的费用约为 260 亿元人民币。图 5-15 就是以上报告的两张截图：按照曝光异常计算，现在无效流量最严重的前十大行业分别是母婴、交通（含汽车、出行）、美妆、金融、家居、网络和通讯、医药、视频饮料、IT 产品以及零售；如果按照广告形式来看，最严重的 3 种媒体是垂直媒体、广告联盟和门户资讯。

而无效流量中广告作弊的手段也从传统的人工作弊和初级的自动安装软件，到今天的规模化、精细化操作。根据由秒针和腾讯灯塔共同发布的《2018 年广告反欺诈白皮书》，今天广告黑产造成的“黑流量”占了无效流量的一半，即所有广告流量的 15% 左右。图 5-16 是广告作弊最常用的手段：手机墙，也被称为“鸡场”（Chicken Farm），

即用一台电脑 + 群控软件来操作大量手机进行广告曝光、点击、安装 App 等行为，骗取广告费用。如果按照一台最廉价的智能手机成本 1000 元，每天点击 100 次广告，每次点击 0.2 元计算，50 天时间手机硬件成本就回来了，这是多么可怕的投资回报比！

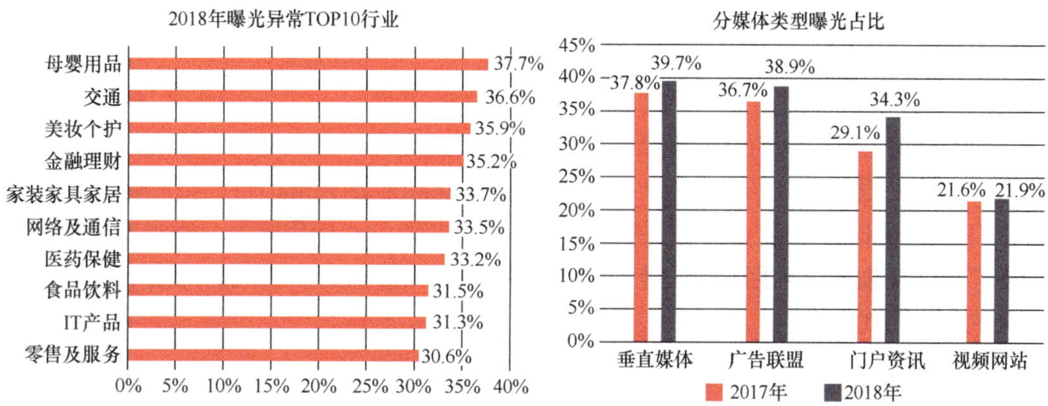

图 5-15 《中国互联网广告异常流量 2018 年度报告》无效流量现状

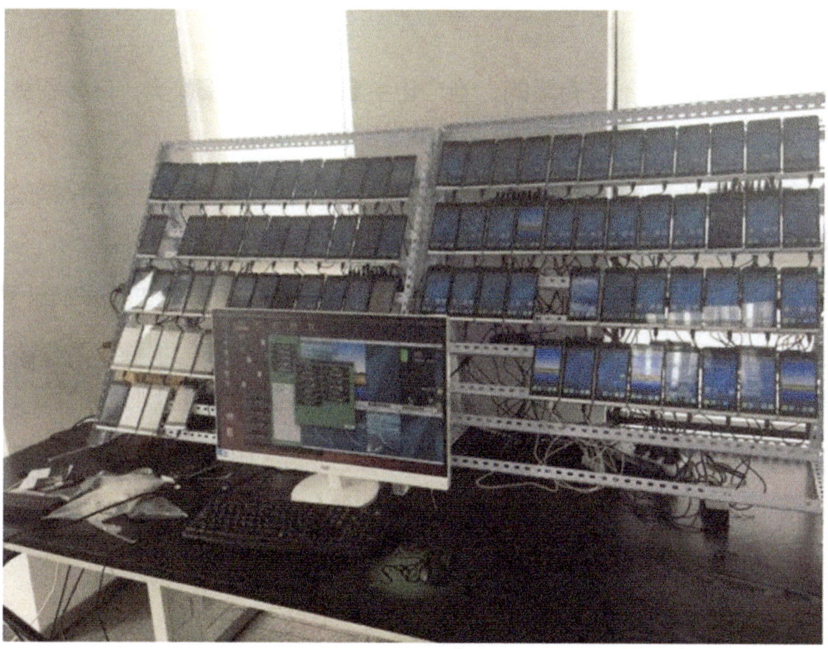

图 5-16 广告作弊中的手机墙

广告作弊技术中有个重要资源就是 IP 地址，初级的反作弊技术是识别 IP 地址。例如，同一个 IP 地址点击了过多次的广告，针对北京的广告发现了来自上海 IP 地址的点击等行为，都能迅速识别作弊。高级作弊者的“鸡场”背后都有大量 IP 地址资源进行支撑，作弊者通过算法大致猜出反作弊的规则后，每台手机可以定期变换 IP 地址来躲避追踪。

5.4.2 无效流量的来源

看完上一节，估计您对无效流量已经深感恐惧，这节我们将展开无效流量的不同来源，以及简单介绍背后的技术逻辑。

1. 消费者的误点

这是最好理解的灰色流量来源，当消费者的电脑屏幕、手机屏幕上出现大量广告的时候，不小心误点是在所难免的，最常见的误点是 App 的开屏广告，当消费者在手机上打开 App 的时候，会出现几秒的满屏广告再跳转到 App 使用界面，消费者很容易触碰到广告，当发现误点后又会马上关闭，这就造成 App 开屏广告成为点击率和跳出率最高的广告形式之一。

2. 广告主故意为之

在社交媒体、App 下载市场、服务业点评网站等领域，广告主希望通过“刷榜”、虚假粉丝等手段增加被关注度。

3. 以次充好

每个媒体的优质流量都是有限的，当广告主拿着大笔预算购买，有些恶意媒体或者媒体采买供应商就会考虑“以次充好”，以下是部分的形式。

- ✧ 一个广告位上同时加载多张广告主的广告图片，消费者看到的只是放在最上面的那张，叠放在下面的几张图片，广告主仍需要为之付费。
- ✧ 在同一个广告位放上多个广告监测代码，对一次广告曝光进行多次计费。
- ✧ 站内流量的偷梁换柱。例如视频网站的包剧，母婴广告主指定的是家庭和睦主题的剧 A，但是媒体 / 媒体采买供应商替换成凶杀暴力的剧 B。
- ✧ 在站外的劣质流量平台放上广告主给到的监测代码和广告物料，告诉广告主广告曝光在自己的页面上，而实际并非如此。
- ✧ 拿爬虫软件刷自己平台的流量。

4. 广告黑产的作弊

这是最恶劣、最难甄别的无效流量来源。今天的反作弊手段是通过消费者 ID 的合理性、行为的合理性，以及各种黑白名单组成的。小部分有技术背景的作弊者通过分析猜测各种反作弊的算法，来制定针对性的作弊策略，常规方式如下。

- ✧ 鸡场：上文介绍，一个技术高手、一台电脑、一套群控软件、大量手机（价格比电脑便宜得多）就能实现。

- ✧ 流量劫持：技术高手通过木马病毒，掌握大量真实消费者电脑的控制权，这种方式比鸡场的投入成本更低，但是无法在消费者注意的时候刷量，同时需要长期应对杀毒软件。
- ✧ 手工刷量：在汽车、房地产等行业，广告主是通过 CPL（Cost Per Leads，每商机成本）进行结算。每条商机（预约试驾）只需要包含消费者姓名 + 手机号的简单数据就可以结算，而单条商机的价格高达数百到数千元，这就出现了真人刷量的可能性。作弊者通过软件批量递交手机号和姓名，再雇佣低成本人员接听广告主打来的核实电话。

由于反作弊技术的不断进化，广告黑产也相应产生了上下游协同的复杂生态体系。图 5-17 来自《2018 年广告反欺诈白皮书》的简单示意图，由于本文的宗旨并非教授黑产的技术实现路径，这块内容的介绍在此终止。

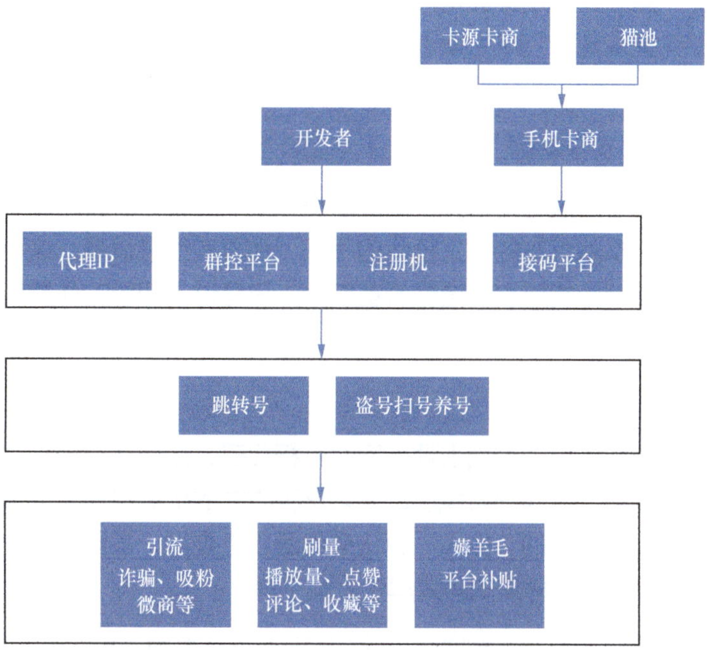

图 5-17　广告黑产的生态体系

5.4.3　无效流量的甄别技术

现在对于无效流量的甄别并不依靠新的技术，而是对广告监测、网站分析、智能拍屏等测量技术获取的数据进行深度分析，来甄别流量的合理性。反作弊的算法涉及数百种，以下是相对简单可理解的常用方式。

- ✧ 曝光时间异常：消费者打开和浏览广告所在页面时间的合理性。例如消费者一秒内完成打开网页、点击广告、跳转到广告主落地页的一连串行为。

- ✧ 浏览器分布异常：消费者使用的浏览器的合理性。例如大量流量来自某款低端智能手机的浏览器。
- ✧ 时间分布异常：消费者浏览广告的时间合理性，例如大量浏览发生在半夜。
- ✧ 地域分布异常：消费者 IP 地址对应的地域分布合理性，例如大量流量来自某个城市。
- ✧ 短时间大量曝光或规律性曝光：消费者在不同平台看到广告时间间隔的合理性。
- ✧ 消费者行为轨迹异常：消费者浏览广告或者网页的行为合理性，例如消费者打开广告所在页面后，直接拉到最后播放页面底部的广告。
- ✧ ID 异常：消费者 ID 的合理性，例如显示手机的操作系统是 iOS，但识别 ID 却是安卓 ID。

由于具体反作弊的算法定量都是行业的机密，因此这里无法展开详述。笔者用上文提及的汽车行业“真人刷量”作为案例，解释虚假商机识别的技术路径，整个过程分为 3 步。

1. 通过商机递交的手机号甄别

如果同一个手机号在短时间内大量重复递交，很明显就有作弊的嫌疑；而如果这个手机号是之前购买过本款汽车的车主预留的号码，那真实性就很高。这种方式的优势是不需要额外技术，缺点是能甄别的虚假流量很少，只有过于初级的作弊者才会大量递交同样手机号的假商机。

2. 过商机递交的页面行为甄别

在汽车广告主递交商机的页面上埋上网站分析代码，获取递交预约试驾时的在线行为，符合以下行为越多，则作弊可能性越高。这种方式的优势是技术成本低廉，覆盖面广，缺点是当作弊者有强大的“拟人”算法来规避以下规则，甚至连递交商机的动作都通过真人实现的时候，以下算法的有效率性就会下降。

- ✧ 在页面停留时长过短：例如在一秒内完成打开页面、填写信息、递交商机的动作。
- ✧ 页面流转不合理：例如商机递交页面往往都在汽车广告主官网的二、三级目录，当递交的动作是直接打开递交页面，而不是从广告点击或者从主页逐步点击跳转进入，只能说明商机递交页面被保存在递交者的收藏夹中。直接点击进入，不符合常规逻辑。
- ✧ 其他内容的浏览：递交者没有浏览车型介绍、报价、最近的 4S 店等页面，直接进入预约试驾，也不符合常规逻辑。
- ✧ 递交表单是否可见性：在商机递交页面上埋码，观察预约试驾的表单是否真实出现在递交者的屏幕上。

3. 通过外部的个人征信数据

拿递交的手机号和外部个人征信数据源做匹配，考虑到成本，作弊者往往会使用最廉价手机费用套餐的手机号进行作弊，因此这个手机号对应的各种付费信息（手机费、水电煤等）都会缺失，同时也没有任何关联的金融行为。当这个手机号的征信信息为空，或者评分很低的时候，基本可以判断为作弊。这种方式的优点是有最佳效果和覆盖率，缺点是价格高昂，通常单条数据都在几元到几十元。广告主往往需要进行核算，到底是花费预算进行反作弊，还是任由虚假商机损耗营销成本。

5.4.4 无效流量甄别的行业标准：GIVT 和 SIVT

在整个数字营销生态圈中，不可否认有大量“作弊者”的存在，但他们大多是希望“挣快钱”的小作坊；而作为行业中坚的媒体、数字营销机构、营销技术公司等中大型角色，则希望净化生态圈环境，保持广告主对于数字营销的信心和预算投入。

但是落地具体执行的时候，“卖流量”的供应商和“买流量”的广告主之间又是利益冲突的。由于无效流量的复杂性，除了非常明显的流量作弊外，还存在部分不符合逻辑但并非作弊的中间地带，这时双方希望由可信的第三方制定行业标准，在双方利益中间找到平衡点。在数字营销生态圈中，协会扮演了这个角色，目前国内普遍认可以下机构。

- ✧ IAB：Interactive Advertising Bureau，美国互动广告局
- ✧ MRC：Media Ratings Council，美国媒体评级委员会
- ✧ 中国广告协会互动网络分会
- ✧ MMA CHINA：中国无线营销联盟

制定的无效流量识别标准分为两个等级。

- ✧ GIVT（General Invalid Traffic）：通过使用多种黑白名单或者标准化参数等常规过滤方式，可识别出的无效流量，可以理解为常规反作弊算法。
- ✧ SIVT（Sophisticated Invalid Traffic）：复杂无效流量，需要通过高级分析，多方合作与协调，乃至人工介入等方法才能分析和辨识，可以理解为高级反作弊算法。

由于 SIVT 会涉及更多数据，需要更强的算力支撑和多方合作，广告主使用 SIVT 的成本会高于 GIVT。图 5-18 和图 5-19 是两者的定性解释，在不同的协会的定义会稍有不同。

中国广告协会互动网络分会	MMA CHINA
■ 机器人和爬虫或其他伪装成合法用户的流量数据以及非浏览器用户代理头或其他形式的未知浏览器带来的流量 ■超出频次、时间间隔等目标设定的流量数据 ■ 通过隐藏/堆叠/覆盖或其他方式导致用户无机会看到正常广告内容的流量 ■ 已知的来自数据中心的流量 ■ 预获取或浏览器预览的广告流量 ■ 已知的来自高危或者作弊来源流量 ■ 基本信息缺失或不一致的流量	■ 非浏览器用户代理头或其他形式的未知浏览器带来的流量 ■ 来自声明的机器人爬虫的流量 ■ 依据投放项目维度的参数设定，超出合理访问频度、访问时间间隔等目标设定的流量 ■ 已知的来自数据中心的流量执行了预加载、且没有指定加载后触发时间的流量 ■ 媒体方发起的对广告主提供的点击链接的定期例行检测流量 ■ 来自已知高危作弊来源的流量，依据预设列表判断 ■ 带有非法参数及字符的流量，包括通过伪造等非正常手段生成的唯一标识等关键参数 ■ 基本信息缺失或信息矛盾的流量

图 5-18　GIVT 的解释

中国广告协会互动网络分会	MMA CHINA
■ 劫持设备以及设备中的会话 ■ 非法劫持广告创意和操纵流量 ■ 内容盗用、伪造、虚假展示 ■ 恶意修改、插入或删除Cookie内容以改变用户访问记录 ■ 操纵或伪造位置数据以及相关属性 ■ 无效代理流量（即来自中间代理设备的无效流量，包括通过代理设备操纵流量计数、创建/传输非人类流量或无法通过协议验证的流量	■ 高度模拟真人访客的机器人和爬虫流量 ■ 广告插件、恶意软件产生的流量 ■ 被劫持的设备产生的流量 ■ 虚拟化设备中产生的流量 ■ 被劫持的广告代码产生的流量 ■ 广告伺服时故意隐藏、叠加，掩盖、自动刷新或使过程模糊 ■ 通过作弊代理服务器产生的流量 ■ 以金钱补偿为动机的操纵测量数据行为 ■ 伪造的可见性曝光判定属性参数的流量 ■ 篡改或重复使用窃取获得的Cookie信息的流量

图 5-19　SIVT 的解释

5.4.5　无效流量测量的未来——区块链

今天营销测量技术已经能抑制无效流量的存在，之后需要做的就是针对可能出现的新型作弊手段的发现和技术迭代。由于反作弊主要依靠的是测量数据和算法，因此，拥有更大的数据量就意味着更强的反作弊能力。今天各种测量数据是散落在第三方广告监测、网站分析等供应商和广告主自身手中，要在不同角色间互相分享数据来进化反作弊算法，需要更多数据的互联互通。因此，在今天的营销技术环境下没有实现，更多是商业因素的考虑而并非技术。

在未来可见的营销技术中，能实现这种数据共享的技术是大名鼎鼎的区块链。谈到区块链，由于市场上有太多相关书籍，笔者不再展开，只说区块链的 3 个特性：可定向开放、可加密和不可篡改。这些特性正好符合数据交易过程中的合规要求，在反作弊领域，多个数据拥有者通过区块链可以在保持数据所有权和不泄露的前提下，分享各自对于流量作弊数据的认知，提升行业的反作弊能力。

2019 年 2 月，中国广告协会已经开始了 DIF 联盟链项目（Distributed Invalid Traffic Filter），成为这个领域的先行者。

第 6 章

程序化广告

当您在淘宝上浏览了某件商品，再打开门户网站的时候，您会发现门户网站广告位上出现了刚刚浏览过的商品图片；当您正在外地旅行，很多网站上出现了所在城市当地游的广告；这种基于消费者行为，实时猜测消费者需求，无处不在地推送广告的形式，从技术上是怎么实现的呢？

以上看似简单的场景，背后的技术实现非常困难：每天有十亿级的设备，在百万级的平台上，发生了千亿级的行为，能展示广告的页面数以亿计，能展示的广告内容是以千万计。这些平台的数据是如何互联互通的？如何基于消费者的行为猜测下一步的诉求？如何基于诉求找到对应的广告内容？如何找到平台进行广告推送？最关键的，所有的执行闭环如何在毫秒级实现？打个比方，就好像医生在面对单个患者的时候，开出正确的处方并不难，但是如果同时有一万个患者在诉说病情，医生需要马上甄别出情况最紧急的病人，并且找出最佳治疗方法，这是多么可怕的工作（运算）量。

要实现以上场景，背后依靠的体系被称为“程序化广告”（Programmatic Advertisement），它是数字广告的一部分（数字广告中有大量形式无法实现程序化），而数字广告又是数字营销的一部分（除了广告，数字营销还有其他方式）。支撑程序化广告的技术体系被称为“广告技术”（AdTech），市场上对于广告技术和营销技术是作为两个技术领域认识的，两者对实时性、数据和触点的利用方式都有不同的要求，但笔者更愿意把 AdTech 看成 MarTech 的一种，原因在本书 1.4 节中有详细表述。

根据笔者找到的资料，国内程序化广告的市场容量在 500 亿元左右。如果从数字广告的角度，收入占比在 20% 至 30%；但如果从营销技术的角度，程序化广告却是发展最快、技术最复杂、收入最高的领域。虽然起步晚于国外 10 年以上，但是国内生态圈已经努力跟上了国外的发展速度。

6.1 程序化广告的前生今世

过去百年，营销界一直需要解决的问题，是如何降低触点成本，用最少的钱让最多的目标消费者看到自己的营销内容。在百年前的户外广告牌时代，花费 10 万美元在人流密集的地方（例如机场、广场）竖个广告牌，每年有 100 万人经过（不是人次，是不同的人，即同一个人多次经过，只计算一次），其中有 10% 的人抬头看到广告，并且看到广告的人中有 20% 是目标消费者，如此计算，每个目标消费者看到广告的成本是 5 美元，即 10 万美元 /（100 万 ×10%×20%），但是现实中这样的位置并不会太多，广告主不得不大幅溢价来争抢这些凤毛麟角的优质广告位。

当电视、广播、报纸、杂志等触点形式出现后，成本出现了第一次大幅降低。以电视广告为例，花 10 万美元播出一次广告，如果按照电视在全美电视覆盖一亿消费者，收视率为 1%，看到广告的 20% 是目标消费者计算，目标消费者的单次广告展示成本降到了 0.5 美元；而在运动杂志上投放运动用品广告，在育儿杂志上投放母婴产品广告，都是顺理成章，有更好目标消费者的覆盖率。最美妙一点是，基于传统统计学的“营销测量”，能够帮助广告主通过“收视率”等指数来对广告的效果进行定量考核。这个时代的缺点依然是优质广告位的稀缺和昂贵。

在互联网出现后，营销触点形式出现了第二次革命，笔者查到的第一个互联网广告是 1994 年商业网络杂志 Hotwired.com 网站为 AT&T、IBM 等 14 个客户发布的广告，取得了 44% 的点击率。对比过去，互联网广告还得到了如下进化。

- 媒体的创建和运营成本大大降低：过去运营专业媒体（报社、杂志社和电视台等）的门槛很高，营销内容也只有专业人员才能制作，而互联网时代一两个工程师就可以在某个细分领域创建一个带广告位的网站，网站上用户自发生的营销内容（UGC，User Generated Content）也弥补了互联网公司在内容制作上的短板。“媒体”和“网站”的分界线逐渐模糊。
- 消费者接受营销的时间更长，看到的广告位更多：过去消费者一天最多看两三份报纸和杂志，能接触到的广告位最多不过百计；而在互联网营销时代，消费者花费了更多时间上网浏览更多的网站，接触到更多的广告位。广告位不足不再是广告主的瓶颈。
- 营销形式更丰富：过去的广告形式只有图片、视频和音频，而互联网时代在沿用这些形式的基础上，出现了能够交互的新广告形式。

互联网广告的优势是触点成本进一步下降，随着广告技术的出现，广告的售卖方式在原有 CPT（按时间计费）的模式上，出现了 CPM（按展示数量计算）模式。如果按照 CPM=10 美元计算（每千次展示 10 美元），每次消费者看到广告的成本已经降低到了 1 美分。同时由于出现了大量“长尾”流量（Long Tail Traffic，“优质流量”的对立面，出现在常规广告位的流量），价格远低于大型网站。如果广告主可以接受消费者在中小网站上看到自己的广告内容，单次消费者接触成本甚至低于 0.1 美分。此外，营销的门槛也大幅降低，广告主只需要极少的预算，就可以使用标准的广告技术工具进行广告投放。

互联网广告的缺点是，消费者只能在上网的电脑前看到广告，并且在 CPM 的计价方式下出现了行业的最大毒瘤——无效流量，如 5.4 节所述。

在智能手机出现后，营销触点形式出现了第三次革命，迈进了移动营销时代。今天很多地区的智能手机普及率已经超过 100%（存在一个消费者多个手机的情况），消费者几乎每时每刻都离不开手机，每天会花费四五小时使用各种带广告位的 App，广告能填充消费者的时间大大增加。移动营销时代的最大突破是广告位终于过剩，虽然优质广告位仍然稀缺，但是再小的广告主都能找到方式让目标消费者看到广告。

对比互联网广告，移动营销的单触点成本并没有明显变化，但是在营销技术的支持下获得了更好的精准度、更大的消费者接触面、更多的广告位，让消费者花费更多时间观看广告。缺点是随着广告中所涉及的触点、内容和数据等资源的急剧膨胀，对于广告主的管理能力提出严苛挑战，广告主需要构建复杂的体系才能精细化操作所有的流量资源。至今没有任何广告主敢说自己已经有足够的技术、人才、数据资源，来跨过流量经营的“完美”门槛。

回到“程序化广告”，利用技术手段实现“程序化”自动购买广告的发展历程，是和数字广告的售卖方式相关的。整个程序化广告的演进过程将近 30 年，每次进化都是伴随着网络技术、硬件技术和广告技术的升级，以及上一个阶段的痛点而自然发生。

6.1.1 广告位 X CPT 时代

最早互联网广告的售卖方式和传统媒体类似，网站的广告售卖部门手上会有一张“排期表”，横轴是所有的广告位，纵轴是时间，广告主可以填充排期表中的单元格，指定媒体的广告位和时间段进行广告投放，例如广告主 A 要求在网站 B 上包首页大广告条（Banner）晚上 7 至 9 点的时间段。当消费者在这个时间点访问网站的时候，就能看到广告主 A 的广告。

这个阶段的程序化，主要解决的是媒体对于众多广告位的管理，当媒体有成千上万个可售卖的广告位时，通过人工管理是无比恐怖的工作量。因此，媒体会建立系统，供广告主查询可售卖资源和价格等情况，以及部分自动购买。程序化过程是半系统半人工实现的。广告主并不需要自己构建系统。

这种售卖方式的优势是简单明了。如果媒体没有按照合同投放广告，广告主只需要在指定时间打开网站便可得知，媒体无法作弊。缺点是广告无法针对具体消费者进行精准定向，广告主所购买的时段中，必然有大量不属于目标消费者的流量。对于媒体，在流量售卖中也无法精细化操作，优质和普通流量无法分层销售获取更大利润。

今天，很多媒体仍然沿用 CPT 模式进行销售，特别是汽车、母婴等垂直媒体。对于广告主来说，说有着更好的目标消费者浓度；从价格以及反作弊角度来说，CPT 是更好的购买模式，并且出现了两种新模式。

- ✧ 轮播：多个广告主合作购买同一个广告位，当消费者访问媒体的时候，轮流播放每个广告主的广告内容。
- ✧ 地域定向：基于 IP 地址，媒体可以获知流量所在城市（技术上存在 IP 漂移，即消费者来自城市 A，但是由于当地电信运营商的 IP 地址用尽，临时用了城市 B 的 IP 地址，但是这种情况比率很小），媒体可以在广告位、时间之外增加地域维度的售卖。

6.1.2 CPM 和 CPC 的常规广告采买时代

对于媒体来说，不同时间段的流量可能会突然出现激烈变化，例如明星绯闻、社会事件，原来预计一般，但实际爆红的网络电视剧等，这些突然出现的大流量按照 CPT 时间形式销售让媒体心痛不已。随着测量技术的出现和成熟（请参阅第 5 章），媒体已经能证明有多少消费者浏览、点击过广告，按照流量次数进行销售对于媒体来说，更加有利于流量的变现度。而对于广告主来说，CPM（按广告展示次数结算）和 CPC（按广告点击次数结算）对于结果更加可控。这个阶段的“程序化”是基于广告测量技术，让数字广告的售卖可以按照流量和消费者行为定量进行，也被称为常规广告采买。6.1.3 实时竞价时代

在前两个时代，广告主购买流量的方式是“买媒体”，通过媒体接触目标消费者。而程序化广告的第一个划时代技术——Cookie Tracking——实现了从“买媒体”到“买人”的进化，使得广告投放可以针对广告主的目标消费者画像，把广告投放目标精准到具体的“人”。在之前章节简单介绍过 Cookie 技术：一种基于网页浏览器的追踪技术，能获知消费者之前的浏览记录，并且给出识别 ID（Cookie ID）。

在这个时代精准广告的目标消费者描述并不是来自年龄、性别等属性，而是来自其过去的在线行为。在这个技术阶段，广告主对于目标消费者的描述都是“过去浏览过哪些内容”，具体实现的场景如本章开头描述，消费者在电商上看过某款商品，之后在其他网站就能看到此商品图片广告的场景。这种初级的程序化广告形式被称为“重定向”（Retargetting）。

同时，第二个划时代技术——广告交易平台（Ad Exchange，简称 ADX）——出现了，它的主要推动者是销售流量的媒体。媒体希望改变流量统一定价的方式，把优质流量卖出更高的价格。例如当消费者查询了汽车 A 的价格和最近 4S 店的时候，这个动作对于车企 A、竞品车企 B、车险广告主 C、甚至奢侈品广告主 D 都是有意义的。媒体把这个流量放到公开市场上“竞价”（Bidding），不同广告主同时出价，价高者得到广告展示的机会。这种市场竞价的方式，让媒体在同样流量的情况下，获得了更高的收

入。今天很多媒体为了抬高竞价的价格，利用博弈论的原理让出价第二高者赢得机会，背后原理本文不做展开，如果您有兴趣请自行搜索背后的逻辑。

由于实时竞价的广告模式需要在毫秒级时间内完成，因此整个程序化广告的技术体系变得极其复杂，出现了 DSP、SSP、ADX 等多种技术细分角色。很多人对于“程序化广告”这个词的理解就是从 RTB 开始的，在本章下一节中会对背后的广告技术展开介绍。

6.1.3 程序化广告大生态圈时代

技术的继续演进，来自广告主对于精准的诉求。除了 RTB 的消费者行为触发，广告主希望通过结合年龄、性别、收入等消费者基础属性，以及历史购买记录、行为偏好等数据构建更加完整的消费者画像，来指导精准广告投放，这时第三个划时代技术出现了——DMP（Data Management Platform，在第 4 章中有详细介绍）。广告主把自己的数据整理后放在 DMP 上（第一方 DMP）；市场上的各种数据拥有者也把数据放进 DMP 到程序化广告生态圈中变现（第三方 DMP）；媒体把自己的数据放到 DMP 补充广告主数据的不足（第二方 DMP）。各种数据的打通进一步提升了广告主对于目标消费者的洞察和广告的精准投放，广告主对于目标消费者的定义也从“有某些行为的人”进化成“某些有相同基础属性的人”。

通过 DMP 实现数据互联互通帮助广告主实现了两个突破。

- 可以就指定的消费者 ID 进行精准投放。
- 可以跳过 RTB 模式下的中间角色，直接和媒体进行对接进行交易。

广告主可以按照实际情况，在流量定价方式（需要竞价和固定价格）和流量数量（库存）两个维度下，选择适合自己的广告采购方式。以下是 IAB（美国互动广告局）制定的除了常规购买和实时竞价之外的 3 种广告采买方式。

- 程序化直接购买（PDB，Programmatic Direct Buying）：也被称为 AG（Automated Guaranteed）：广告主和媒体商谈了流量总价和流量数，媒体只针对广告主限定的消费者 ID 进行广告投放，没有竞价过程。
- 私有竞价（PA，Private Auction）：几个广告主共同承包了媒体的流量，媒体为它们搭建私有的小型竞价平台，广告竞价只在这几个广告主之间进行。
- 优先交易（PD，Preferred Deal）：和 PDB 类似，媒体针对广告主指定的消费者 ID 进行广告投放，广告主和媒体在商务谈判中确定单价而不保证总量。

图 6-1 是上文提及的多种广告采购方式的对比。从媒体角度，广告主的要求越精准，流量越优质，流量的数量越少，而流量单价越高。从广告主角度，获取流量的价格是 PDB>PD>PA>RTB。

广告采购方式	竞价/固定价格	保证库存	竞价目标	指定消费者 ID
常规广告采买，Regular Buy	固定价			
实时竞价，RTB	竞价		全市场	是
程序化直接购买，PDB	固定价	是		是
私有竞价，PA	竞价		少数广告主	是
优先交易，PD	固定价			是

图 6-1　程序化广告的多种标准采买方式

同时由于优质流量有限，媒体往往不会答应广告主过于精细要求下的稀缺流量，例如视频网站给到广告主的选择，要么包剧（指定某剧目的某广告位，例如《甄嬛传》的前贴片广告），要么定向（指定消费者画像的某广告位），而不会允许广告主同时指定剧目和定向消费者（例如 20 至 25 岁来自北上广看《甄嬛传》的女性）。

6.2　程序化广告系统架构

程序化广告进化到今天，“让正确的消费者看到广告”这个场景背后已经形成了复杂的技术生态圈。图 6-2 呈现了程序化广告的主要技术节点：首先从横向分为广告主、生

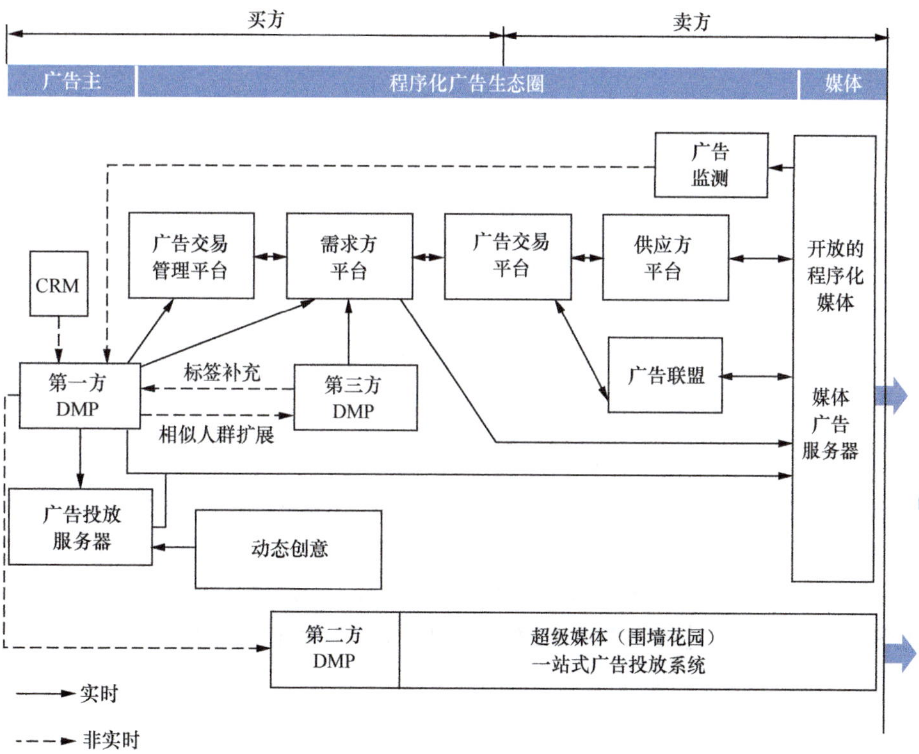

图 6-2　程序化广告背后的技术节点

态圈、媒体和消费者，从利益角度又分为买方（利益点是用更低的价格买到更好的流量）和卖方（利益点是把有限流量卖出更高的价格）；从纵向分为开放式的程序化媒体和围墙花园两种；不同技术节点间的数据交换又分为实时（毫秒级）和非实时（最慢为日级别）。

6.2.1 广告主自建技术

- CRM：存放现有用户的PII数据，由于在广告投放中直接给媒体提供PII数据（手机号）会存在数据合规问题，常规使用的是设备 ID，因此需要把 CRM 数据和广告主收集的数据打通（此过程被称为 Data onbording）。CRM 中存储的消费者历史购买记录、针对历史营销的反馈，都能极大地提升广告投放的精准度。
- 第一方 DMP：存放消费者的设备 ID 用于广告投放，细节请参阅第 4 章。
- 广告投放服务器：也被称为 AdServing，用来对接广告主的数据和媒体的投放工具，是广告主自有的媒体投放策略工具（决定频控、内容、客户画像等），也是广告主的高阶应用工具，在第 3 章中有详细介绍，只有在拥有大量数据、算法和个性化投放策略才需要使用。

6.2.2 媒体自建技术

媒体广告服务器：当数字媒体想卖自己广告的时候，只需要在广告位上布上代码，并把可售卖资源放在这个媒体广告服务器上，让广告主进行挑选购买。

6.2.3 程序化广告生态圈技术

- 广告监测（Ad Tracking）：在媒体广告位上布设监测代码，追踪广告效果，并将测量数据回传到广告主的第一方 DMP 中，细节请参阅第 5 章。
- 需求方平台（DSP，Demand Side Platform）：帮助广告主执行广告投放策略的平台。面对广告主对接第一方 DMP；面对媒体对接 ADX 广告交易平台（RTB 广告采购模式）和 Publisher Ad Server 媒体广告投放服务器。通过 DSP，广告主能同时管理众多媒体各种形式的广告投放。
- 广告交易管理平台（TD，Trading Desk）：由于每家 DSP 对接的 ADX 和媒体都是有限的，所以大型广告主可能需要对接多个 DSP 和多个媒体才能控制足够多的媒体。TD 的作用就是管理多个 DSP 和媒体的平台，是“DSP 的 DSP”。由于 TD 往往由数字代理公司（Digital Agency）建设，因此也被称为 ATD（Agency Trading Desk）。
- 第三方 DMP：数据供应商，为广告主提供数据标签服务（广告主也可以直接使用第三方 DMP 的数据进行广告投放（但无法直接获取清单级数据）。第三方 DMP 的数据使用方式在第 7 章中有详细介绍。

✧ 广告交易平台（ADX，Ad exchange）：广告的竞价平台，当消费者出现在某个媒体的时候，多个广告主为在这个消费者面前广告展示进行竞价的地方，对接买方的 DSP、TD，对接卖方的 SSP 和 Ad Network。

✧ 供应方平台（SSP，Supply Side Platform）：媒体把广告资源进行销售的系统，和 Publisher Ad Server 的区别是，SSP 可以是第三方独立系统，同时对接多个媒体。

✧ 广告联盟（Ad Network）：当中小媒体无力构建自己的广告销售系统，也无力和广告主进行价格谈判时，独立的第三方广告联盟会为中小媒体提供技术代码和背后的硬件资源，收集这些长尾的广告资源，统一向广告主销售。

✧ 动态创意（DCO，Dynamic Creative Optimization）：当广告主需要给不同的消费者看到不同的营销内容（千人千面），并且营销内容不多的时候，可以直接导入 DSP 或者 AdServing 系统实现。而需要给不同消费者动态创造不同内容的时候，就需要 DCO 系统，细节在第 2.1 节中有所介绍。

6.2.4 超级媒体技术

✧ 第二方 DMP（2nd Party DMP）：存放了超级媒体所拥有的数据，典型代表是数据银行（Data Bank）。和第三方 DMP 一样，广告主可以使用这些数据，但是无法获取清单级数据。

✧ 一站式广告投放系统：超级媒体将广告资源进行整合，广告主只需要操作标准化工具就可以实现广告投放，如阿里妈妈、腾讯社交广告和百度凤巢系统。

6.3 程序化广告技术实现路径

上节中介绍了程序化广告的众多技术节点，而这些节点如何协同，实现“当消费者打开媒体后一秒内看到精准广告”的背后，则有复杂的技术实现路径，这些路径和广告采买方式、数据驱动方式以及广告展现终端（PC、手机等）挂钩的。现实中路径是多元化的，特别是大型广告主的个性化采买，以下介绍的是两种最常见的路径。

6.3.1 媒体数据驱动的实时竞价重定向广告（PC 端）

市场上关于 RTB 的科普材料中，大部分谈的就是这个模式，如图 6-3 所示，实现的是当消费者通过电脑在电商 A 上浏览某商品，再打开媒体 B 时看到刚才浏览商品的广告图片。

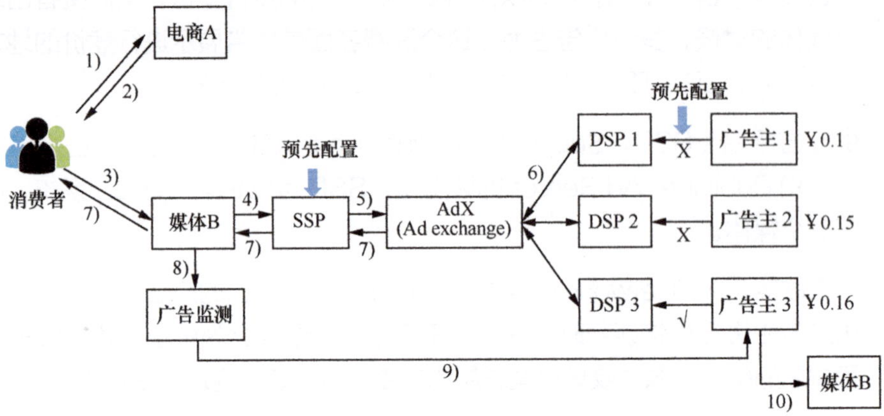

图 6-3　媒体数据驱动，实时竞价的重定向广告的技术路径（PC 端）

在所有实时广告推送之前，所有技术节点都需要完成对接，并且广告主、媒体分别在 DSP 和 SSP 中配置广告的采买和销售策略，包括定价、展示内容、频度控制策略、广告位尺寸、可接受内容形式（图片和小视频）等，接下来的步骤将在毫秒级发生。

1）消费者在电脑上访问了电商 A，浏览了多个商品。

2）消费者浏览的商品信息被记录在消费者所使用的浏览器 cookie 中。

3）消费者打开了媒体 B 的某页面，媒体 B 读取了消费者的浏览器 cookie，了解到这个消费者过去的浏览记录。

4）SSP 系统中记录了消费者正在打开的媒体 B 的页面上有一个广告位，可以接受 100 像素 x100 像素的 JPG 或者 GIF 格式图片。

5）SSP 针对这个消费者和这个广告位对广告交易平台（ADX）发起竞价要求。

6）ADX 对接的 DSP 中，有 DSP 1、2、3，代表广告主 1、2、3 按预设的程序发起竞价（因为消费者有可能在电商 A 上看了多个商品），出价分别是 0.1 元、0.15 元和 0.16 元，最终出价最高的 DSP3 获胜。

7）ADX 通知了 SSP 和媒体 B 后，媒体 B 从 DSP 3 拿到广告主 3 原先上传的图片，展示给了消费者。至此，一次实时的广告展示在几十毫秒内完成。

8）在媒体 B 的广告展示页面上，有第三方广告监测公司埋设的监测代码，广告展示的监测数据回传到监测方的服务器上 。

9）第三方监测公司用无效流量（IVT）规则来检查监测数据，确定这个广告被真实消费者看到，并计数“1 次”，之后把一段时间内真实发生的广告展示数量提供给广告主（一般是人工实现，包含数天或者一次营销活动的数据总和。因为广告主和媒体按单次广告展示结算费用的频度太高，系统无法承受）。

10）广告主 3 拿着广告监测方出具的监测报告和媒体 B 进行费用结算，当双方就数字有分歧的时候，广告主 3 会要求广告监测方对于判定为不做结算的无效流量进行举证和解释。

6.3.2 广告主数据驱动的程序化直接购买的广告（移动端）

这是现在大型广告主常用的，以第一方数据驱动的精准广告模式，如图 6-4 所示。车企广告主发现某消费者在官网上深度浏览某款车型甚至点击了询价，表达了购车意愿但是没有填写预约试驾信息，在消费者离开官网打开媒体 A 的 App 时，看到刚才重点浏览的车型广告。在消费者重新点击广告回到车企官网填写预约试驾信息后，广告主再把这个消费者从重点广告推广目标中删除。

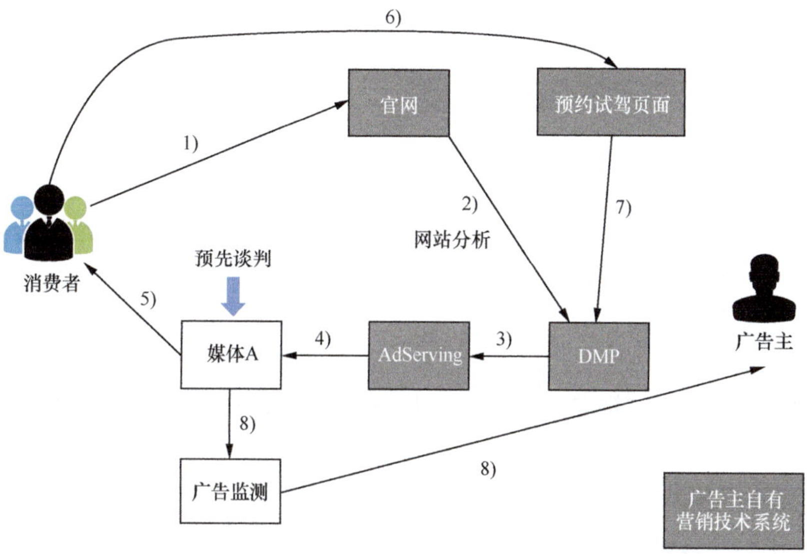

图 6-4 广告主数据驱动的程序化直接购买广告的技术路径（移动端）

在推送广告之前，广告主需要和媒体 A 进行判断，就广告投放的次数、单价、总价、可用广告位达成一致，并且预先对接网站分析、DMP 和 AdServing 等技术节点。

1）消费者访问了广告主的官网，并且在某车型页面停留很长时间，点击了“询价”按键。

2）广告主在页面上布置了网站分析代码，追踪到了消费者的 Cookie ID 和浏览行为，之后把数据回传到广告主的 DMP。

3）广告主在 DMP 中把这个消费者 Cookie ID 打上标签作为重点目标，按照

AdServing 中的预先设置，广告主将以最好的广告位和每天 3 至 7 次的频率给消费者看到广告，连同以上规则和目标消费者 Cookie ID 传给媒体 A。

4）媒体 A 的数据库中正好有这个消费者的 Cookie ID 和设备号 ID 的对应关系，意味着消费者在电脑和手机打开媒体 A 的主页或者 App，都可以进行广告推送。

5）不久后消费者打开了媒体 A 的 App，媒体 A 按照和广告主的约定，让消费者直接看到广告主提供的图片广告。

6）消费者点击了图片跳转到广告主的预约试驾页面，填写了预约试驾信息。

7）预约试驾页面上同样有网站分析的代码，把消费者的 Cookie ID 传到 DMP，广告主降低了消费者的重要程度标签，之后将以普通广告位，每天 1 至 3 次的频率让消费者看到广告，并将数据同步给媒体。

8）和之前 RTB 的技术路径一样，在媒体 A 的 App 上有第三方监测公司提供的监测代码，证明消费者的广告展示次数和真实流量比例，广告主和媒体 A 进行费用结算。

6.4 程序化广告的未来展望

今天笔者看到国内大型广告主正在把更多的数字营销预算迁移给更安全、更精准、更可控的程序化广告。相信在未来这个领域仍将保持每年 20% 以上的高速增长。

6.4.1 内容的程序化

今天程序化广告的“精准”，还只是对消费者的识别和触点的精细化管理。在精准的内容匹配层面，虽然在技术上可以实现内容的标签化和匹配，但现实中广告主并没有这么多营销物料去实现“千人千面”。

要突破内容生产的瓶颈，就需要人工智能在内容生产领域的技术突破，例如在第 2 章中介绍的淘宝自动海报生成工具。

此外，当广告主有了大量内容后，需要通过人工智能技术对于内容进行标签化（例如给一张蓝天下母女在草地上玩耍的图片，打上“亲子”的标签，让母婴类用户使用），以及产出和原有数据中台中的消费者画像标签进行匹配的规则。

6.4.2 更多可驱动的触点

在触点层面，现在程序化广告能驱动的主要是 PC、Pad 和手机端，业内尚无法对数字户外（Digital OOH，理解为户外的数字广告屏，例如电梯广告）、数字电视

（OTV，理解为家里的智能电视）等触点形式进行点对点的精准驱动。

在技术角度其实是有实现路径的，例如在电梯广告屏（可以理解为大尺寸的 Pad）中植入智能探针，当消费者进入电梯时，根据识别的 Mac# 进行精准广告推送。但是现实中，这个路径受限于法律法规（笔者将在第 7 章详细解释）。简单来说，在没有征得消费者同意的情况下，无法收集和使用他们的数据。PC、Pad 和手机端的媒体，是通过用户隐私协议来获取许可的，但是户外、数字电视，甚至未来的穿戴设备、智能家电等新触点形式，如何获取消费者许可则是行业需要共同解决的问题。之后，程序化广告才能更多地渗透入消费者的生活。

6.4.3 人工智能的介入

在本章中“人工智能”这个词出现了多次，今天程序化广告的执行很多还是靠人力实现的。无论在数据分析、消费者画像、定价、内容匹配等，依赖的是操作人员的个人经验。理论上广告预算的优化仍有大量空间，但这个优化不能只是依赖于操作人员的个人经验，而是需要探索数据、测量技术和人工智能的技术模式，在第 8 章中有详细介绍。

例如“每天让消费者看到多少次广告最适合”这个简单的频率控制问题，笔者听到业内的答案是“3 至 7 次”，但是针对不同的消费者都应该是这个数字吗？不同年龄、不同收入、不同文化程度的消费者对于广告的接受程度肯定是不一样的，那应该是多少次？如果人工智能算法能在保持结果的基础上，把 20% 的消费者的接触次数降低 30%，对于广告主来说就是节省了 6% 的成本。按照每年广告投入亿级人民币计算，效率每提升 1% 可，就能节省数百万的预算。

第 7 章

第三方数据服务

如果把营销技术体系比喻为人体，数据就是不停流动的血液，驱动着整个体系的正常运作。对于大部分广告主来说，自我造血能力有限，仅依靠自身的数据收集和分析能力，很难建立高质量的数据基础。由于任何广告主的流量都远小于巨头互联网公司，第一方数据能力就存在着天生不足。

- ✧ 缺乏数据宽度（ID 收集能力）。广告主能收集消费者 ID 的手段非常有限，PII 数据依赖于会员体系，百万活跃会员已经是绝大部分广告主的天花板。官网、App 和微信公众号等手段收集消费者活跃 ID 的天花板在千万级别，而任何一个第三方数据供应商都会宣称自己有十亿级的 ID 收集能力。
- ✧ 缺乏数据深度（消费者行为类型）。广告主自身的营销技术能收集到的消费者行为类型也非常有限，大部分消费者 ID 只能关联少数几条行为数据，基于这些密度稀疏的行为数据，广告主很难判断消费者的需求点。例如广告主收集了某消费者在过去一个月看过的两条网站 URL 和一个打开过的 App 名字，实际上无法得到任何有价值的结论。
- ✧ 缺乏数据刷新度。消费者的采购决策链往往只有很短的几天到几周时间，在这个时间窗口期正好收集到消费者有明显采购行为特征的数据，对数据收集频率有很高的要求。实际很少有广告主有足够的数据刷新度。例如某汽车广告主的 CRM 数据中标明某消费者 7 年前购买了自己的某款汽车，那今天这个消费者是否还在驾驶这辆汽车，什么时候有替换需求，对广告主来说都是未知数。

广告主要提升自己的数据能力，必须要借助第三方数据服务，但是和大部分人想的不一样，第三方数据服务并非“一手交钱，一手交数据”的纯市场化交易模式。由于涉及个人隐私甚至国家安全，第三方数据服务有着严格的法律法规限定。在本章，笔者尝试用自己的理解去解释今天合规的数据服务生态圈模式，以及背后涉及的营销技术。需要强调的是，法律法规只会进行原则性限定，而不会对具体执行进行指导，并且对于数据服务的容忍底线也会因为一些案件的发生而产生变化。如果您有现实的问题，请引入专业的律师人员咨询。

7.1 数据合规概述

笔者所见最早的数据合规案件，是 2012 年央视 3 · 15 晚会曝光的某外企咨询公司销售房主、车主等个人信息，最终被处罚倒闭，公司负责人入刑。最近几年，泄露个人隐私案件层出不穷，多次出现千万级数据的泄露事件，引起公众对于数据安全的担心。但是在营销圈中，大部分营销人对于“买点车主数据，卖高端产品”的严重后果并没有直观感觉，也不明确违反数据合规对于公司和个人有什么危害。在笔者展开介绍第三方数据服务模式前，先介绍数据合规的相关规则，帮助您理解为什么第三方数据服务并不是以“一手交钱，一手交数据”的形式存在。

7.1.1 数据相关法律法规

首先对于数据合规问题的限定，包括了“刑事”和“民事”两个层面。任何引起了伤害事件或者财产损失等恶劣后果的，首先制约于《中华人民共和国刑法》(简称《刑法》)。例如广告主数据的安全机制不完全，造成数据泄露后的电信诈骗等，将会按照“诈骗”罪名进行处罚。

在“民事”层面，数据相关的法律法规包括以下几个。

1. GDPR（通用数据保护条例，General Data Protection Regulation）

2018 年 5 月正式施行，由欧盟制定，旨在保护所有欧盟公民隐私的法律，规定了企业和实体应该采取何种措施保护欧盟公民的数据，尤其针对数字数据。GDRP 规定的最高处罚额度为 2000 万欧元或者前一财政年全球营业额的 4%，以较高者为准。虽然这是一部欧洲的法律，但是对于有出海业务的中国企业，或者总部在欧洲的跨国企业都受 GDPR 的严格制约。

2.《中华人民共和国网络安全法》(简称《网安法》)

2017 年 6 月正式施行，旨在保障网络安全，维护网络空间主权和国家安全、社会公共利益，保护公民、法人和其他组织的合法权益。这是严格意义上国内第一部关于数据合规的法律，规定了第三方数据服务的原则和底线。

3. GB/T35273 (《信息安全技术个人信息安全规范》，简称《国标》)

2018 年 5 月正式施行，由国内领先的大数据企业和学术机构共同起草的行业标准，唯一对数据使用的操作细节进行了限定的法规，是数字营销中数据使用的操作守则。

4.《个人信息和重要数据出境安全评估办法》

在本书成书的 2020 年初，此法规仍处于征求意见稿阶段尚未正式施行，其中规定了数字营销中数据出境的管控办法。这点对于营销技术非常重要，当广告主选择使用国外营销技术工具，特别是营销云模式时，就可能涉及营销数据在境外进行存储和运算（很多国外供应商的营销云服务器都在新加坡、澳大利亚、美国），这是很多广告主没有意识到的风险点。

需要重点说明的是，《刑法》和《网安法》是法律，只会进行原则性管理，在数字营销中很多具体执行并没有操作细则。《国标》虽然由业内人制定，有更多可执行条款，但只是非强制的标准，当遇到问题的时候，执行判断优先级依次是《刑法》、《网安法》、《国标》，这意味着就算广告主符合了《国标》的每一条，仍有触犯《刑法》和《网安法》的风险。本章所有介绍只是基于笔者个人理解，仅供学术参考。

7.1.2 数据合规的核心原则

1. 数据许可原则

当消费者个人产生了数据，数据的所有权属于产生数据的消费者个人（专业法律名词为数据主体），而不属于收集到数据的媒体、广告主和各种营销技术组织，意味着媒体或者广告主说“我收集到的数据我就拥有所有权，我可以决定怎么使用”的论调在法律上并不正确。

2. 授权同意和最小使用原则

当媒体、广告主利用任何营销技术手段收集消费者数据的时候，需要通过用户协议（例如消费者注册成为会员的时候，在注册页展示）、用户隐私协议（消费者在浏览官网或者广告时，在页面最下方需要有页面入口）等方式告知消费者收集的数据类型和目的，并且对数据的实际收集的数量和频率要符合声明的使用场景。通俗来讲，在收集数据前，广告主和媒体需要用各种形式让消费者知道“我采集你的数据了，我会怎么用”，并且要说什么做什么，不能过度采集。图 7-1 是《国标》中对于用户协议、用户隐私协议的建议模板节选，您可以自行在网上搜索《GB/T35273》进行下载。

3. 数据匿名化

广告主采集的数据，必须通过技术实现匿名化，使得产生数据的消费者无法被识别，并且匿名化算法不可逆。未匿名化的数据不可以用于商业用途。例如，广告主采集了某消费者的设备 ID，在进入广告主数据库进行存储和运算之前，必须通过加密算法进行脱敏，就算广告主的数据管理员（DBA）也无法看到未加密的真实设备 ID。

当第三方供应商提供数据服务需要进行数据 ID 匹配的时候，需要和广告主共同商讨加密规则，行业的标准是 MD5 加密算法。图 7-2 是第三方供应商为广告主提供数据补充服务时的匿名化实现样本。

GB/T 35273—2017

附 录 D

（资料性附录）

隐私政策模板

发布隐私政策是个人信息控制者遵循公开透明原则的重要体现，是保证个人信息主体知情权的重要手段，还是约束自身行为和配合监督管理的重要机制。隐私政策应清晰、准确、完整地描述个人信息控制者的个人信息处理行为。

隐私政策模板	编写要求
本政策仅适用于 ××××的 ××××产品或服务，包括……。 最近更新日期： ××××年 ××月。 如果您有任何疑问、意见或建议，请通过以下联系方式与我们联系。 电子邮件： 电　　话： 传　　真：	该部分适用范围。包含隐私政策所适用的产品或服务范围、所适用的用户类型、生效及更新时间等。
本政策将帮助您了解以下内容： 1. 我们如何收集和使用您的个人信息 2. 我们如何使用Cookie和同类技术 3. 我们如何共享、转让、公开披露您的个人信息 4. 我们如何保护您的个人信息 5. 您的权利 6. 我们如何处理儿童的个人信息 7. 您的个人信息如何在全球范围转移 8. 本政策如何更新 9. 如何联系我们 ××××深知个人信息对您的重要性，并会尽全力保护您的个人信息安全可靠。我们致力于维持您对我们的信任，恪守以下原则，保护您的个人信息：权责一致原则、目的明确原则、选择同意原则、最少够用原则、确保安全原则、主体参与原则、公开透明原则等。同时，××××承诺，我们将按业界成熟的安全标准，采取相应的安全保护措施来保护您的个人信息。 请在使用我们的产品（或服务）前，仔细阅读并了解本《隐私政策》	该部分为隐私政策的重要说明，是隐私政策的一个要点摘录。目的是使个人信息主体快速了解隐私政策的主要组成部分、个人信息控制者所做声明的核心要旨。

隐私政策模板	编写要求
一、我们如何收集和使用您的个人信息 个人信息是指以电子或者其他方式记录的能够单独或者与其他信息结合识别特定自然人身份或者反映特定自然人活动情况的各种信息。 ××××仅会处于本政策所述的以下目的，收集和使用您的个人信息。 （一）为您提供网上购物服务【注：示例】 1. 业务功能一：注册成为用户。 为完成创建账号，您需提供以下信息：您的姓名、电子邮箱地址、创建用户名和密码、……。 在注册过程中，如果您提供以下额外信息，将有助于我们给您提供更好的服务和体验：手机号、工作职位、公司、教育背景、……。但如果您不提供这些信息，将不会影响使用本服务的基本功能。 您提供的上述信息，将在您使用本服务期间持续授权我们使用。在您注销账号时，我们将停止使用并删除上述信息。 上述信息将存储于中华人民共和国境内。如需跨境传输，我们将会单独征得您的授权同意。 2. 业务功能二：商品展示、个性化推荐、发送促销营销信息。 （略） 3. 业务功能三：与卖家沟通交流。 （略） 4. 业务功能四：支付结算。 （略） （二）交付产品或服务【注：示例】 （略） （三）开展内部审计、数据分析和研究，改善我们的产品或服务【注：示例】 （略） （四）…… …… 当我们要将信息用于本政策未载明的其他用途时，会事先征求您的同意。 当我们要将基于特定目的收集而来的信息用于其他目的时，会事先征	1. 详细反举收集和使用个人信息的目的，不得使用概括性语言。 2. 根据目的对应的不同业务功能，详细列出收集的个人信息类型。 3. 明确描述哪些类型的个人信息属于特定业务功能所必需的。 4. 收集身份证、护照、驾照等法定证件信息和个人生物识别信息的，应专门提醒个人信息主体此次收集活动涉及的信息，并说明处理目的、处理规则。 5. 不得使用概括性语言综述所收集个人信息，如“我们收集您的身份等相关信息”此类描述，而应明确写明“我们收集您的姓名、电话号码、地址信息”。 6. 说明个人信息在使用过程中涉及的地理区域，如个人信息存储和备份的地域，个人信息传输过程中涉及的地域范围：如果个人信息存在跨境传输情况，需单独列出或重点标识。

图 7-1 《国标 GB/T35273》中规定的用户隐私协议模板节选

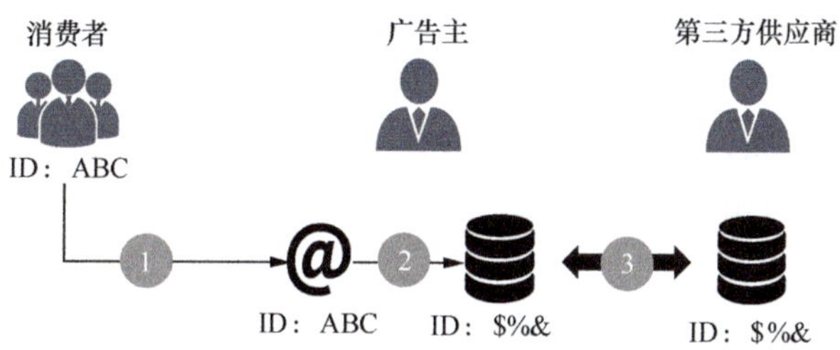

图 7-2 数据匿名化后的数据服务模式

1）消费者（未脱敏识别 ID：ABC）访问了广告主的官网，信息被广告主获取。

2）广告主将官网上收集到的 ID 在第一时间通过技术脱敏，变为 $%&，存入数据库。

3）广告主和第三方供应商约定，ID 按照 MD5 加密后进行匹配，获取供应商拥有的数据标签完成数据补充（Data Enrichment）。

4. 敏感数据

虽然营销技术可以收集消费者的各种行为数据，并且利用算法推测消费者的各种属性标签，但是有些涉及消费者过于敏感的隐私数据不可以商用。图 7-3 是《国标》中提及的部分类型，例如健康、财产情况和生物识别（指纹和基因等）。

5. 数据跨境

《网安法》第 37 条规定：关键信息基础设施的运营者在中华人民共和国境内运营中

收集和产生的个人信息和重要数据应当在境内存储。因业务需要，确需向境外提供的，应当按照国家网信部门会同国务院有关部门制定的办法进行安全评估；法律、行政法规另有规定的，依照其规定执行。

表B.1　个人敏感信息举例

个人财产信息	银行账号、鉴别信息（口令）、存款信息（包括资金数量、支付收款记录等）、房产信息、信贷记录、征信信息、交易和消费记录、流水记录等，以及虚拟货币、虚拟交易、游戏类兑换码等虚拟财产信息
个人健康生理信息	个人因生病医治等产生的相关记录，如病症、住院志、医嘱单、检验报告、手术及麻醉记录、护理记录、用药记录、药物食物过敏信息、生育信息、以往病史、诊治情况、家族病史、现病史、传染病史等，以及与个人身体健康状况产生的相关信息等
个人生物识别信息	个人基因、指纹、声纹、掌纹、耳廓、虹膜、面部识别特征等
个人身份信息	身份证、军官证、护照、驾驶证、工作证、社保卡、居住证等
网络身份标识信息	系统账号、邮箱地址及与前述有关的密码、口令、口令保护答案、用户个人数字证书等
其他信息	个人电话号码、性取向、婚史、宗教信仰、未公开的违法犯罪记录、通信记录和内容、行踪轨迹、网页浏览记录、住宿信息、精准定位信息等

图 7-3　过于隐私的个人敏感信息

解读到营销技术层面，广告主在国内通过营销技术手段收集的数据，只能在国内存储和运算；如果需要出境，需要政府相关部门进行个案审批。国外的营销技术工具的大部分数据中心不在国内，一旦数据存储和运算需要在国外的云上进行，特别是涉及数据存储的营销数据中台产品（例如Oracle Bluekai、Adobe AAM、Salesforce Krux等），在没有解决本地数据中心的情况下，按照法律实际上是很难在国内开展业务的。

7.1.3　数据合规的相关认证

现在尚没有一个专门针对数字营销的认证，能完全证明供应商提供的所有数据服务都完全符合法律法规要求。以下是供应商常规用来自证的合规，但覆盖范围远超数字营销的认证。

- ✧ 《信息安全技术网络安全等级保护基本要求》（等级保护 2.0，简称《等保》）：由公安部牵头在 2018 年公布，和《网安法》要求保持一致的官方认证。包括了技术要求（物理和环境、网络和通信、设备和计算、应用和数据）和管理要求（安全策略和管理制度、安全管理机构和人员、安全建设管理、安全运维管理）两大部分的 8 项要求，并且按照数据类型和可能危害程度分为 4 个等级。由于数字营销中基本不涉及危害国家安全的数据，大部分供应商和广告主只需要获得“等保 2.0 三级”的认证。满分 100 分中，75 分为及格分数。
- ✧ ISO27001，《信息安全管理实用规则》：由英国标准协会（BSI）在 1999 年确定的标准，同样覆盖了系统和管理层面的信息安全管理认证。

- ✧ ISAE 3402：由国际审计与鉴证准则理事会颁布的《服务机构控制的鉴证报告》，审核企业的业务处理管理、数据信息技术管理及客户隐私管理等方面的能力。

7.2 第三方数据服务操作规则

在掌握以上解释数据合规的基本原则后，再了解以此引发的在广告主使用第三方数据服务时的操作规则。

- ✧ 对于消费者（数据主体）ID 的收集，必须征得消费者的同意。这点就限定了第三方供应商不能将广告主原本没有的 ID 提供给广告主。简单来说“ID 不可以买卖”，所有的第三方数据供应商能提供的，都是基于广告主原有认识 ID 的标签级或者统计级服务，广告主不可以获得新的 ID。
- ✧ 所有数据服务模式中，数据必须匿名化。在广告主与供应商的数据交互中，技术上可以留存双方的数据，例如广告主拿出 100 个 ID 给供应商，查询这些 ID 背后的消费者标签，供应商的数据库中能识别 80 个。对于供应商来说，虽然合规法律法规上不可以留存这 20 个原本不认识的 ID，但是实际技术上可以。当广告主对这些 ID 匿名化后，供应商就算留存这 20 个 ID，也无法反向解密使用。
- ✧ 不可提供能追溯到个人的底层数据。虽然对消费者的 ID 进行了加密脱敏，但是结合到消费者的具体行为数据，仍然有几率对消费者进行识别。例如某供应商的底层数据中，捕捉了某消费者在某个时间点浏览的网页 URL，但是由于各种原因，在那个时间点只有一个消费者有这样的行为，当外部数据使用者获取这条底层数据后，实际可以倒推出这个消费者的原始 ID。因此供应商不可以提供 URL、定位的经度纬度等底层数据，只能提供基于算法模糊了消费者行为的标签。例如消费者浏览了篮球赛事的某网页，供应商只能给出“篮球爱好者”的标签。
- ✧ 不可提供敏感数据。对于健康生理、财产等过于敏感的数据，在数字营销的数据服务中不可提供。例如，实际获得或者通过算法猜测的消费者收入水平、根据消费者浏览页面推测的消费者健康情况，这些数据标签是不允许通过外部提供，甚至广告主内部都不允许留存。需要强调的是，未满 18 岁的“未成年”标签很容易被忽视。在 2019 年初，某国内 App 在国外留存消费者的年龄信息，对儿童人群进行特殊营销，违反美国《儿童隐私法》，被美国政府罚款数千万人民币。在国内，玩具、早教、母婴等行业，都有触犯这个底线的风险。

第三方数据服务最可怕的一点，是数据的无限复制性。例如，当供应商 A 为广告主 B 提供服务的时候，存在着广告主 B 把数据留存后继续向外扩散的可能性。对于这点，供应商 A 是完全不可控的，除了企业行为的风险，同时还存在着广告主 B 内部员工个人的盗取和扩散的可能性。按照法律规定，当个人数据扩散并造成恶劣刑事结果的时候需要向上追溯，数据扩散过程中的任何节点都会被追究法律责任。供应商 A 和广告主 B 并不会因为存在合法的商业合同而免责。

所以在合规的第三方数据服务生态圈中，在提供服务前，供应商和广告主往往都需要确认双方的数据合规能力。当广告主并不具备完善的能力时，供应商往往是拒绝提供服务的。当涉及双方的数据交互时，并非通过“把数据放在 Excel 里通过邮件发送”的原始方式，而是采用 DMP 对 DMP 或者加密 FTP 加上专线传输的技术模式，当中涉及的合规和技术成本并非普通广告主和供应商能承受，因此第三方数据服务往往只存在于大型广告主和专业供应商之间。图 7-4 是现在相对合规的 4 种数据服务方式。

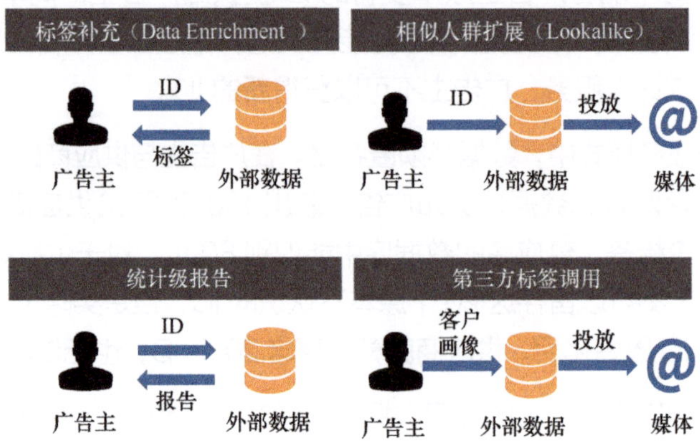

图 7-4　第三方数据服务的 4 种模式

1. 数据补充（Data Enrichment）

广告主提供脱敏后的 ID 给到供应商，供应商返回 ID 对应的合法标签，这是最好理解的服务模式。

2. 相似人群扩展（Lookalike）

广告主提供部分目标消费者的 ID 给到供应商，供应商根据这些 ID 在自身数据库中的标签，找出和广告主提供的 ID 相似的更多 ID，放在 DMP 利用对接的媒体进行投放。但广告主并不获得供应商数据库里的相似 ID。例如广告主 A 收集了浏览自己官网“询价”页面的 10000 个 Cookie ID，但广告主 A 对于这些 ID 背后的消费者画像并不了解。交给供应商 B 后，供应商 B 利用自己的标签体系，发现这 10000 个 ID 大部分是来自北上广 3 个城市，年龄在 30 至 35 岁的男性。在供应商 B 数据库中这样的消费者 ID 有 100 万个（100 倍扩大）。按照广告主 A 的要求，供应商可以针对这 100 万个 ID 进行广告投放，但是不会把这些 ID 直接给到广告主。只有当消费者点击广告后，自动落地到广告主 A 的询价页面中，广告主才可以捕捉到新的 ID，这是在程序化广告中比较常见的拓宽消费者覆盖面并且不断收集新 ID 的套路。

3. 统计级报告

广告主提供 ID 给供应商，供应商根据自身数据库的标签给到统计级报告，例如广告主收集了 10 万个安装了自有 App 的会员设备 ID，但是并不清楚这些人的年龄、性别等基本属性。供应商获取 ID 后给出一个如图 7-5 的消费者画像统计报告，但广告主并不获得清单级 ID 对应的标签，这是行业内所有供应商最愿意提供的合规服务方式。

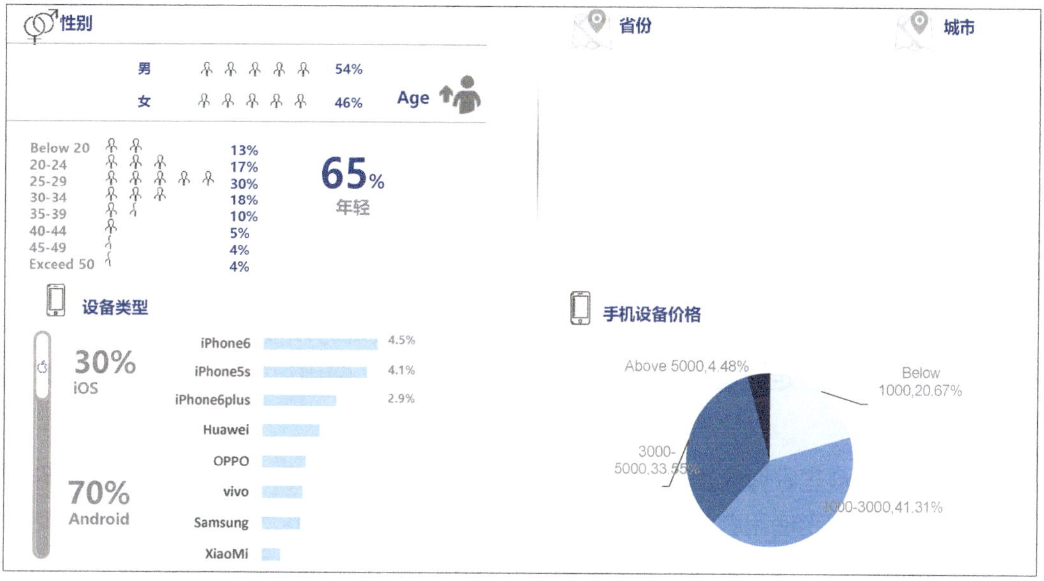

图 7-5　基于外部数据服务的消费者画像

4. 第三方标签调用

不同于以上 3 种方式，在这种模式中广告主不输出 ID，仅仅给到供应商目标消费者画像的描述，供应商在自己的数据标签体系中找出对应数据进行广告投放，但不会把数据直接给到广告主（即“只可以用，不可以拿走”的模式）。例如，某美妆广告主希望覆盖 20 至 25 岁的女性，供应商根据消费者安装的 App（例如美妆知识 App 等），访问的 URL（年轻女性话题的页面）等条件，筛选出数据进行广告投放，全过程中广告主并没有获得任何数据。这种模式对于广告主来说最“轻”，不需要任何数据和技术积累，但是也无法收集到新数据资产。

7.3 第三方数据服务营销技术趋势：区块链和数据交易平台

在上文第三方数据服务中涉及的营销技术，都是围绕着“数据合规”这个命题展开的。无论是 DMP、加密 FTP 还是数据专线，都需要大量成本，给第三方数据服务制造了高门槛，成为大型广告主享受的小众服务。在不触碰合规红线的情况下，在未来是否可能进化出新的营销技术来降低门槛，让数据在合规的情况下更好地服务整个行业呢？下面是笔者看好的两种营销技术模式。

7.3.1 区块链

说到这个充满了光环的词，相信您会联想到各种“币”、一夜暴富的故事和追随者的狂热。在介绍这个技术前，笔者需要先抑制下您可能的无限遐想和热情爆发，先正视区块链并不是能改变整个营销格局的核心技术。国内数字营销总预算在 4000 亿元左右，广告主的绝大部分预算在广告触点，在数据和技术领域最多愿意投资 5% ~ 10%。在所有数据和技术投资中，还有数据中台、营销自动化等投资大项，最多只有 5% 可能关注区块链技术，按此推算，数字营销领域的区块链天花板在 10 亿~ 20 亿元，是非常狭窄的需求。

对可能还不了解区块链底层技术的读者来说，区块链可以简单理解为是一种数据库技术，其优点是可定向使用者、加密、无法修改日志（使用记录），其不足是运算速度慢。

区块链的优点正好符合第三方数据服务的合规要求：天然不可逆加密、数据服务供应商可以清晰地规定使用者、通过监控日志来限制无限传播。这大大降低了风险和使用门槛，广告主可以在没有数据中台的情况下，直接获取区块链的使用权限来实现数据的使用场景。

但是运算速度慢也限制了区块链的使用。笔者查询到，全球最著名的“比特币”每天查询次数在千万级，而国内的数字广告展示数量每天在千亿次级别，区块链供应商为了更高速度，必须在系统设备上投入更多成本。但是按照今天的数据服务价格，区块链供应商获取的广告主预算和系统成本之间远不成正比，因此只有在第 5 章介绍的无效流量识别等少数非实时的数据服务场景才能发挥作用。

7.3.2 数据交易平台（Data Exchange）

国外著名的第三方 DMP 往往都具备数据交易平台的功能，但是在国内尚没有完全复制国外成熟模式的供应商。

首先需要强调的是，“数据交易平台”同样需要符合数据合规要求，只能提供上文所列的合规模式提供服务，实际解决的是广告主和多个第三方数据源的对接问题。今天广告主和供应商是通过点对点对接的方式得到服务，当广告主的需求在单一供应商无法满足的时候，就需要和多个供应商做系统对接。由于每次对接都会产生费用和时间成本，广告主只能凭借操盘手的个人经验，以及供应商的行业口碑挑选极少数几家合作，这种凭经验的合作模式就会出现天然的信息不对称，对广告主来说就产生了不可控因素。

打个比方，家庭主妇（广告主）来到菜市场中，每个摊位的主人（供应商）都极力推销着自己的蔬菜，但是摊位上只会放着没有标价格的蔬菜照片（供应商不可能给广告主看所有数据），价格需要询问才能知道（数据服务往往一客一价），标着“有机”的蔬菜无法自证（数据来源的合规性），摊主也只提供极少量的样品来证明质量（少量数据做自证），而且同一摊位还不一定有家庭主妇需要的所有蔬菜。在多重信息不对称的情况下，交易过程很容易出现问题。家庭主妇要保证蔬菜的质量，要么手中有巨大预算，摊主怕失去客户不敢有猫腻，要么家庭主妇身经百战，对每个摊主有清晰的认识。

数据交易平台实现的就是把“菜市场”变为“超市”，借用一个有足够信任背书（往往是政府许可）的中心化平台来整合数据（但不拥有数据），来连接广告主和多个供应商，如图 7-6 所示。

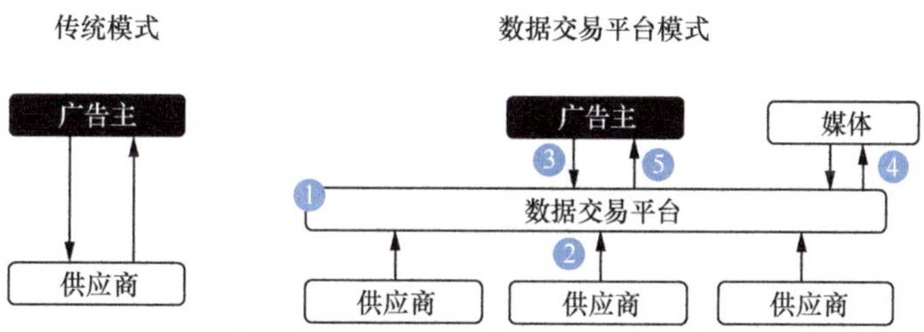

图 7-6　数据交易平台模式下的第三方数据服务

以广告主提供脱敏 ID 来进行标签补充的场景为例。

1）数据交易平台首先需要得到政府认可，确保商务、技术和数据源的合规性，并对所有入驻的数据服务供应商进行审查。

2）平台和供应商数据源对接，供应商的标签体系必须按照平台设定的标准（例如性别统一用“男 / 女”标识）。

3）广告主把需要补充标签的 ID 和数据交易平台对接，平台的报表系统会显示各个数据源的匹配度和价格，例如广告主输入了 10000 个 ID，需要年龄和性别两个标签。数据源 A 只有年龄标签，并且匹配上 7000 个 ID 的年龄，每个标签 0.15 元，数据源 B 能匹配上 5000 个 ID 的年龄和性别，每个标签 0.1 元。单纯从价格上看，广告主的最佳方案是购买所有数据源 B 的标签，以及部分数据源 A 的标签。

4）通过数据交易平台和媒体的对接（扮演了 DMP 的角色），广告主可以对数据进行部分广告投放尝试，返回基于不同体系标签的投放效果，来验证不同数据源的实际效率。例如数据源 A 的年龄标签比数据源 B 的准确度高 10%，广告主就需要考虑选择价格低的数据源 B，还是价格稍高但是有更高准确度的数据源 A。

5）通过部分广告投放效果，广告主决定最终采购的服务数据源以及对应字段和方式。

7.4　第三方数据服务需要避免的潜在风险

第三方数据服务是所有营销技术中存在最多信息不对称的领域，在现有情况下，合规的数据服务供应商往往只服务大型广告主，因为有其大量预算压阵，供应商尚不敢造次。而真正有潜在风险的是有一定预算，但是对于整个生态体系并不是很了解的中大型广告主。

毫无疑问，数据合规是最大的潜在风险，不光针对广告主，也针对广告主内部作为操盘手的个人。现在市场上存在着各种供应商，讲着不同的故事，并且以各种形式标榜自己的合规性，但是往往在漂亮的故事背后讲不清楚实际的数据来源，存在着合规数据和灰色数据混杂的现象。对于广告主来说，甄别方法大概有几种。

- ✧ 专业认证。在第一节最后提到了几个行业标准认证，获得这些认证都有一定的门槛，基本挡掉了各种不正规的小型供应商。
- ✧ 数据合规原则。通过提问甄别供应商对于数据合规的了解程度。
- ✧ 行业分享。咨询大型广告主的操盘手，询问供应商的行业口碑。

第 8 章

营销人工智能

在亚力克斯 · 嘉兰导演的电影《机器姬》中，两位全世界最顶尖的程序员对“女性”机器人艾娃进行图灵测试，期望验证人工智能的效果。在充满悬疑的测试中，艾娃利用“女性”身份和两个程序员之间的矛盾，引导他们互相残杀最终获得了自由。这个影片反应了大众对于“人工智能”（AI，Artificial Intelligence）的印象：无所不能、神秘、让人恐惧。

在现实中，笔者经常遇到声称拥有“人工智能”能力的营销技术公司，在行业中流传的广告主案例中也经常能看到“人工智能”的字样。营销业内对于人工智能的观点，基本都是正面的，认为人工智能代表了先进生产力和未来，但是对于人工智能本身的技术分类，以及支撑的业务场景却缺乏一致的认知。

在本章中，受限于知识水平和经验，笔者并没有能力展开介绍人工智能的技术落地（如果您想了解，请参阅市场上更加专业的技术书籍），也不想全篇放满生涩难懂的技术词汇，而更多关注笔者眼中人工智能的演进过程，以及当前实际能落地的营销场景，帮助您了解人工智能是什么，不是什么；在当前的技术和数据水平下，人工智能在营销领域能做什么，不能做什么，以及在中短期的未来可能实现的营销场景。

8.1 人工智能的前生今世

如果千年后对改变历史的科学家封神，“人工智能之神”毫无疑问将是艾伦 · 图灵（Alan Mathison Turing）。他创立了计算机科学，制造了第一台真正意义上的计算机，同时提出了人工智能理论，以及用于测试人工智能效能的经典方法——图灵测试（The Turing test）。

人工智能起源于密码学。在第二次世界大战期间，为了应对掌握了几乎整个西欧资源的德国，英国政府授权图灵组建实验室，来破解德国的“恩格玛”（Enigma）密码机，希望掌握更多情报来应对战争。恩格玛密码机共有 4 乘 10 的 26 次方的加密可能性，如果完全依赖暴力破解，全世界 60 亿人每人每秒来测试一种可能，需要 21 亿年才能试完所有的排列组合，而恩格玛的加密算法每天都会更换一次，因此破译工作的最大障碍是时间。

而图灵先通过语言使用的习惯，再结合算法，将加密的可能性降低到 10 万种，之后制造了最原始的计算机——“图灵炸弹机”——将破解工作技术化，通过机械获得了暴力破解所需要的计算能力，而不再依赖少数数学家的个人智慧，最终以日为单位，完成了对德军密码的破解。

如果您对这段历史有兴趣，可以参阅书籍《密码传奇》或者电影《模仿游戏》。

图 8-1 “人工智能”之父图灵，以及全世界第一台计算机——图灵炸弹机

1950 年，图灵发表了论文《机器能思考吗》，这篇文章标志着人工智能概念的正式出现。在论文中提及的“图灵测试”至今仍然作为人工智能测试的标准动作：将测试者（人）与被测试者（人或者人工智能）隔离，测试者随意向被测试者提问，进行多次测试后，如果超过 30% 的测试者不能确定被测试者是人还是人工智能，那么人工智能就通过了测试，并被认为其具有人类智能。

到了 20 世纪 60 和 70 年代，人工智能进入了情报学领域。当时美国每天都能收到百万级的苏联情报，大到克里姆林宫的绝密文件，小到报纸新闻，如何利用这些情报面临 4 个问题。

- ✧ 将这些情报从俄文翻译到英文。
- ✧ 从海量情报中甄别出有价值的。
- ✧ 通过不同情报间的关联性来判断信息的真伪。
- ✧ 情报处理的及时性。

如果通过人工方式完成以上操作，至少需要数万有语言能力和情报判断力的专业人员，以及大量的时间成本，这种方式明显是无法实现的。通过计算机和算法完成以上操作成为唯一可行的解决方案。机器学习、语义分析这些今天大家耳熟能详的人工智能领域技术就是在那时出现的。可惜的是，虽然翻译领域的人工智能在当时发挥了一定作用，但是直到今天离完美仍有很大差距。

到了最近十年，人工智能又进入了新的发展阶段。根据腾讯研究院的统计，2017 年全球人工智能领域的融资超过两千亿元。和上文提及的前几个阶段业务驱动力来自政府不同，这次的驱动力来自企业，是各种数据收集技术的出现和完善（第 2 章介绍的营销数据收集技术）帮助企业拥有了大数据之后，需要通过算法来挖掘数据的价值，获得更多洞察和业务应用场景。

由于数据的“大”和“杂”，依赖分析人员个人能力的传统统计学算法对于大数据价值的挖掘显得力不从心。例如笔者所在的秒针系统，每天监测的广告数据在百亿到千亿条的规模，笔者曾经想基于过往半年的数据，分析下国内最优质的媒体（广告投放数量和转换率两个指标），但是让笔者惊讶的是，一条简单的 SQL 分析语句，整整两周没有返回任何结果，而且服务器集群因为这个任务而宕机 3 次，笔者这时才意识到，半年的数据在数万亿条规模，用笔者十年前学习的 SQL 算法完全无法实现最简单的分析。任何大数据分析都对算力（硬件、数据库结构等）和算法（从传统的 SQL 到今天的 Python、R）提出了更高的要求，这时“人工智能”作为传统统计学算法的进化形态，再次出现在大众视野。

例如，让一个警察记住 10 个通缉犯的长相，当遇到时可以识别逮捕是很简单的，但要让一个警察记住 10 万个通缉犯的长相，则绝对超出个人能力，这时就需要人工智能的介入。

- 通过摄像头捕捉街头行人的脸部图像，通过技术把图像数字化（人脸识别，这一步被称为人工智能的“感知”技术）。
- 将数字化图像和 10 万个通缉犯的数据进行匹配，考虑到每个人的长相每时每刻都在变化，传统统计学 1=1 的算法无法进行“模糊”辨认，而人工智能则需要实现“1 和 1.1 的相似度是 90%”的计算，找到和通缉犯最“像”的脸（这一步被称为人工智能的“认知”技术）。
- 每天街头出现上亿张脸，要抓住通缉犯需要在分钟级别反馈结果，这也是传统统计学算法无法实现的。在对海量数据更实时运算的背后，则是人工智能算法配套的硬件、数据库结构等底层技术的进化（人工智能的算力技术）。

根据以上人工智能演进过程的不同阶段，您可以看到人工智能的发展有着清晰的技术和业务诉求背景。人工智能并不是利用“新手段”解决“新的商业问题”，而是突破原有解决问题的速度，替代了原有算法过程中需要海量人力才能解决的部分，实现了解决问题的方法从量变到质变。

对“人工智能”一直存在的最大误解，是人工智能可以独立作战解决商业问题。而在现实中，哪怕再简单的商业事件，也只有部分过程是可以数据化的。像 Google 的人工智能 AlphaGo 那样，在围棋这样极度纯净的数据环境中发挥效应，在商业场景下是极度少见的。每个商业事件的绝大部分背景并不能用数据来描述，例如笔者听过一个案例：某数据分析师分析两部电影的受众，电影 A 的观众在购买饮料时大部分选择了热饮，电影 B 的观众更多选择冰饮料，基于“年纪大了喜欢喝热饮”的假设，得到的结论是，电影 A 的观众年龄大于电影 B。后来大家发现，电影 A 是在冬天上映，而电影 B 是在夏天上映，以上分析的数据基础过于狭隘，分析师也缺乏行业理解，这样的“大数据分析”没有任何意义。

在今天“只拥有部分可用数据”的情况下，要更好地完成“盲人摸象”式的分析，得到离真实更近的结论，需要结合基于机器的人工智能和基于分析人员的经验（HI，Human Intelligence）的方式。有经验的数据分析师比过往更加弥足珍贵，是人工智能起效的最核心环节，基于机器的人工智能算法实现的更多是解决数据分析过程中的“体力”部分，行业理解等“脑力”部分仍然需要依靠数据分析师（人）来实现。只有对行业有深刻理解的数据分析师，才能看到数据背后无法用数据描述的行业秘密。

笔者把人工智能起效的 4 个要素归纳如下。

- 有经验的数据分析师（最核心要素）。
- 大数据（分析的源头，人工智能出现的原因）。
- 人工智能算法（市场上最神秘的部分，基于大数据的统计学算法）。
- 算力技术（IT 层面的软硬件，让数据分析师在商业问题“过期”前，更加高速地解决问题）。

8.2 营销人工智能现状

著名咨询公司 Gartner 公布的 2017 年 Hype Cycle for Digital Marketing and Advertising（数字营销和广告技术成熟度曲线）报告中，第一次出现了营销人工智能（Artificial intelligence for marketing），并且给出了“Transformational”（带来转型）的重要性程度评价，认为人工智能将从根本上改变营销的运作机制，但是技术的成熟仍然需要 10 年以上的时间。

笔者眼中的营销人工智能是“营销大数据分析”的一种方式（在很多营销场景下，还会继续沿用传统统计学方式），而“营销大数据分析”只是数据资源的一部分，数据资源是数字营销的一部分，数字营销又是营销的一部分，在整个国内数千亿元的营销预算中，营销人工智能只是极小的细分领域。出于人工智能本身的神秘感和技术属性，营销圈往往有着过高的期望值，这其实和事实需求不符。

对于广告主来说，人工智能是最“奢侈”的营销技术投入，原因并不是人工智能本身需要的投入有多高，而是人工智能是企业拥有营销大数据后的高阶应用，广告主需要在前期大量投入进行数据收集，构建了成熟稳定的数据中台，通过大量研究发现了明确的商业场景后，才需要去构建人工智能的能力。在笔者所见，现在只有两类企业在构建营销人工智能能力。

- ✧ 拥有大数据，并且把这些数据以营销工具方式提供给广告主进行变现的互联网公司巨头，例如，百度搜索、阿里妈妈、腾讯社交广告的背后，都有着极度庞大的大数据，所有的数据价值挖掘都必定是基于人工智能的。
- ✧ 已经构建了大数据能力，每年营销预算在十亿级别的极少数头部广告主，在构建了专业的数据分析团队后，希望通过人工智能来提升营销效率。

如果抛开已经拥有复杂人工智能能力的顶级互联网企业，单从营销生态圈中的大部分角色，特别是广告主角度，今天已经或者正在实现的，有一定行业可复制性的营销人工智能场景如下。

8.2.1 虚拟助手

这是今天在国内最多被提及的领域，在耐用消费品（汽车、房）、金融（保险、理财）和 B2B（企业对企业）行业，在营销中广告主有个重要环节是通过电话和在线聊天的形式和消费者进行深度沟通，解答消费者的个性化问题，推动销售实现。

传统上是通过人工实现的，如果按照人工客服一个月工资 4000 元计算，加上税、社保、办公面积摊分、离职率等各种成本，实际每个月的人力成本在 10000 元左右，按照每天能解答 30 个消费者的问题，平均每次的沟通成本在 20 元人民币左右。如果再计算沟通成功率，在消费者沟通这个环节，实际占据了企业获客成本的很大部分。

今天的语音识别领域的人工智能已经发展得非常成熟，可以把消费者的语音翻译成文字，然后利用机器学习的方式把各种答案标准化，最后把这些回答模拟成人声，形成和消费者一问一答的沟通，这样的人工智能技术被称为“虚拟助手”。Apple 、微软和科大讯飞等企业都有了经历了多年积累而可以商用的产品。笔者在现实生活中也经常感知到这样“虚拟助手”的存在。从成本角度来看，只要广告主的电话沟通量够大，虚拟助手的成本分摊到每次沟通，对比原来的人工成本会降低一至两个数量级。

但是虚拟助手作为人工智能技术成熟后，也带来了意想不到的恶果——骚扰电话。除了正规的大型广告主，房地产、保险、教育等行业的销售公司在完全忽视数据合规的情况下，从数据黑市上非法获得个人信息，利用虚拟助手进行批量外呼，给消费者造成了严重的困扰。2019 年的 3 · 15 晚会上已经出现了相关的负面报道。

8.2.2 广告反作弊

在5.4节中，笔者介绍了在今天的数字广告生态圈中，无效流量已经成为行业毒瘤，每年吞噬着超过260亿元的营销预算。如何广告反作弊，是整个营销生态圈对于人工智能现阶段的最大期望。

在过去受限于测量技术，反作弊往往是基于IP地址、设备ID等少数消费者行为数据展开的。随着数据黑产的规模化运作，作弊手段越来越高级，为了跟上这场不断升级的矛与盾的较量，行业除了对测量技术提出更高的要求，还需要更精准的算法，甄别这些测量数据背后的流量真实性。

以5.4节提及的手机墙“鸡场”作弊方式为例，今天的测量技术已经能在不侵犯消费者隐私的情况下，追踪到手机的电量、陀螺仪使用情况、屏幕触及习惯等数据，任何作弊形式都不可能把细节做到完美，基于以上这些纷繁复杂的大数据加上人工智能算法，已经可以对“鸡场”有效甄别。

8.2.3 数字广告预算的优化

作为数字营销中最大的预算领域，每年数字广告的预算超过4000亿元。在广告投放过程中涉及目标消费者的选择、广告竞价策略（参阅第6章）等大量需要数据驱动的节点，从微观上对广告主的预算优化有着大量空间，因此产生了数字广告中人工智能的单独学科：计算广告（Computational Advertising）。

以竞价广告为例，在出价最高者获胜的规则下，多个广告主对一次广告进行竞价，大家的出价都是不透明的。广告主A通过出价CPM=10元获得广告展示的机会，但是并不知道有几个竞争对手出价，分别出价是多少，也许出价8元同样也能获胜，对于广告主A来说就是多用了20%的成本取得同样的效果。

由于多方出价是一个复杂的博弈过程，广告主的出价策略是基于上次竞价结果进行调整的，这就需要人工智能更及时地洞察竞品的出价博弈逻辑，指导广告主在竞价中以最小成本获得广告展示机会。

8.2.4 内容的自动生成

对于营销人来说，制作一个好的内容的难度远高于找到一个高质量的目标消费者。虽然今天在营销技术层面已经支撑“千人千面”的个性化营销，但是再强大的广告主也无法通过真人设计师为每一个消费者制作个性化的内容。由于营销内容制作的背后是有一定逻辑的，并不是每一张图片都需要精雕细琢，今天的人工智能已经能实现内容的快速生成。

在2019年的情人节，笔者所在的秒针系统制作了微信小程序“告白物语”（图

8-2），消费者可以扫描左下角的二维码进入小程序，输入一张图片后自动生成情书，笔者随意放了一张美食图片，系统就自动生成了“吃遍山川湖海，在遇到一生所爱”这样看上去还凑合的文案，解决了众多理工男不善言辞的行业诉求。

图 8-2　告白物语：自动生成“情书”的微信小程序

这个领域的翘楚是国外营销技术领域领头羊 Adobe 发布的人工智能系统 Adobe Sensei，除了图片甚至还可以对视频进行处理。如图 8-3 所示，原始素材是一辆汽车和一个自行车在同时飞驰，通过 Adobe Sensei 可以在几秒内删除掉汽车的影像，甚至毫无 PS 痕迹。而传统的方式通过一帧帧的处理，至少需要花费数天时间。

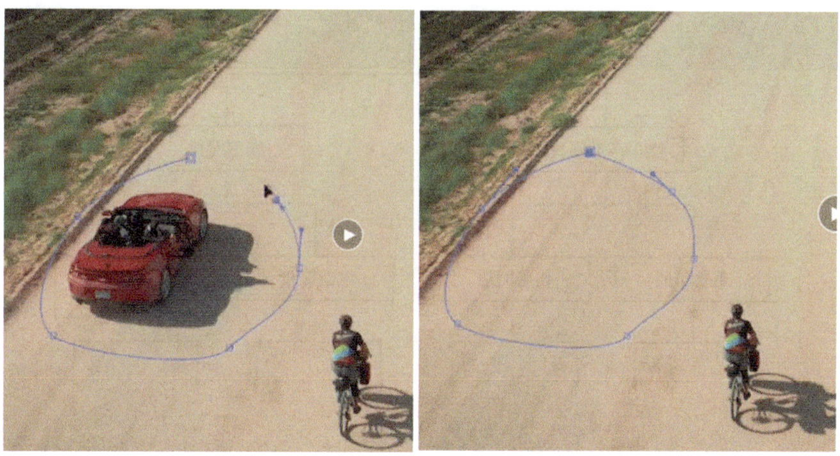

图 8-3　Adobe 人工智能工具 Sensei 对于视频的自动处理

8.2.5　知识图谱

在第 5 章“数据中台”中笔者对知识图谱进行了介绍，它解决的是广告主收集了纷繁复杂的大数据后，对消费者数据的快速标签化，在此不再重复。

8.3 营销人工智能的未来

笔者在上文中也提及，人工智能是基于广告主拥有大数据后的高阶应用。以下是笔者所见在国外已经成为单独领域，但是国内尚未起步的应用场景。

8.3.1 客户体验管理

在消费者的采购决策链中会产生大量的行为数据，但是对于单个广告主来说，无法收集全部数据。今天的数据使用方式是抓消费者的关键“深度互动行为”，例如在车企广告主获知的所有消费者行为中，只关心“询价”“预约试驾”“到店”等少数关键行为，而忽视更大量的广告浏览、点击等行为数据，同时也遗漏了那些没有收集到关键行为数据的消费者。

基于实际能收集到的每个消费者的碎片数据，人工智能可以横向分析最终进行购买的消费者的共性，判断每个消费者的购买意向。例如在汽车行业的算法“Engagement Scoring”（图 8-4），在分析了各种消费者行为数据后，发现当消费者符合以下 3 种行为的时候，有着最高的购车意向。

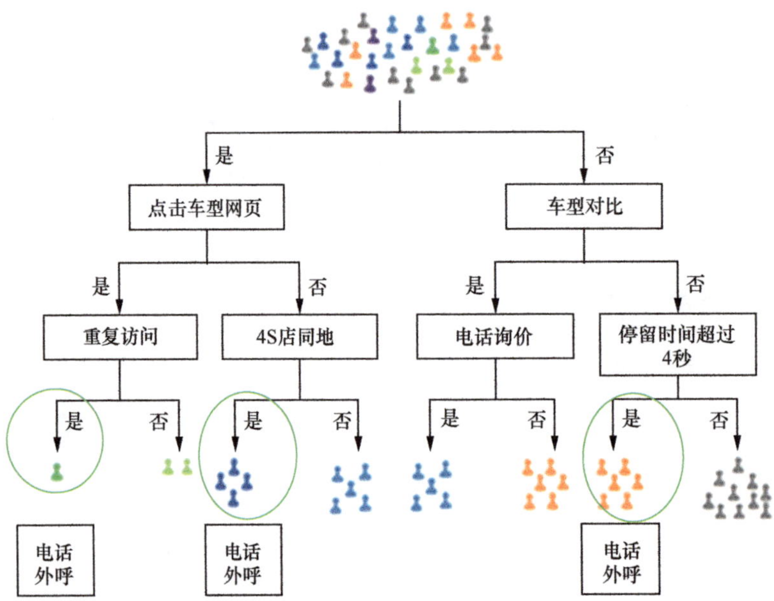

图 8-4 Engagement Scoring 算法

✧ 在多个网站点击同一个车型网页的客户。

- ✧ 点击某车型网页，并且和 4S 店同地的客户。
- ✧ 点击车型对比网页，并且停留时间超过 4 秒的客户。

8.3.2 动态定价

电商对于传统行业的最大冲击是价格的透明化，以前消费者跑几个线下店比价，就可以决定在哪里购买，广告主仍然可以在不同区域间做价格区隔策略。而今天通过电商搜索，很容易知道同一产品在全市场的不同价格，对于销售渠道复杂，无法对价格完全管控的行业（例如快消品），电商就是木桶原理的陷阱，价格最低的那个渠道决定了整个产品的定价。

随着海淘的出现和假货的干扰，这个局面开始改变，消费者不再完全以价格为导向，为了买到真货，消费者愿意在可信的渠道进行溢价购买，这时在广告主自营店的定价就变得很有意思，人工智能能实现的场景包括两个层面。

- ✧ 基于单个消费者的微观动态定价：广告主可以根据单个消费者的历史数据和画像，判断消费者是否价格敏感，然后不同消费者浏览同一商品会看到不同定价。例如，数据发现男生对于口红价格的了解程度不如女生，因此男生看到同一口红的价格会比女生高 10%。这种做法的缺点是被消费者知晓后，会引起非常强烈的反感，甚至被消费者认为是歧视。

行业常用的做法是把这些价格调整和优惠券融合，通过看似随机抽奖，实际背后有复杂算法的刮刮卡实现，在不引起客户反感的情况下保持折扣的不透明性。

- ✧ 面对全市场的标准报价的动态定价：一个商品的价格是由什么决定的？其实并不是成本，而是对标竞品的价格。当消费者决定采购商品的时候，脑中会有几个对标的品牌，在对比品牌认可度、价格可接受度后找到平衡点进行购买。

以奶粉行业为例，一罐奶粉 100 元，如果涨到 101 元，可能并不影响销量，但是对广告主来说就是额外的 1% 利润，按照广告主一年销售额 10 亿元计算，一个调价动作就能带来 1000 万元的纯利。那如果涨到 102 元呢？105 元呢？110 元呢？价格上涨必然跟随着销售量下跌，人工智能需要做的，是在随时变化的竞品定价环境下，帮助广告主找到最佳利润点，如图 8-5 所示。

8.3.3 消费者生物信息的识别和应用

今天对于消费者各种行为的数据收集，都是基于终端（电脑、手机、Pad 等）展开的，而通过摄像头收集消费者的人脸信息、通过麦克风收集声纹信息，在技术上实际已经能实现了。但是受制于用户隐私，这些消费者的生物信息并没有被主流数字营销生态圈所使用，笔者所见的案例更多的是在不留存消费者个人信息的情况下，利用消费者的生物信息来触发一些事件。图 8-6 是国外某剧院实行的“微笑收费”营销：这个剧院上演的是某喜剧，消费者在入场的时候无需支付门票，但是根据喜剧表演时摄像头收集到消费者的微笑次数，按照每次进行收费。

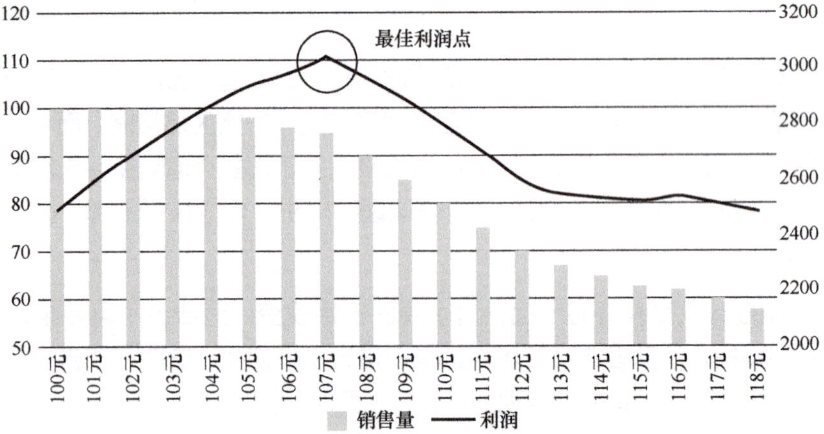

图 8-5　通过人工智能动态找到最佳利润点的定价

图 8-6　“微笑收费”营销

人工智能对于消费者生物数据的识别和应用是严格受到法律法规和伦理约束的，但是可以展望的是，当以上问题找到技术使用边界后，基于生物数据的营销人工智能将推动数字营销进入一个新的时代。

第 9 章
基于社交媒体的客户关系管理系统

看完前几章后，您可能会觉得每项营销技术都动辄百万级人民币的投入，是大型广告主才能拥有，那有没有适合中小广告主使用的营销技术呢？本章介绍的 SCRM（Social CRM：基于社交媒体的客户关系管理系统，后文统一用 SCRM 称呼）就是所有营销技术中门槛最低，适合几乎所有行业各种体量广告主的通用技术。

根据咨询公司 eMarketer 的研究，每个消费者每天花费在手机上的时间超过 4 个小时，而在国内每个消费者的手机使用时间集中在 B（百度）A（阿里）T（腾讯）T（头条）M（美团）D（滴滴）六大互联网巨头手中。其中，腾讯系的微信是流量最充沛（平均占据了消费者 30% 以上的手机使用时间）、覆盖面最广（超过 10 亿用户）、数据和系统开放程度最高的平台，基于微信衍生出现了公众号、H5、小程序、微商、KOL（意见领袖）等多种微信营销套路，帮助广告主实现了获客、维系、销售转换的全场景闭环。而 SCRM 就是微信营销中广告主私有流量池的技术基础。

9.1　以 SCRM 为中心的消费者转换体系

虽然微信营销的方法千变万化，但是对于广告主来说，微信的定位是广告主最佳“私有流量池”，实现的是以微信公众号为中心，沉淀各种营销产生的流量，完成消费者从了解品牌，建立品牌忠诚度到最终销售的培育全流程。

在过去数年，虽然大型广告主都试图建立以自有 App 为中心的流量池，但最终都发现只有在微信这个平台上才能实现和消费者的高频互动和长期培育。无论是年预算过十亿的大型广告主，还是小型企业，都在探索公众号的流量池模式。图 9-1 是经过多年打磨后，行业通用的消费者转换的 3 个步骤。

1. 广告引流阶段

让消费者了解一个品牌的方式有很多，从传统的户外、报纸、电视，到数字化的搜索引擎营销和程序化广告，以及大量流转在社交媒体上的软文，这些不同的广告形式在过去都是通过“一锤子买卖”的形式和消费者进行着互动：如果消费者看到广告被打动了，马上就购买；如果被打动了暂时没有购买，也许未来某天会购买，但是却无法跟踪；如果没有被打动也没关系，反正单次消费者触达的成本也很低。

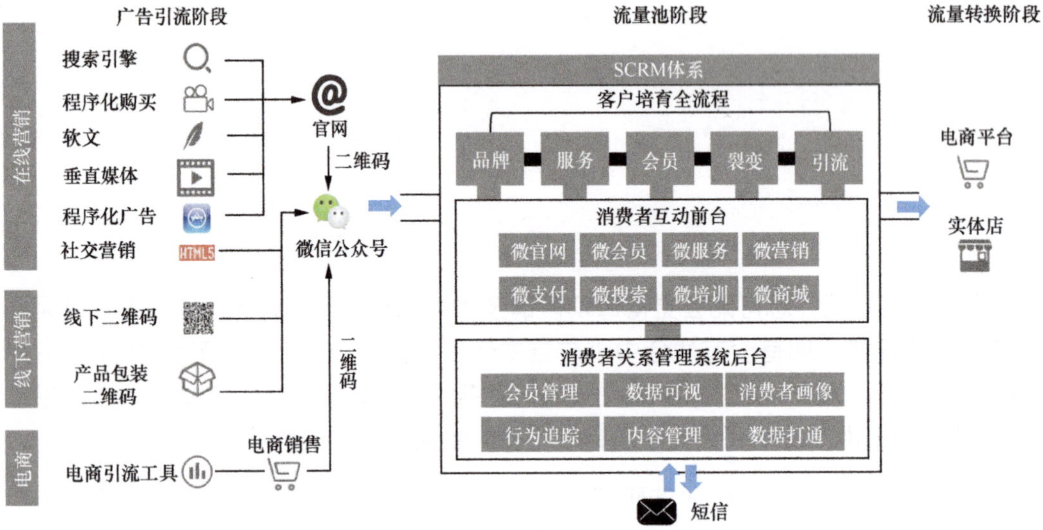

图 9-1　以微信 SCRM 为中心的消费者转换过程

而二维码技术的出现，可以让消费者非常简单地一键关注广告主的微信公众号，也帮广告主实现了各种营销方式流量的沉淀。从技术角度，微信公众号引流的方式有 3 种。

- 通过官网的二维码跳转：搜索引擎营销（SEM）、程序化购买、社交媒体上的软文、垂直媒体和程序化广告的营销手段，无法实现直接跳出个二维码让消费者扫描。例如，消费者在百度上搜索了广告主的品牌关键词，搜索结果第一行展现了广告主的落地页 URL，而不可能是二维码。当以上几种形式产生的流量来到广告主官网后，再通过各种形式引导消费者扫描二维码，成为微信公众号的关注者。
- 营销二维码扫描：在社交营销以及线下的场景，可以直接通过展示二维码让消费者扫描关注微信公众号。
- 商品外包装的二维码扫描：由于国内主流电商（淘宝、天猫、京东等）都不隶属于腾讯系，广告主无法在电商平台上直接向消费者展示微信二维码。可行的办法是当消费者完成购买并收到商品的时候，通过扫描商品外包装的二维码关注公众号。

2. 流量池阶段

消费者成为广告主微信公众号的关注者，只是消费者采购决策链的开始，在完成最终购买前，广告主还需要在微信公众号中完成 5 个步骤的培育。

✧ 品牌：通过每天的推送，告诉消费者品牌价值、商品特点、促销信息，不断提升消费者的好感和忠诚度。

✧ 服务：包括对于已有用户的售后，以及潜在消费者的售前咨询。

✧ 会员：SCRM 最核心的环节，引导消费者提供真实手机号，在短信验证后成为广告主的“会员”，可以享受优惠券，个性化服务等权利。成为广告主公众号的关注者只是消费者“最浅诚意”，当消费者愿意提供真实手机号则可以称的上是消费者的“中度诚意”，而消费者愿意通过各种方式获取积分，兑换成引导优惠券并且完成购买，则是消费者被培育后产生的“最深诚意”。

✧ 裂变：按照“每个目标消费者身边都至少有 15 个同样的目标消费者”的理论，每个消费者的朋友圈都是由类似购买力和需求的消费者构成的。如果广告主的内容足够好，就能打动关注者转发，这种微信的“裂变”是成本最低的广告推广方式，在市场上有数以百计的书籍介绍微信裂变的实际操作，在此不做展开。

✧ 引流：广告主在微信公众号中和消费者进行了长期的“感情培养”后，最终目标就是引导消费者进行销售，考虑到微信内微商的局限性，主流的引流方式还是提供电商或者线下店优惠券的形式完成。

要实现上文提及的 5 个消费者培育步骤，需要 SCRM 在技术上构建消费者互动前台以及消费者关系管理系统后台，同时还需要对接外部的短信发送系统。当消费者取消关注的时候，短信是消费者召回的唯一方法。

3. 流量转换阶段

如果把广告引流阶段比喻成多对多的相亲过程，把流量池阶段比喻成一对一的谈恋爱过程，那流量转换阶段就是完成“临门一脚”的领结婚证。常规的方式是通过优惠券和促销信息，引导消费者到电商和线下实体店完成销售。

9.2 SCRM 技术模块架构

从 2012 年微信公众号功能发布到现在，广告主如何利用公众号流量这个命题被无数业内人研究和探索。SCRM 的概念也经过 5 年以上的发展，到了今天已经形成非常复杂的体系。图 9-2 是完整的 SCRM 体系，分为数据源、数据库、应用体系、会员管理体系、消费者互动体系和外部对接系统 6 大部分将近 30 个不同模块。这些模块大多可以单独分割使用，虽然搭建所有模块需要上百万的投资，但是不同行业不同体量的广告主可以根据自己的实际需求，选择适合自己的模块来构建自己的 SCRM 体系。

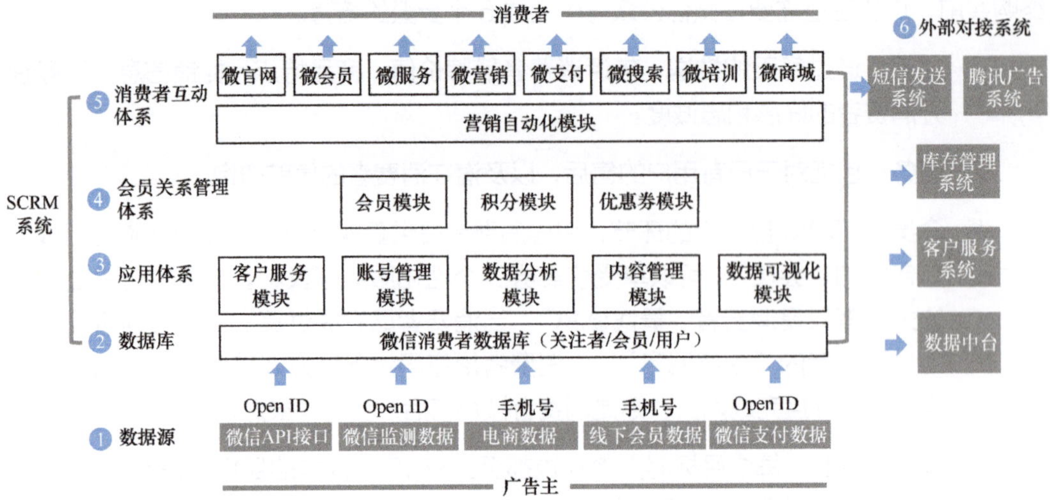

图 9-2　完整的微信 SCRM 技术架构

9.2.1　数据源

SCRM 中使用的数据首先按照消费者识别 ID 分为两类。

- ✧ 微信 Open ID：腾讯给出的消费者唯一识别 ID，但是针对不同广告主进行了算法加密隔离，不同广告主之间的数据无法打通。例如消费者张三的微信 ID 是 ZHANGSAN，同时关注了广告主甲的公众号 A 和 B（同一个广告主拥有多个公众号是普遍情况）和广告主乙的公众号 C，广告主甲在申请公众号时只需要告诉腾讯公众号 A 和 B 都是属于自己的（同一个营业执照号），从微信 API 接口拿到公众号 A 和 B 的数据中，张三的微信 Open ID 都是加密后的“zhangsanABC”，数据可以互相打通。但是广告主乙从微信 API 拿到的数据中，张三的微信 Open ID 是加密后的“zhangsanDEF”，和广告主甲收集到的数据不一样而无法打通使用。
- ✧ 手机号：广告主的 CRM 数据中的常规消费者识别 ID。

而按照数据源则包括了 5 大类，包括腾讯为广告主提供的两种数据（微信 API、微信支付 API 数据），以及非腾讯提供但可以和微信数据对接的 3 种数据（微信监测数据、电商数据和线下会员数据）。

1. 微信 API 接口数据

腾讯为广告主提供的标准数据接口，广告主可以获得关注者的主要信息如下。

- ✧ 关注者填写的微信注册信息（性别、所在国家、所在城市等，考虑到很多消费者不会填写真实信息，数据可用度并不高）。
- ✧ 互动行为（打开公众号，浏览和转发图文推送、留言、点赞等行为）。

✧ 地理位置（当关注者打开公众号时，可以设置自动询问是否分享地址位置信息，大部分关注者都会拒绝，因此数据可用度也并不高）。

由于微信提供的数据类型经常会有更改，要了解细节请搜索“微信开放平台”或者下载微信开发者手册。

2. 微信监测数据

微信并不允许广告主对公众号主界面以及常规的图文推送（每天公众号推送的内容）埋设监测代码，但是可以监测小程序、H5 的部分行为数据。监测技术原理和可获得数据请参阅第 5 章。

3. 电商数据

消费者在任何电商平台进行购买的时候，广告主都可以获得手机号（邮寄信息），但是腾讯为广告主提供的数据中并不包括手机号。常规情况下，电商数据和微信数据无法打通，广告主理论上无法知道公众号关注者经过长期互动后是否产生购买行为。

曾经有段时间，广告主通过“提供手机号免费赠送手机流量”“输入手机号测星座和运程”等营销方式来获取关注者的手机号，但当腾讯发现这种行为后，在公众号使用政策上进行了限制，一旦发现，按照“诱导行为”进行处罚，最严重的情况是直接关闭广告主的公众号。

今天行业普遍使用的方式是广告主在公众号中使用 SCRM 的会员模块，引导消费者成为会员来享受积分、优惠券等权利，换取消费者输入手机号成为会员。通过会员手机号就可以打通电商数据，但是从关注者到会员的转化率并不高。

4. 线下会员数据

很多零售、美妆等广告主在过去十年已经构建了以手机号为消费者识别码的会员管理体系。为了更好地使用微信流量，这些广告主都选择把已有会员系统迁移到微信公众号来打通微信和线下销售数据。星巴克、GAP、优衣库等需要和消费者进行高频互动的广告主都已经完成了会员体系向 SCRM 的迁移。

5. 微信支付数据

这是微信区别于其他社交平台最棒的一点，当消费者在电商或者线下平台使用微信支付进行购买的时候，微信提供给广告主的支付数据中对消费者的识别也是微信 Open ID，意味着广告主能了解微信营销中覆盖的消费者，是否最终使用微信支付完成购买。

9.2.2 微信消费者数据库

在整合以上 5 种数据源后，SCRM 底层需要一个完整的消费者数据库来整合和存储所有数据，其中记录的消费者信息包括了 3 个层次。

- 关注者：关注了广告主公众号的消费者，广告主对于消费者的了解只基于微信 API 接口数据和部分监测数据。
- 会员：成为广告主的会员，并且使用了手机号进行验证，广告主可以对接消费者线下的原有会员数据。
- 用户：消费者在电商、广告主实体店，或者使用微信支付进行了购买。广告主能打通 5 种数据源，构建在微信生态体系中最完整的消费者画像。

9.2.3 应用体系

广告主对于微信公众号的后台管理系统包括以下模块。

- 客户服务模块：消费者可以在微信公众号中使用“在线客服”和广告主进行互动，广告主可以使用人工的客服人员，或者对接人工智能的聊天机器人和消费者进行互动。有些广告主已经拥有基于呼叫中心的客户服务系统，可以考虑将 SCRM 的客户服务模块直接和现有系统进行对接。
- 账号管理模块：考虑到广告主可能有多个公众号，可以通过一套界面管理所有公众号的运营。
- 数据分析模块：由于微信支持“千人千面”的营销（例如从技术上可以实现不同消费者打开公众号看到不一样的按键，每天的图文推送都可以设置成不一样的内容等），基于微信消费者数据库中的各种数据，经过分析后可以对消费者个体级别打上不同的标签。在微信提供营销接口中使用这些标签，就能实现上文提及的“千人千面”的营销。
- 内容管理模块：广告主在微信营销中涉及大量的营销内容，在内容管理模块中可以把这些内容也贴上标签，方便广告主快速查找和使用。同时在实现上文提及“千人千面”营销中，需要把消费者的标签和内容的标签进行匹配。例如广告主有部分公众号关注者被打上了“80 后消费者”的标签，在营销内容中也把一些动漫、电视剧图片打上“80 后关心的内容”的标签，在图文推送中就可以设置针对“80 后消费者”推送的内容中，使用的图片都来自“80 后关心的内容”分类。
- 数据可视化模块：在 SCRM 的日常运营过程中，广告主希望更及时地看到关注者数量、营销活动中的转发、互动数量等运营情况。在消费者数据库上构建一套商业智能系统（BI），可以帮助广告主及时地看到各种花花绿绿的图片，了解微信公众号的运营情况。

9.2.4 会员关系管理体系

这是整套 SCRM 的核心体系，也是 SCRM 和常规只注重内容推送的公众号运营的最大差别。普通的公众号会因为一篇好文章吸引很多关注者，但由于好内容是可遇不可求的，当消费者在一段时间里没有再看到感兴趣的内容，又会定期清理关注的公众号，造成广告主积累的消费者流失。

而吸引消费者成为会员，渗透入消费者的采购决策链以及售后等节点，是保持广告主和消费者高频互动和更高忠诚度的关键因素，至少当消费者在点击“取消关注”的最后一刻，会考虑“会员积分怎么办？”整套会员关系管理系统包括了 3 个模块。

- ✧ 会员系统：会员注册流程、会员 ID 分配、会员等级管理。
- ✧ 积分系统：各种形式的积分获取和花费方式，多个广告主的会员关系管理体系的积分互换等，这是会员管理体系中最复杂的模块。因为积分的定量需要和成本挂钩（即每个积分等同于多少钱的广告主预算），往往需要广告主市场部和财务部进行精算。基于固定的营销预算，广告主每年能发出去多少积分，消费者不同的行为能获取多少积分的定量，这些都是极其复杂的数据科学。此外还需要考虑“薅羊毛党”的存在，避免被恶意套取积分。
- ✧ 优惠券系统：这是广告主把消费者从微信公众号引导向销售的最重要环节，由于微信是没有头部的电商（微商只在部分行业起效），如何往京东、淘宝、天猫、拼多多等主流电商引流需要在技术层面将数据打通。

会员等级和积分是吸引消费者长期使用 SCRM 的重要因素，图 9-3 是常用的基于消费者分层的积分和会员等级政策。

消费者阶段	积分来源	使用积分	特殊政策	会员等级
用户	购买	售后服务 线下活动 商品试用	积分不过期	按照积分多少晋级，等级越高，积分获得速度将会翻倍
会员	手机号认证 营销活动 会员推荐	优惠券 抽奖获得商品小样等	积分过期	只能最低等级，无法晋级
关注者	不可获得	不可用	无	无

图 9-3 SCRM 会员关系管理体系

9.2.5 消费者互动体系

前 4 个体系都是广告主运营 SCRM 的后台，消费者实际在广告主微信公众号中能看到和使用的是公众号底部的 3x5 个按键、对话框、广告主每天的图文推送、H5、小程序、微店以及各种业务使用的自动推送（例如会员积分变化等）等。如果按照实现场景分类，常用功能分为以下几种。

- ✧ 微官网：考虑到消费者在获知一个陌生品牌时，除了在电脑上用搜索引擎找下这个品牌的介绍，在微信上寻找这个品牌的公众号也已经成为一个常规动作。广告主往往会预留公众号底部的一两个按键对自己的品牌进行介绍，这也是微信公众号的最常规功能。
- ✧ 微会员：上文介绍过的 SCRM 核心功能，广告主也会在公众号底部预留“成为会员”“会员中心”“积分兑换”等按键。
- ✧ 微服务：广告主在公众号底部预留“在线咨询”按键，或者通过小程序的形式接受消费者的售前和售后服务咨询。
- ✧ 微营销：广告主每天的图文推送，以及 H5、小程序等形式对消费者进行营销活动。
- ✧ 微支付：连接到微信支付，当消费者在微商城、图文推送中的打赏等场景下，可以直接支付费用。
- ✧ 微搜索：当公众号经过长期运营堆砌了大量内容的时候，可以开发公众号站内搜索引擎，帮助消费者快速找到目标内容。
- ✧ 微培训：在 B2B、耐用消费品等领域，售前售后相对复杂，无法通过简单的客服回答消费者所有的问题，这时候广告主就会选择在线视频培训（包括录播、直播两种形式），将传统的“在线会议”系统迁移到微信平台。
- ✧ 微商城：即微商，微信内的电商体系。

在以上介绍的 8 种常见的互动方式，可以配置“营销自动化”模块（功能和实现方式请参阅第 3 章），基于消费者的数据标签，配置预设的营销方式来实现“千人千面”营销。例如，当消费者关注公众号的第一天收到固定的欢迎类图文推送，当消费者第一次购买商品后，收到固定的“产品使用指南”的图文推送等。

9.2.6 外部对接系统

虽然 SCRM 可以独立作战，但是对于拥有复杂营销技术资源的大型广告主，往往会考虑打通 SCRM 和已有营销系统，常规的系统打通方式如下。

- ✧ 数据中台：在第 4 章中进行了介绍，微信数据只是广告主可获取数据的一部分，当广告主还拥有大量广告、SCRM、线下数据，需要构建完整的数据中台时（例如 CDP），就会抽取 SCRM 数据到数据中台使用。
- ✧ 客户服务系统：考虑到在微信中能实现的客户服务场景都是非常“轻量”的（仅限于在线问答、视频培训等有限手段），当广告主拥有呼叫中心、线下售后店等客服系统时，可以直接对接微信。例如在贵重腕表的维修领域，消费者可以在微信公众号中查询到最近的官方认证维修点，预约送修时间，查询维修进程，以及预约取回时间。

✧ 库存管理系统：这是 SCRM 的会员功能中，避免“羊毛党”薅取积分的重要数据对接。“羊毛党”会先通过真实采购商品获得积分，之后按照售后政策进行退货，再利用时间差使用积分套取各种会员福利。为了避免这种情况的发生，需要 SCRM 会员体系和库存管理体系更实时的数据对接。

✧ 短信发送系统：当消费者在微信中成为会员，留下了手机号码，但是又因为各种原因取消关注公众号后，手机短信是召回消费者的最后一招。此外，当广告主在公众号中发布了重要消息，但是消费者并没有浏览时，也可以通过短信告知。最常见的应用场景是“6 · 18”“双 11”等电商购物节。

✧ 腾讯社交广告系统：在广告主获取消费者的微信 Open ID 后，除了在 SCRM 的闭环中使用，还可以直接对接腾讯社交广告系统，购买腾讯系的广告。除了大家所熟知的微信朋友圈广告，腾讯系还拥有大量各种形式的广告资源，这些资源都可以基于微信 Open ID 定向投放。

9.3 基于 SCRM 的消费者培育案例

在前两节中，笔者站在广告主视角对 SCRM 进行了介绍；本节换成消费者视角，看下一个消费者从关注了广告主的微信公众号开始，到最终完成购买全过程背后的 10 个 SCRM 场景。

1. 消费者因为各种原因关注了广告主的微信公众号

技术分析：消费者关注公众号的入口主要有 3 种。

✧ 广告主的微信图文推送出现消费者的朋友圈内，消费者因为喜欢内容而关注公众号。

✧ 微信中搜索公众号。

✧ 各种线上线下的二维码。

今天基于微信 API 接口和第三方工具，广告主可以知道关注者是通过以上哪种途径关注了自己的公众号。如果是第三种情况，广告主在二维码中预先埋设代码，就能知道消费者扫描了哪个二维码来到公众号。

2. 消费者在关注公众号后，收到个性化的欢迎词

技术分析：广告主可以基于消费者的来源数据，配置个性化的欢迎词，例如发现消

费者是扫描了北京的线下二维码进入，就可以显示“欢迎您，北京的朋友”这样的个性化字样。

3. 消费者关注公众号后的第一周，每天收到的图文推送内容都是固定的。

技术分析：常规的微信运营，是每天制作完内容后发送给所有关注者，这就要求每天都有高质量的内容产出，这是非常困难的事情。而在 SCRM 中使用营销自动化模块后，就可以配置复杂的触发式“千人千面”营销内容。例如，所有消费者关注公众号后的第一天，收到的图文推送是关于“欢迎”的内容 A，第二天是关于“我们产品的历史”的内容 B……在任何渠道购买商品后的第一天收到关于“感谢购买商品”的内容 C 等，当多种规则发生冲突（例如消费者在关注公众号的第一天就购买了商品，意味着内容 B 和 C 都应该在第二天触发），广告主可以预先配置优先级，决定到底推送 B 还是 C。

在 SCRM 中，叠加营销自动化模块的最大好处是可以对内容进行复用，虽然广告主在过去制作了大量高质量的内容，但是在消费者关注公众号那一刻，之前的所有优质内容都是被错过的。在使用营销自动化模块后，广告主可以把过往的优质内容逐渐推送给新关注者。

最后需要强调的是，营销自动化模块并不能独立作战，需要 SCRM 中同时拥有内容管理、消费者数据库和数据分析 3 个模块。

4. 消费者考虑购买商品，发现成为会员可以领取优惠券，就通过手机号认证成为会员

技术分析：消费者在成为会员的流程中，需要输入手机号，并且通过短信发送验证号码（确认消费者填写的手机号是真实属于他 / 她的），通过这个途径广告主可以收集消费者的手机号来打通电商、线下会员等数据源，同时消费者会收到第一笔“会员欢迎积分”，可以获取一张折扣额度最低的优惠券。

5. 消费者很喜欢广告主公众号推送的某篇图文推送，转发至朋友圈，被多个朋友浏览和转发，发现转发和被浏览也能获得积分

技术分析：在微信 API 数据中，广告主可以获知消费者对于自己内容的转发情况，相应地在会员系统中给予积分，鼓励消费者在微信中的“裂变”。

6. 消费者的积分达到一定程度后，换取了一张优惠券到某电商平台使用

技术分析：为了防止优惠券被无限传播，SCRM 给出的优惠券往往是定向的（只针对特定消费者，并只能使用一次），这就需要打通微信的优惠券数据和电商系统。今天不同电商平台对于微信数据对接的开放程度不一样。最坏情况下，消费者需要在 SCRM 中确定优惠券关联的手机号，并在电商平台中和客服点对点确认，SCRM 中输入的手机号和电商中的收获信息中的手机号是同一个才能使用，这是 SCRM 向电商引流的最大障碍。

7. 消费者在购买商品后，获得了消费积分，并且总积分超过一定数量后会员等级上升

技术分析：消费者在任何渠道的购买，只要广告主能收集到手机号，就能和在 SCRM 中消费者预留的手机号进行打通。此外，在消费者进行第一次购买后，就从“关注者”成为“用户”，对于广告主的重要程度上升，广告主通过提升消费者会员等级给予更好的福利政策。

8. 消费者最近考虑购买产品 A，打开了多个相关图文推送，还点击了 H5 和小程序内的相关内容，渐渐地发现收到所有营销内容都和产品 A 有关

技术分析：基于微信 API 数据，广告主可以了解每个消费者打开了哪些图文推送，而通过在 H5 和小程序中埋监测代码，广告主可以在消费者是否打开的基础上，了解消费者的浏览时长、按键点击等更多的在线行为，细节请参阅第 5 章。 基于这些行为数据，广告主更加精准地猜测消费者的诉求，不断更新消费者画像，并且通过营销自动化模块安排消费者看到更多相关产品的介绍，甚至发放限定可用时间、只能购买产品 A 的定向优惠券来推动销售。

9. 广告主最近在线下举办新产品发布会，基于过往的购买记录，邀请重要的用户参加

技术分析：在打通微信和销售数据后，广告主可以基于历史消费数据来判断消费者的重要程度。除了优惠券的手段外，还可以形成和线下促销营销活动的联动，引导最有可能购买的消费者进入模式更重的线下推荐会。

从微信引导到线下的 O2O 模式除了促销会外，在奢侈品、汽车等客单价较高，注重培养消费者长期忠诚度的行业，还可以让消费者用积分兑换线下的各种营销活动，例如明星见面会、厨艺培训班等。

10. 消费者由于种种原因取消关注了公众号，广告主在电商购物节前发送短信，告知最新的促销活动和限时的优惠券兑换，消费者又重新关注了公众号

技术分析：虽然广告主无法了解消费者取消关注公众号的具体原因，但是根据消费者在成为会员时预留的手机号，广告主可以在某些特定时间（例如电商购物节、消费者生日等）通过短信发起“召回营销”。在笔者之前经历过的项目中，召回的消费者在之后产生的购买数量还是远大于新关注者。

第 10 章
营销技术的选择

在前几章中，笔者介绍了 7 个主流营销技术，而所有技术分类可能超过数十种。这些营销技术的投入少则数万，多则上千万，对于广告主来说，如何选择适合自己的营销技术，在有限预算的情况下达到利益最大化呢？

10.1 成本精算——营销技术建设的顶层方法论

投资营销技术是一个投资巨大、漫长、高风险，但是同样高收益的系统工程。笔者所见的广告主中，只要选对了第一种营销技术，很快就会建设第二、第三种……在 2.1 节中，笔者通过“拓扑图”介绍了在今天的技术水平下完整营销技术框架。无论广告主来自哪个行业，要建设整套体系至少是耗费千万、耗时数年。对于广告主来说，如何选择短期的建设目标和布局长期的建设路线呢？笔者建议的方法论只有一个——成本精算。在建设营销技术前看清楚预算构成，对建设后的效果有个准确的定量估计，是保护广告主投资营销技术积极性的重要课题。

10.1.1 系统性风险：精准营销造成营销 ROI 的下降

看到这个标题您可能会一头雾水，本书所有内容都在描述营销技术是行业的先进生产力，营销技术能提升营销的精准度，为什么突然提出营销技术赋能的精准营销，会造成营销 ROI 的下降呢？

举个例子，当广告主按照常规的 CPM 方式（千次展示计费）进行数字广告投放，按照 CPC（每次点击费用）计算效率，如果粗放式经营 CPM 媒体计价 20 元，每个 CPM 带来 10 次点击，那效果 CPC=2 元（每个目标消费者点击广告的成本是 2 元）。

当广告主基于营销技术进行 PDB 模式的精准投放后（第 6 章中进行了介绍），CPM 仍然按照 20 元计算，投放效果提升 3 倍，每个 CPM 带来 30 次点击，那 CPC

是不是等于 0.67 元，同样提升 3 倍呢？我们再考虑两个额外成本。

✧ 数据成本：每条精准数据标签按照 0.2 元计算，复用 5 次，那就是说每个 CPM 叠加了 40 元成本（0.2 X 1000 / 5）。

✧ 系统和人员成本：包括数据中台和 AdServing 搭建，以及维护人员成本，按照一年 200 万元计算。再考虑这个广告主每年投放 10 万元 CPM（200 万元的广告投放经费），每个 CPM 叠加了 20 元元成本（200 万 /10 万）。

当叠加了数据、系统和人力成本后，精准投放的总 CPM=80 元（20 元媒体 +40 元数据 +20 元系统和人），按照 30 次点击，实际 CPC=2.67 元（每个目标消费者点击广告的成本是 2.67 元），高于原来粗放式营销的 2 元。

而且这还不考虑营销技术实施失败的风险，以及媒体知道广告主购买定向的优质流量，提出涨价要求的风险（每个媒体的优质流量都是有限的，如果广告主指定的优质流量都卖完了，长尾流量就无法销售）。图 10-1 是精准营销和传统粗放式营销的成本 / 效率对比图。

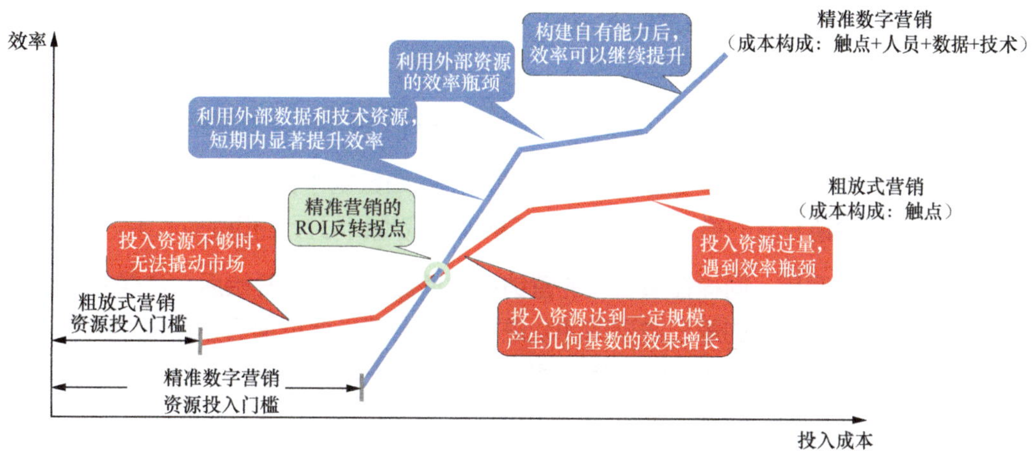

图 10-1　精准营销和传统粗放式营销的成本 / 效率对比

对比精准营销，粗放营销有着更低的门槛，在营销成本投入不够的情况下，ROI 效率明显高于精准营销。粗放式营销的效率是反 Z 字结构，当资源投入不够，无法撬动市场的时候效率很差；当资源达到一定体量，就发生效率的飞升；当资源投入过量的时候，则会遇到瓶颈。

精准营销是闪电型结构，初期投入利用外部资源（数据、人员和系统）可以获取效率的快速提升；但是外部供应商无法真正了解广告主的行业特性，很快会碰到效率瓶颈；当广告主对营销技术能力私有化，构建了第一方能力后，效率会出现第二次飞升，而且有更大的提升空间。

当广告主希望依靠营销技术提升营销 ROI 的时候，需要达成以下条件。

- ✧ 价格足够低廉的数据获取成本。
- ✧ 足够的数据复用度，摊薄数据成本。
- ✧ 足够的营销次数，摊薄系统和人员成本。

精准营销的效率超过粗放式营销的拐点，和营销投入成本挂钩，但这个拐点在不同行业，甚至不同广告主都是不一样的。

在投资营销技术前，广告主一定要明白以上任何一本教科书都不会提及的现实问题，在投资任何一项营销技术前，广告主需要了解行业案例中的真实投入成本和实际产出，考虑清楚现有营销方式是否已经复杂到需要技术提升生产力的阶段，这也是笔者讨论的“成本精算”的出发点。

10.1.2　营销技术的成本结构

很多广告主对于营销技术成本的理解往往等同于“买套软件”，其实营销技术有着复杂的成本构成，很多供应商在竞标阶段，会故意遗漏部分成本部分来降低总价，在项目开始后再要求追加之前遗漏的部分，让广告主陷入不停追加预算的窘境。以下是笔者常见的项目成本组成，仅供广告主参考。

- ✧ 营销技术的软件使用费：这是大部分广告主对于成本的全部理解。
- ✧ 前期顾问费用：对于重量级的营销技术（例如数据中台、营销自动化），广告主往往会请专业的第三方咨询团队在前期研究项目可行性和目标效果。
- ✧ 项目监理费用：同样在重量级的营销技术项目，在项目开始后，广告主会继续请前期负责顾问的第三方咨询团队进行项目监理，保证项目按照规划施行，避免供应商利用信息不对称，造成早期承诺和最终交付物间的巨大差异。
- ✧ 系统实施费用：系统的安装、测试、上线，涉及供应商的人工服务。当广告主选择的是云模式时，这块成本相对较少，当广告主选择本地模式就会牵涉和广告主现有系统的对接，工作量可能会无限膨胀。
- ✧ 软硬件成本：系统搭建的硬件（服务器、宽带、灾备或者云模式）以及第三方软件（数据库、操作系统等）的费用。
- ✧ 后期 IT 运维成本：系统上线后软硬件的维护费用，例如服务器宕机了，供应商需要在多少小时内修复，这是偏 IT 的运维成本。
- ✧ 后期操作成本：从成本和专业度考虑，很多广告主并不会自己操作营销技术工具，而是外包给供应商。操作人员更需要营销的知识和经验，和 IT 运维人员有不一样的技能要求。

另外需要强调的是，营销技术的价格是在不断下降的，随着技术的不断成熟、案例的增加，不断摊薄供应商的研发成本。咨询公司 CBinsights 报告，在过去 20 年中，随着开源云技术的成熟，平均每 4 至 5 年，同一套营销技术的价格会下降到原来的 10%，在 12 年时间里下降到原来的千分之一。而国内市场价格不至于下跌得如此激烈，但是每年的下降幅度都能在 10% 至 20%，因此对于广告主来说，有些优秀的营销技术是不是需要马上建设？还是拖上一段时间等待技术成熟和价格下降？这是一个重要决策点。

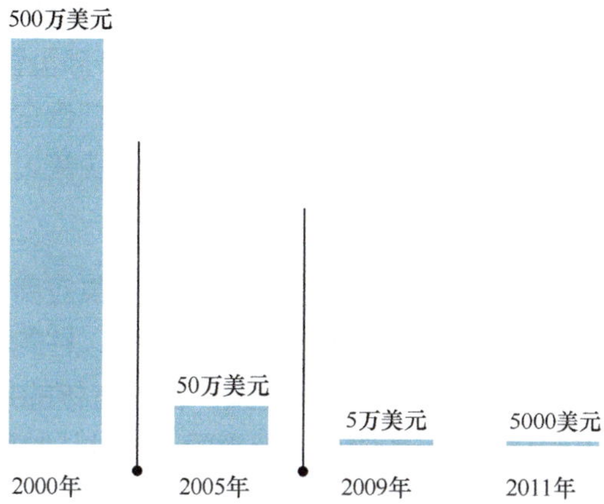

图 10-2　营销技术成本的下降曲线

10.1.3　营销技术效果的定量验证

图 10-3 是 2016 年左右火热的营销技术案例 PocketmonGo（精灵宝可梦 GO），消费者安装 App 后，可以通过 AR（虚拟现实）技术捕捉线下的虚拟宠物，之后可以进行培养、交换和对战。这个技术一出现就得到了广告主的极力追捧，业内认为这是

图 10-3　基于 AR 的营销技术案例：PocketmonGo

Online to Offline（线上向线下引流）的完美方式，设想了宠物变成优惠券、购物积分兑换限量宠物、线下引导消费者进入线下店铺等各种营销场景，但是这个技术在火热数月后就销声匿迹了。

如果复盘这个技术的兴衰，如此设计精妙，拥有无穷遐想空间，并且马上能解决广告主流量诉求的营销技术的衰败原因，笔者总结只有一条：离广告主的考核指标太远。

在第 5 章营销测量中，笔者介绍了今天广告主的主流测量体系和考核的定量指标：CPM、CPC、触达、商机……这些考核量都不会因为一个新型营销方式的出现而改变，每个营销人都有定量考核指标。在很多营销技术供应商和广告主的对话中，经常醉心于炫耀技术的先进性，而不愿意花时间去了解广告主的关键决策人是如何被考核的，最终这些在市场上引起追捧的技术又会迅速降温。

要证明营销技术的有效性，广告主必须开诚布公地和供应商分享当前的定量考核方式，以及支持考核数据背后的测量体系。供应商需要根据以往的案例经验，证明自己的营销技术能带给广告主多少指标上得提升。如果广告主考核的是 Reach 和 3+Reach 的数量，当供应商想推进 DMP 项目的时候，就需要证明过往的项目中利用 DMP 技术，在同样的预算情况下，帮助其他广告主在同样测量方式情况下的效果提升比例。

10.2　广告主的营销技术成长曲线

广告主选择营销技术的时候，首先需要考虑的问题是“这个技术是否适合现在的我”，虽然很多营销技术有着强大的功能和大量成功案例，但并不一定适合每个广告主。广告主当前需要的技术受制于两个因素：数据运营能力和所在行业。

10.2.1　数据运营能力

可以说大部分的营销技术都是基于数据的复杂应用，因此数据运营能力是所有营销技术的基石，构建完整的数据运营体系是至少需要耗费数年和庞大预算投入的复杂工程，包括了数据源、治理、管理、分析、应用和测量 6 个环节（在第 2.3 节有详细介绍），笔者把数据运营能力分为 5 个阶段（图 10-4），每个阶段都有标志性的营销技术能力形成“主轴”，其他营销技术都可以视为主轴的“可选择延展”。广告主可以根据现状来确定处于哪个阶段，再选择当前需要的技术。

1. 数据采集阶段（标志性营销技术：无）

在广告主数据运营能力的早期，“缺乏数据”是这个阶段的最大痛点，广告主对于营销技术的诉求就是如何短平快地以最小成本的拥有数据，或者在没有第一方数据的情况下，直接利用第三方的数据和技术，让数字营销运转起来。

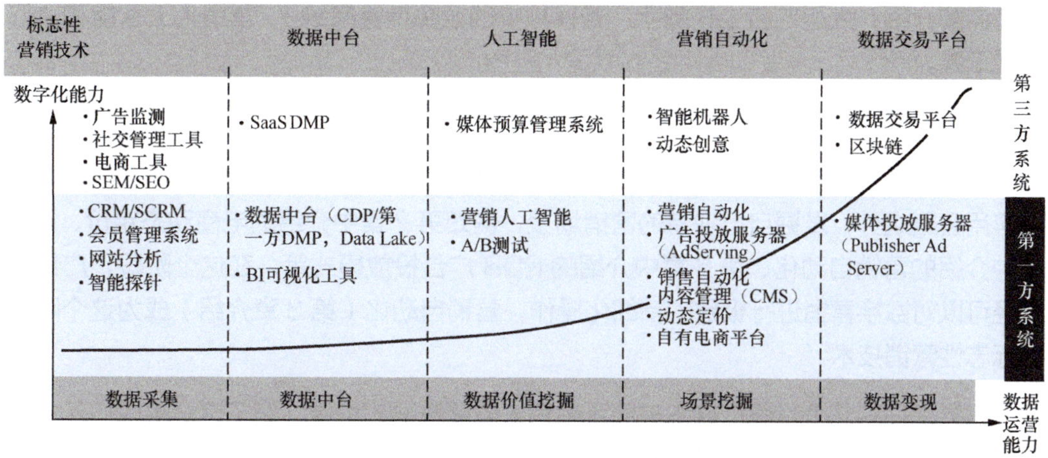

图 10-4　广告主数据运营能力的五个阶段和需要的营销技术

在这个阶段，常规使用到的营销技术包括：广告监测、社交管理工具、电商工具、SEM/SEO、CRM/SCRM、会员管理系统、网站分析和智能探针。

2. 数据中台阶段（标志性营销技术：数据中台）

当广告主拥有营销大数据后，会面临 IT 层面的数据管理问题，这时需要构建数据中台来统一对数据进行管理，这是广告主构建第一方数据能力的关键节点，广告主选择营销技术的视角从“利用外部数据和技术短平快解决问题”转型到“构建自有数据和技术的战略资源”。同时由于构建数据中台需要庞大预算，从这个阶段开始的大部分营销技术成为大型广告主的专属。

这个阶段的营销技术包括：数据中台（DMP、CDP 等）和 BI 可视化工具。

3. 数据价值挖掘阶段（标志性营销技术：人工智能）

当广告主有能力管理好营销大数据后，数据运营就从 IT 问题变成营销问题了。营销侧要从动辄 TB 级的数据中发掘价值，需要通过数据分析把“大数据”简化成营销侧能使用的“营销小数据”（统计级的洞察结果，或者消费者 ID 级的标签）。

一开始广告主会依赖第三方的数据分析团队，但是当发现外部数据分析能力缺乏足够行业理解（外部供应商几乎不可能拥有在单一行业十年以上经验，并且在广告主曾经担任过中层以上，有足够行业视野的分析人才），并且分析结果会服务于全行业（所有广告主都可以使用同一套分析结果），很快就会碰到外部数据分析能力的天花板，这时广告主就会转向构建第一方的数据分析能力。截至 2019 年年初，在国内只有不到 30 家头部广告主在构建自己的第一方数据分析团队。

传统统计学对于营销大数据的分析显得力不从心，这是就需要广告主构建自己的营销人工智能体系，通过自己的手来挖掘数据价值（关于人工智能请参阅第 9 章）。在这个阶段，常规的营销技术包括：媒体预算管理系统（Media Planning Tool，在前几章没有详解介绍，大型广告主在数字广告投放中的预算精算系统）、营销人工智能和 A/B 测试工具。

4. 场景挖掘阶段（标志性营销技术：营销自动化）

当广告主已经有足够能力运营数据后，这时就需要在程序化广告投放、CRM 等传统应用套路之外，发掘自己独特的营销场景，例如第 2 章中介绍的电商动态定价、第 3 章中介绍的营销自动化、第 6 章中介绍的 PDB 广告投放模式等。在这个阶段，广告主已经可以对数字营销进行极致的精细化操作，营销自动化（第 3 章介绍）成为这个阶段的标志性营销技术。

如果说在前几个阶段广告主内部还会有人质疑数据的价值，到了这个阶段广告主可以感受到数据对于营销 ROI 提升的明显作用，真正明白营销数据的价值。在国内，只有极少数的互联网企业处于这个阶段。

这个阶段常规的营销技术包括：智能机器人、动态创意、营销自动化、广告投放服务器、销售自动化、内容管理、动态定价和自有电商平台。

5. 数据变现阶段（标志性营销技术：数据交易平台）

在广告主享受数据和技术给营销带来的红利时，很多广告主的高层开始考虑，现在服务于内部的营销数据，是否可以拿到市场上变现？通过变现，营销部门在企业内部是不是可以从成本中心（花预算的部门）转型成利润中心（赚利润的部门）？

这里提到的变现并不是“卖数据”（在第 7 章中对数据合规有相关介绍），而是基于数据形成对外的收费服务，例如第三方营销工具。阿里和腾讯就是这样的模式，他们的数据都积累自业务运营过程（电商、社交、游戏等），除了服务好本职工作，还通过阿里妈妈、腾讯社交广告的形式为其他广告主提供营销服务。

在数据变现过程中，广告主往往需要搭建媒体投放服务器（Publisher AdServer）来卖广告，以及区块链和数据交易平台这两种在国内尚未看到的营销技术模式。

10.2.2 广告主所在行业

在不同行业，企业的日常运营过程中会自然产生不同体量和质量的消费者数据，有些行业天生就坐在数据的金矿上，而有些行业在投入大量资源后也只能获取有限的数据资源。

- 电信运营商、银行、大型互联网公司，每天自然而然地生产着千万级以上的消费者数据。
- 汽车、零售等行业虽然能通过营销技术收集部分消费者数据（例如 CRM），但是数据的收集成本很高。

✧ 快消、服饰行业很难对购买自己商品的消费者数据进行收集（在超市等销售渠道，没有很好的办法收集数据）。

在不同行业，获得同样的数据运营能力需要的成本是完全不同的，行业基因很大程度上决定了广告主的数据运营能力。图 10-5 是笔者所见不同行业的头部广告主所处的数据运营能力阶段。

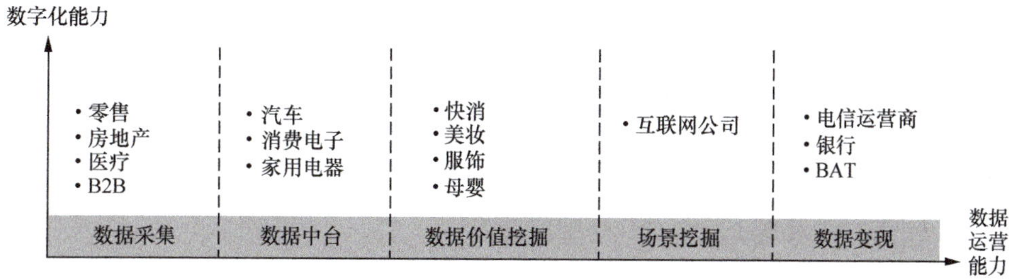

图 10-5　各行业头部广告主的数据运营能力阶段

10.3　广告主在选择营销技术前的十个灵魂拷问

笔者和已经使用营销技术的广告主聊天时，经常被问“我们已经使用的营销技术还能怎么用？”在前几次被问的时候，笔者非常惊讶，这不是在项目开始前需要确定的问题吗？但是被问得次数多了，就发现这是行业通病。

现在对预算有话语权的大部分广告主，都是右脑型的传统营销人，对于技术的理解远谈不上深刻，当遇到像营销技术这样的新事物时，判断标准有两个。

✧ 行业案例：看行业里其他人在做什么，就复制什么。

✧ 顶层方法论：完美的顶层方法论往往来自大量实践，如果拿自己的经验无法找到方法论的明显纰漏，就可以相信方法论背后的技术可以落地。

以上两种甄别方法在其他领域也许是可行的，但是在营销技术领域却会误导广告主。首先在上文介绍过，不同的营销技术起作用，需要广告主有相应的数据运营能力，只看案例而忽视自己和案例广告主的数据运营能力对比，会造成同样的营销技术在自己身上无法起作用。其次国内很多营销技术方法论是舶来品，由于国内外的数字营销生态圈，特别是数据合规要求不一样，会造成方法论的技术落地因为很小的技术壁垒无法突破而无法实现。

以下是笔者和广告主沟通的时候经常问的十个问题，帮助广告主在选择某项营销技术前甄别自己是否真的需要这项技术，这项技术是否能真实落地。如果您有兴趣可以逐一思考并做记录，笔者在下一节会对这些问题背后的思考点进行拆解。

1. 您每年的营销预算是多少？
2. 您团队中对于营销技术负责的是营销侧？ IT 侧？
3. 您现在已经使用的营销技术包括？
4. 这项营销技术是否可以通过人工替代？
5. 您营销技术的 IT 策略是以第一方的本地系统为主，还是放在云上？
6. 这项营销技术使用的数据如何打通？
7. 这项营销技术在数据使用过程中，是否有合规风险
8. 这项营销技术在行业的成功案例？
9. 这项营销技术的建设将有几个里程碑？
10. 这项营销技术的效果如何考核？

10.4 十个灵魂拷问背后的思考

1. 您每年的营销预算是多少？

思考点：在国内营销技术还是一个快速发展的新生事物，国外成熟技术受制于国内生态圈、数据合规、价格等众多原因在国内落地一直存在问题。国内供应商自有开发的技术成熟度离国外尚有差距。虽然国外大型广告主在营销技术的投资已经占据了总营销预算的 1/3，但是笔者建议，10% 是国内广告主对于营销技术尝试，可以接受失败止损上限的预算投入比例。例如，您每年营销预算是 100 万，在营销技术的总投入不要超过 10 万。

2. 您的团队对于营销技术负责的是营销侧？ IT 侧？

思考点：在广告主内部，“营销技术”到底是营销（使用营销预算）还是技术（使用 IT 预算）并没有标准答案，每个广告主的情况都会不同，因此经常会出现市场部和 IT 部之间的纷争。在最坏情况下，甚至多个部门以不同名义建设同一套系统，造成重复建设的预算浪费。

为了避免这种情况，必须在选择营销技术的初期分清楚营销侧（需求方）和 IT 侧（建设方）各自的职责、权限、预算分配等细节问题，把营销技术项目分成规划、实施、验收、运维等不同阶段，讲清楚双方的阶段分工。

3. 您现在已经使用的营销技术包括？

思考点：当广告主还处于营销技术的初级阶段，选择新技术的唯一标准就是此项技术是否强大到能解决现实问题。但是当广告主已经拥有复杂的营销技术体系后，除了技

术是否强大，更重要的是和原有技术的融合度。多套营销技术是否可以共用同一套底层数据体系和 IT 架构，新系统产生的数据是否可以反哺原有系统，这几点都可以帮助广告主减少建设成本和系统复杂度。在有选择的情况下，笔者建议广告主的不同营销技术系统尽量使用来自同一供应商的产品。

广告主经常忽视的是，营销技术在带来便捷和效率的同时，也增加了系统性犯错的可能性。在多套系统对接的复杂系统架构中，任何一个小错误都可以造成可怕的连锁反应，笔者听闻过最恶性的事故是国外某广告主的营销自动化、数据中台和邮件 / 短信发送系统在对接和使用中出现系统问题，数百万消费者在数天内会不断收到数百封同样内容的电子邮件和短信，广告主 IT 人员就算关闭了系统服务器，拔掉了网线都无济于事（因为不知道数据还缓存在什么地方），造成消费者的大量投诉和流失。

4. 这项营销技术是否可以通过人工替代？

思考点：对于重量级的营销技术（数据中台、营销自动化、程序化广告等）和需要大量沟通的技术（广告测量、网站分析等），笔者仍然建议使用成熟套件；但是对于很多轻量级的技术则建议尝试更灵活、更低成本的人工开发方式。

5. 您的营销技术的 IT 策略是以第一方的有本地系统为主，还是放在云上？

思考点：这是在 IT 层面的重要考量，营销技术的底层系统架构有 3 种方式。

✧ 构建在广告主自有的本地系统上。

✧ 构建在阿里云、华为云、腾讯云等公有云上。

✧ 构建在供应商的云上。

构建在广告主自有本地系统上是最复杂、成本最高、耗时最长，但优点是最可掌控，且数据合规，也是“所有权”属于广告主，最给广告主安全感的方式。广告主需要根据自己的情况来选择适合自己的方式。

对于预算充沛的大型广告主，笔者建议不要把 3 种方式割裂，而是看作同一套技术的不同阶段。在数据中台、营销自动化等重量级系统中，不建议在初期就使用最重的本地模式，而是先使用云模式尝试可行性，在几个月的磨合后，把云上的系统迁移到本地。

6. 这项营销技术使用的数据如何打通？

思考点：这是营销技术建设中最大的技术陷阱。国外有专业的 Data Onboarder（数据同人服务）和 Data Exchange（数据交易平台）这两种角色存在，当营销技术中需要整合不同 ID 体系的多个数据源，可以借助这两个角色实现，但在国内受数据合规因素的影响，笔者尚没有看到完美的合规解决方案。

受限于 ID 打通的问题，造成不同数据源无法很好地拼合，很多营销技术带来的场景看似简单，却无法很好地实现。例如，广告主想通过构建 360 度消费者画像，了解已经购买自己产品的消费者是否在看自己的广告，实现这个场景需要整合 CRM 数据（已有用户，基于手机号）和广告监测数据（消费者浏览和点击广告行为，基于 cookie、设备 ID 等），从纯技术和数据角度，这个简单的场景其实很难完美实现。

7. 这项营销技术在数据使用过程中，是否有合规风险？

思考点：数据作为营销技术的核心资源，数据使用中的“数据合规”是几乎所有营销人的知识盲点。大部分营销人对于“买点车主数据卖车险”的精准营销方式有可能给公司和个人带来的处罚并没有直观感觉。2018 年欧洲施行的 GDPR，国内的《网络安全法》等一系列法律法规正在改变着行业对于数据使用的红线。对于广告主来说，在建设营销技术能力的时候，并不会意识自己已经触犯了数据合规的红线。

笔者曾经在半年时间内，被 3 个大型广告主询问同一个数据供应商，号称拥有全中国最精准的消费者数据，数据来源是通过爬虫工具获取的招聘网站简历数据（是的，您为了找工作在招聘网站上传的简历，被他们通过技术“偷”来后直接销售），数据量高达数亿条。笔者查了下这家供应商的背景，还看到正规风险投资公司的注资，在两年时间内实现了收入增长 300% 并且服务于很多大客户。在 2019 年年初，笔者看到央视报道这家供应商因为违反了法律而倒闭，主要负责人被捕入狱。

笔者在第 7 章中对数据合规进行了阐述，但是这些理解并不能解释每一个广告主遇到的具体问题。笔者给广告主的建议是，当要建设某项数据高度相关的营销技术的时候，多找相关法律人士进行询问，数据合规其实是广告主使用营销技术中最大的潜在“地雷”。

8. 这项营销技术在行业的成功案例？

思考点：上文中笔者也介绍过，一项营销技术的成功案例并不代表这个技术适合每个广告主，广告主在听供应商“讲故事”的时候，需要甄别几个点。

- ✧ 成功案例所属广告主到底是哪个部门负责：由于圈子很小，广告主可以利用人脉打听下这个案例的实际口碑和效果。
- ✧ 问定量效果：供应商往往会把营销技术实现的场景，甚至方案的规划效果作为实际效果来宣传，广告主需要问清楚案例的实际投入、投入组成、最终的定量效果等细节，来甄别案例的真实度。
- ✧ 最早的成功案例：一个新技术往往需要 2 至 3 年才会成熟，市场会自动淘汰不符合国情的技术。问供应商最早的成功案例，大概就能甄别供应商方案背后的技术成熟度。

9. 这项营销技术的建设将有几个里程碑？

思考点：在笔者经历的营销技术项目中，最大的失败原因是供应商对于项目困难程度的估计不足。在计划时间内无法交付，工期被无限期延长，广告主被要求追加大量额外预算。而广告主因为经验不足，在项目中期往往并没有预感到风险，直到最后一刻供应商才把所有困难放到桌面上。

在失败风险很高的重量级营销技术项目中，广告主必须把项目切成足够细的不同阶段（建议以月为单位），每个阶段都有里程碑式的清晰交付物，广告主需要抽细节来甄别交付物的实际质量，一旦发现供应商的实施能力有问题，可以提前感知甚至止损。

10. 这项营销技术的效果如何考核？

思考点：广告主在建设营销技术前，需要根据现有规则想清楚完成建设后对于定量考核的帮助。当一项营销技术实在无法和考核数据挂钩的时候，至少能给出大量的过程数据，通过 BI 报表系统给各级领导证明系统的运行情况，给予领导安全感，这是广告主对内证明营销技术有效的最后一道防火墙。

10.5 首席营销技术师：广告主对于营销技术的专业化管理

CIO 和 CMO，经常争夺营销技术的预算和控制权，在现实生活中，广告主内部的部门间为了营销技术也会产生冲突。同时，不同的营销技术上线后也会散落在不同部门，例如 IT 部会负责技术相对复杂的数据中台、媒介部负责广告监测、CRM 部负责营销自动化和 SCRM、网站部负责网站分析，等等。由于不同的营销技术之间是有上下游关联关系的，当部门间无法很好协同的时候，就会造成营销技术的整体架构无法形成合力。

《哈佛商业评论》提及广告主内部出现的新角色：首席营销技术专家（CMT，Chief Marketing Techonologist）。对于这个角色的定位是“懂点策略，懂点创意，懂点技术，营销和 IT 间的桥梁，广告主内部的营销技术布道者”（CMT is Part strategist, Part creative director, Part technology leader, Part teacher and the Bridge between Marketing and IT）。

首席营销技术专家作为广告主的“营销技术大管家”，一般会直线汇报给 CMO，在日常工作中对接其他营销职能来获取和管理需求。对接 IT 部来负责整体的营销技术架构设计以及多种技术间的整合，下属团队负责营销技术的日常执行和维护，在技能上需要同时具备右脑创意和左脑技术的技能。在现实生活中，这样高度复合技能的人才是可遇不可求的。

现在国内广告主对于营销技术的投入正在逐渐加大，大型广告主也意识到使用传统的营销和 IT 人才都无法很好地发挥营销技术的所有能力。当广告主的投入大到一个临界点时，相信就会出现国内第一个真正意义的首席营销技术师。

后记

营销技术大潮中营销人的自我修炼

激进的，兴奋的，谨慎的，迷茫的，恐惧的……

如果您是营销人，谈到营销技术是以上哪种感觉？

笔者看到的数字：2018 年因为各种原因，国内营销领域的招聘数量减少了 20%，但是相对的，笔者看到了更多和“Digital”相关的高薪营销职位。今天数据和技术已经渗透了营销的全过程，切走了广告主越来越多的预算，出现了很多营销技术相关的岗位，对营销人也不断提出新的技能要求。作为营销人，如何拥抱这些变化，跟上新的时代？

在笔者和很多营销人的聊天中，从个人角度，很多营销人都是带着恐惧和迷茫的负面情绪来看待营销技术的，恐惧和迷茫来自 3 个“未知”。

- ✧ 学习途径的未知：今天在大学课堂上，尚没有系统讲解营销技术和数字营销的专业课程，也没有相关的校外专业培训和认证。过去营销人的大部分知识和经验都来自实战，但是今天营销的细分领域已经变得无比庞大而且快速变化，仅仅依靠项目实战已经很难快速积累到成体系的知识。市场上关于营销技术的声音大多来自供应商，有时供应商为了利益会混淆概念，误导广告主接受错误信息，让广告主在收听外部声音的时候，心中是带着大大问号的。
- ✧ 理论体系的未知：营销界的经典理论（例如 4P、定位等）和实战理论（例如裂变、增长、流量池等）都是脱离技术和数据的，今天尚没有完整方法论能帮助营销人在现有理论认知体系中，构建对于技术和数据的理解。换句话说，营销人对营销技术的理解都是点状的，需要更高层面的理论来连接这些点形成面，构建更宏观层面的知识体系。
- ✧ 职业生涯的未知：当营销人花了很多精力学习和了解营销技术，这些知识如何更好地帮助营销人找到更好的职场上升通道？

今天营销技术的主要使用者还是大型广告主，他们投资营销技术已经形成常态，也就意味着不断有新的职位出现。大型广告主有更多的预算，也就代表着有更强的支付能力，学好营销技术为大型广告主服务，获得更多收入是普通营销人最初级的诉求。不同于其他营销领域市场上有大量人才储备，营销技术今天还是高价值的小众领域，对于普通营销人来说仍然是实现快速上升的职场捷径。

而对于本书提及多次的“左脑技术型营销人才”也并不等同于只会写代码、脑中装满技术思维的程序员。今天的营销已经是极其复杂的体系，纯技术人员无法理解技术实现的营销场景背后的本质，“左脑技术型营销人”同样需要和“右脑创意型营销人”一样掌握“营销人的 T 型知识结构”。

“营销人的 T 型知识结构”的概念，指的是营销人的知识体系必须包括两大部分。

- “一横”：营销人对于营销“道”的理解，包括消费者洞察、预算管理、行业营销理解等营销人的“软技能”。
- “一竖”：营销人对于营销“术”的掌握，例如社交媒体营销、搜索营销、软文撰写等专业领域的知识和实操“硬功夫”。

营销技术的出现只是在 T 型知识结构中多了“术”层面的“一竖”，但是并没有改变营销“道”层面“一横”的本质。对比技术的学习，对于营销本质的理解需要更多的时间和经历，因此传统营销人比纯技术人员更容易转型成为“左脑技术型营销人”。

营销技术理论现在还处于一个摸索的阶段，笔者在第 1 章中提及的“客户体验”，第 10 章中提出的“成本精算”都是实践层面的方法论，在理论层面无法和经典营销理论站在同样的高度。营销技术的顶层方法论还需要营销人进行更长期的探索和打磨。